我国欠发达地区
常见法律案例解析

——以东南大学对口支援的楚雄州南华县等地为例

主　编　刘启川
副主编　杨健　马近斐　马殿捷

东南大学出版社
SOUTHEAST UNIVERSITY PRESS
·南京·

图书在版编目（CIP）数据

我国欠发达地区常见法律案例解析：以东南大学对口支援的楚雄州南华县等地为例 / 刘启川主编. -- 南京：东南大学出版社，2025.7

ISBN 978-7-5766-1148-9

Ⅰ.①我… Ⅱ.①刘… Ⅲ.①法律援助—案例—汇编—南华县 Ⅳ.①D927.744.065.5

中国国家版本馆CIP数据核字(2024)第020556号

我国欠发达地区常见法律案例解析——以东南大学对口支援的楚雄州南华县等地为例
Woguo Qianfada Diqu Changjian Falü Anli Jiexi——Yi Dongnan Daxue Duikou Zhiyuan De Chuxiong Zhou Nanhua Xian Deng Di Weili

主　　编：刘启川
出版发行：东南大学出版社
社　　址：南京四牌楼2号　邮编：210096
网　　址：http://www.seupress.com
出 版 人：白云飞
电子邮件：press@seupress.com
经　　销：全国各地新华书店
印　　刷：广东虎彩云印刷有限公司
开　　本：700 mm×1 000 mm　1/16
印　　张：15.75
字　　数：295千字
版　　次：2025年7月第1版
印　　次：2025年7月第1次印刷
书　　号：ISBN 978-7-5766-1148-9
定　　价：48.00元

本社图书若有印装质量问题，请直接与营销部调换。电话(传真)：025-83791830

责任编辑：刘庆楚　　责任校对：子雪莲　　封面设计：王　玥　　责任印制：周荣虎

序

习近平总书记强调：全面建设社会主义现代化国家，扎实推进共同富裕，最艰巨最繁重的任务仍然在农村，必须逐步缩小城乡差距。[①] 因此，推进中国式现代化，就必须全面推进乡村振兴，就必须解决好城乡发展不平衡的问题。东南大学积极响应习近平总书记的号召，认真贯彻落实习近平总书记的重要指示精神和党中央决策部署，在教育部的组织下，自2012年开始，东南大学跨越山海，开启了定点帮扶云南省楚雄彝族自治州南华县之路。自此，东南大学与南华县结下了历经十余载、跨越千里的特殊情缘。

在十余年来的帮扶历程中，东南大学从教育、产业、文化、医疗、民生等多领域发力，打出一系列"至善组合拳"。十余年来，东南大学先后选派了13位挂职干部，派出研究生支教团十二批共55人；累计投入帮扶资金5 300余万元，捐资捐物1 200余万元，消费帮扶3 600余万元。

东南大学累计投入教育帮扶资金1 300余万元，援建和修缮了多所中小学校舍，建成104间"1+N"视频互动教室，援建了4个"至善科技馆"、5个"至善图书室"，其中两所至善科技馆被团中央授予"小平科技创新实验室"；东南大学累计捐助南华家庭经济困难学生544名，捐助资金180余万元，为南华学生搭建了通往梦想的"至善科学桥"；东南大学先后投入100万元，建成东南大学附属中大医院—南华县人民医院远程会诊中心和远程培训中心，先后派出资深医疗专家32人次，捐赠了总价值160余万元的救护车4辆及车载医疗急救设备，有效提升了南华县基层医疗服务能力，为南华患者开通了救死扶伤的"至善生命线"；东南大学累计投入彝绣产业帮扶资金700余万

[①] 着眼全国大局　发挥自身优势　明确主攻方向——习近平总书记听取陕西省委和省政府工作汇报、在山西运城考察重要讲话引发热烈反响.人民日报，2023年05月21日.

元,用于彝绣人才培训、产品研发、品牌打造以及彝绣馆、美丽工坊等产业发展和设施建设,同时,调动各类资源,帮助南华累计引入彝绣订单超过500万元,为南华居民畅通了因地制宜的"至善致富路";东南大学累计投入1 000余万元,修缮14座坝塘和水库,实施了6件群众安全饮水工程,架设了19.7公里引水管道,受益群众6 593户20 130人,为南华居民织牢了托底保障的"至善民生网"。

东南大学助力南华县脱贫攻坚与乡村振兴,已进入新发展阶段,南华乡村法治振兴显得尤为重要。第一,东南大学为南华县输送了法学高端专家团队,刘启川、王禄生、熊樟林、高歌等专家受聘为"平安法治南华建设智治成员",刘启川教授还被聘任为南华县首席法律咨询专家。第二,打通以法律服务和法治保障助力乡村振兴的"最后一公里",打造了法律援助合作基地、法治示范村建设基地、青少年普法教育基地、法治智库应用基地、党组织共建基地等五大重点法治提升工程。第三,为促进南华彝绣产业健康发展,组织司法部、中国政法大学、中央党校(国家行政学院)专家学者拟定《南华县彝绣产业促进办法》。第四,在面向领导干部开展专项培训之外,多措并举,协助南华县开展省级、全国级法治政府建设示范县创建工作,成效显著。第五,强力定向推进普法志愿活动,护航未成年人成长。利用线上线下结合的方式,在南华采取模拟法庭、普法短剧等方式开展实地校园普法活动6场,利用"互联网+普法"的方式广泛宣传《宪法》《未成年人保护法》等重要法律法规,累计受众达3 000余人次,相关活动获得全国大学生科技志愿服务示范团队、团中央"三下乡"社会实践优秀调研报告、江苏省"三下乡"社会实践活动优秀团队、江苏省优秀青年志愿服务项目等荣誉。

在法治援建南华取得系列成效的同时,我们发现南华居民的法治意识和法治思维有待提升,南华居民对法律知识的需求十分迫切。为此,我们组织了法学院由刘启川教授领衔的科研团队,搜集发生在南华居民身边的法律案例,尤其是整理和剖析了南华县乡镇居民在咨询中最集中的法律问题,撰写了近20万字,以《我国欠发达地区常见法律案例解析——以东南大学对口支援的楚雄州南华县等地为例》为书名的普法案例书。本书是一本专门为南华县乡镇居民"量身打造"的有用、可靠、好懂的普法图书,旨在进行"讲故事"式法治宣传，用身边的人讲身边的事，用身边的事教育身边的人，使"以案释法"更加接地气、贴民心，不断提升"以案释法"的本土化水平。本书所选用的案例是东南大学人民法院司法大数据研究基地通过数据分析，在楚雄州南华县的范围内检索出的最为典型的各类生活常见案例，往往具备举一反三的作用，能够起到良好的普法作用。本书特点是案例就来自百姓身边，语言既不失专业性又通俗易懂，能够通过现实生动案例解释居民生活中最需要的法律知识。本书共分为十章，重点围绕道路交通事故纠纷、婚姻纠纷、继承赡养纠纷、借贷纠纷、土地纠纷、房屋纠纷、劳动争议纠纷、食品安全与产品侵权纠纷、环境资源纠纷、民间纠纷解决和法律援助等专题，为居民提供手边可资查询借鉴的法律知识小宝典。本书既可作为南华居民日常生活中查询法律知识的工具用书，也可作为党政机关领导干部培训、社区民众的普法教材，具备较强的可读性与传播性。

相信本书的出版，必将有利于提升南华县群众办事依法、遇事找法、解决问题用法、化解矛盾靠法的法治意识，将法治理念和法律知识精准送到群众身边、植根群众心间。未来，东南大学将持续推进南华县的法治帮扶工作。相信在南华和东大的共建互促下，在可预见的将来，浓厚的法治氛围会覆盖南华县的每一座村庄、每一片社区、每一个学校、每一寸土地！

十余年坚守，止于至善；再展画卷，未来可期。未来，东南大学将继续秉承"以科学名世、以人才报国"的办学理念，助力南华巩固拓展脱贫攻坚成果，全方位法治化助力南华乡村振兴，促进全面依法治国战略在基层落地生根。让这份千里之缘，在彩云之南延续。

东南大学党委书记

郭广银

2022.7

目　录

第一章　道路交通事故纠纷 ………………………………………… 001
　第一节　机动车交通事故侵权责任承担范围纠纷……………… 001
　第二节　特殊情形下机动车交通事故侵权责任归属纠纷……… 016
　第三节　机动车交通事故责任保险纠纷………………………… 019
　第四节　机动车交通事故行政处罚纠纷………………………… 022

第二章　婚姻纠纷 ……………………………………………………… 030
　第一节　离婚纠纷………………………………………………… 030
　第二节　财产纠纷………………………………………………… 038

第三章　继承赡养纠纷 ………………………………………………… 056
　第一节　继承纠纷………………………………………………… 056
　第二节　赡养纠纷………………………………………………… 070

第四章　借贷纠纷 ……………………………………………………… 080
　第一节　民间借贷纠纷…………………………………………… 080
　第二节　金融借款纠纷…………………………………………… 092

第五章　劳动争议纠纷 ………………………………………………… 102
　第一节　追索劳动报酬纠纷……………………………………… 102
　第二节　请求经济补偿纠纷……………………………………… 105
　第三节　确认劳动关系纠纷……………………………………… 116

第六章　土地纠纷 ··· 124
第一节　土地征收、登记、确权纠纷 ······················ 124
第二节　土地承包合同纠纷 ····································· 135

第七章　房屋纠纷 ··· 143
第一节　房屋租赁合同纠纷 ····································· 143
第二节　物业服务合同纠纷 ····································· 155
第三节　建设工程合同纠纷 ····································· 158
第四节　排除妨碍纠纷 ·· 164

第八章　环境资源纠纷 ··· 173
第一节　环境行政公益诉讼 ····································· 173
第二节　环境资源赔偿纠纷 ····································· 177
第三节　环境行政纠纷 ·· 185

第九章　食品安全与产品侵权纠纷 ······························· 193
第一节　食品安全纠纷 ·· 193
第二节　产品侵权纠纷 ·· 198

第十章　民间纠纷解决和法律援助 ······························· 203
第一节　诉讼纠纷解决方式 ····································· 203
第二节　非诉纠纷解决方式 ····································· 207
第三节　法律援助 ··· 227

后　记 ··· 240

第一章

道路交通事故纠纷

第一节 机动车交通事故侵权责任承担范围纠纷

案例一

金某萍与郭某、中国人民财产保险股份有限公司禄丰支公司机动车交通事故责任纠纷案

【案例导读】

本案是关于机动车与非机动车驾驶人、行人之间发生交通事故时责任划分的相关问题。要旨如下：一、当机动车与非机动车驾驶人、行人之间发生交通事故时，若非机动车驾驶人、行人没有过错，则由机动车一方承担赔偿责任，且该责任形式为无过错责任原则。二、根据《中华人民共和国民法典》的相关规定，机动车交通事故的赔偿范围包括误工费及护理费，但发生机动车交通事故时，误工费必须按照被侵权人的实际损失计算，护理费则只在被侵权人因生活无法自理，需要获取他人帮助并支出费用时适用。

【案件基本信息和事实梳理】

郭某驾驶车牌号为云A×××××号的小型客车，在2021年1月17日8时行驶至禄丰城区某客运站门前时，因操作不当，所驾车与道路边停放的云E×××××号共享单车发生碰撞，导致共享单车与行人金某萍发生碰撞，造成金某萍受伤、两车受损的交通事故。同日，禄丰县公安局交警大队作出道路交通事故责任认定书，认定郭某负全部责任，金某萍无责任。

金某萍受伤后,于事故当日到禄丰县人民医院检查治疗,用去检查费、诊查费、成药费198.47元。金某萍于2021年1月18日继续到禄丰县医院住院治疗4天,于同年1月22日好转出院。

金某萍出院后,分别于同年2月20日、3月10日到禄丰县人民医院检查治疗,共花费116.8元用于诊查费和成药费。

此外,经查明,郭某驾驶的云A×××××号车在中国人民财产保险股份有限公司禄丰支公司(简称"人民财保禄丰支公司")投保了第三者商业责任保险和机动车第三者责任强制保险。保险期限为2020年3月1日至2021年2月28日,事故发生在有效保险期限内。该车辆的登记所有人为郭某。

金某萍是个体工商户,在禄丰县某镇经营某车站便民店。在金某萍住院和休息期间,她聘请了一人为其经营该便民店。在金某萍住院当天,她与陪同去医院的王某梅一同进行了核酸检测,郭某支付了105元的化验费用。

【诉讼请求和争议焦点】

(一)原告金某萍的诉讼请求

1. 判令人民财保禄丰支公司在交强险范围内赔偿金某萍经济损失8 079.77元。

2. 判令郭某承担金某萍委托律师的代理费5 000元。

3. 判令郭某承担诉讼费。

(二)本案的争议焦点

金某萍的误工费标准应如何确定,护理费应否支持?

【裁判结果】

一、由人民财保禄丰支公司于判决生效之日起30日内,在云A×××××号车投保的机动车交通事故责任强制保险限额内赔偿金某萍各项经济损失5 067.91元。因郭某之前已经垫付金某萍的医疗费2 219.85元,现由人民财保禄丰支公司在赔偿金某萍的该笔费用中扣除2 219.85元支付郭某,剩余2 848.06元支付金某萍。

二、驳回金某萍的其他诉讼请求。案件受理费减半收取250元,由郭某承担100元,金某萍承担150元。因金某萍已预交,现由郭某在判决生效后付给金某萍100元。

【相关法律规定】

《中华人民共和国民法典》第一千一百七十九条：侵害他人造成人身损害的，应当赔偿医疗费、护理费、交通费、营养费、住院伙食补助费等为治疗和康复支出的合理费用，以及因误工减少的收入。造成残疾的，还应当赔偿辅助器具费和残疾赔偿金；造成死亡的，还应当赔偿丧葬费和死亡赔偿金。

【案件分析】

首先，本案涉及了机动车与行人间发生交通事故的责任归属问题。从立法目的来看，法律的立法初衷旨在强调保护非机动车驾驶人和行人，并因此赋予机动车驾驶人更高的谨慎注意义务，要求他们严格控制风险，预防和减少事故发生。因此，在机动车与非机动车驾驶人、行人之间发生交通事故时，若非机动车驾驶人、行人没有过错，则机动车一方应承担赔偿责任，且责任形式为无过错责任原则。在本案中，郭某应承担全部责任。

其次，根据《中华人民共和国民法典》的规定，人身损害的赔偿范围包括医疗费、护理费、交通费、营养费、住院伙食补助费等为治疗和康复支出的合理费用，还包括因误工减少的收入、造成残疾时的辅助器具费和残疾赔偿金，以及造成死亡时的丧葬费和死亡赔偿金。本案中争议的焦点在于误工费和护理费。一方面，误工费是指被侵权人在受到人身损害导致不能正常工作而实际减少的工资收入或其他类型的合理收入。误工费的确定应考虑被侵权人的误工时间和收入状况。在本案中，金某萍经营便利店，收入来自零售业，在她误工期间，她的便民店聘请他人经营并正常运营，故她的误工费不能完全按照零售业的收入标准计算，而应结合她误工期间实际减少的收入或额外增加的支出来计算。由于金某萍无法提供证据证明她误工期间实际减少的收入，但她的确需要支付雇佣工人的工资，因此本案的误工费应参照当地聘用人员工资标准和类似居民服务及其他服务业聘用职工的年平均工资标准，按照她聘请一名工人所应支付的工资计算误工损失，这符合立法初衷和本案实际情况。

另一方面，关于护理费的问题。根据《最高人民法院关于审理人身损害赔偿案件适用法律若干问题的解释》第八条第三款规定：护理期限应计算至受害人恢复生活自理能力时止；受害人因残疾不能恢复生活自理能力的，可以根据其年龄、健康状况等因素确定合理的护理期限，但最长不超过二十年。因此，护理费是指受害人在护理期限内,因遭受人身损害导致生活无法自理而产生的获取他人帮助所需要的费用。在本案中,金某萍所受的伤属于浅表伤,不影响她的生活自理能力,医院也未提供护理证明证实金某萍住院期间需要专人护理,故法院未支持金某萍护理费并无不当。

【类案总结】

从立法目的来看,机动车在道路通行中的危险系数远高于非机动车与行人,法律赋予机动车驾驶人更高的谨慎注意义务,使其严格控制风险,预防和减少事故发生,凸显侧重保护非机动车驾驶人、行人的立法本意和以人为本、生命可贵的交通事故处理理念。因此,在机动车与非机动车驾驶人、行人之间发生交通事故时,若非机动车驾驶人、行人没有过错,则机动车一方应承担赔偿责任,且责任形式为无过错责任原则。

根据相关法律规定,非机动车驾驶人、行人因交通事故的发生遭受人身损害的,可以请求侵权人承担的人身损害赔偿范围包括医疗费、护理费、交通费、营养费、住院伙食补助费等为治疗和康复支出的合理费用,还包括因误工减少的收入、造成残疾时的辅助器具费和残疾赔偿金,以及造成死亡时的丧葬费和死亡赔偿金。

案例二

经某、经某政、付某与中国大地财产保险股份有限公司祥云支公司、王某斌机动车交通事故责任纠纷案

【案例导读】

机动车之间发生交通事故造成损害的,赔偿责任应当依照道路交通安全法的有关规定确定。造成的损失首先应当由保险公司在交强险责任范围内承担赔偿责任,不足部分由承保商业保险的保险公司按照保险合同的约定进行赔偿,仍有不足,由侵权人依照事故责任比例各自承担赔偿责任。

机动车驾驶人因机动车交通事故遭受人身损害、财产损失,请求侵权人承担赔偿责任的,应对自己主张的人身及财产损失承担举证责任,提供相应证据(例如住院发票、车辆维修发票、工资收入证明等),否则法院可能不予支持或在合理

范围内酌情支持相关请求。

【案件基本信息和事实梳理】

被告王某斌于2020年9月18日9时35分驾驶云L×××××号轻型仓棚式货车由元谋往楚雄方向行驶。行驶至牟定县辖区某路口路段时，被告所驾车辆车头部位与原告经某驾驶的云E×××××号小型客车发生碰撞，导致两车皆有伤痕，原告经某在此次道路交通事故中受到损害。事后，牟定县公安局交通警察大队对此次道路交通事故进行了认定，认定结果为：被告王某斌承担事故的主要责任，原告经某承担事故的次要责任。

原告经某在2020年9月18日至2021年3月23日期间住院治疗。在上述治疗过程中，原告经某的住院费用合计为37 301.19元，门诊费用合计为15 891.54元。此外，为进行门诊针刺治疗（49次），原告经某还支付了住宿费4 440元。

2021年3月25日，楚雄正源司法鉴定中心对原告经某的伤情进行了鉴定。鉴定结果如下：1.经某的伤残程度评定为十级伤残；2.经某的误工期为90日，护理期为78日，营养期为78日；3.经某的后期医疗费用为6 000元。原告经某支付了2 600元的鉴定费用。

原告为维护自身的合法权益，于2021年4月1日提起诉讼。在案件审理过程中，被告王某斌提出重新鉴定的申请。云南春城司法鉴定中心对原告经某的伤情进行了鉴定，并出具了云春鉴〔2021〕医鉴字第300号司法鉴定意见书，鉴定结果如下："1.经某左眼震荡伤，左侧额部硬膜下少量积液导致左眼复视，评定为十级伤残；2.误工期评定为60日，护理期评定为15日，营养期评定为15日。"重新鉴定费用为2 600元，已由中国大地财产保险股份有限公司祥云支公司（简称"大地财保祥云支公司"）支付。由于重新鉴定，原告经某支付了检查费用565.50元。

另外，查明被告王某斌驾驶的云L×××××号车辆与被告大地财保祥云支公司签订了保险合同，投保了商业第三者责任险100万元附带不计免赔险和交强险，且事故发生在保险有效期内。原告经某是原告经某政的女儿，原告付某的母亲，原告经某政与已故妻子育有三个子女。

【诉讼请求和争议焦点】

（一）原告经某、经某政、付某的诉讼请求

1.判令被告向三原告支付因交通事故造成的人身损害经济损失，共计

203 006.60 元。上述赔偿款先由被告大地财保祥云支公司在交强险范围内赔偿,剩余部分由被告大地财保祥云支公司按照保险合同在第三者商业险责任限额范围内承担赔偿责任,不足部分判令由被告王某斌承担赔偿责任。

2. 判令被告向原告支付车辆修理费 11 194.94 元和施救费 396.04 元,合计 11 590.98 元。

3. 判令诉讼费用由被告承担。

(二) 本案的争议焦点

机动车交通事故责任纠纷赔偿范围。

【裁判结果】

一、由被告中国大地财产保险股份有限公司祥云支公司在被告王某斌驾驶的云L×××××号车辆投保的机动车交通事故责任强制保险责任限额范围内赔付原告经某、经某政、付某 113 868.40 元,款限本判决书生效后 15 日内交法院;

二、由被告中国大地财产保险股份有限公司祥云支公司在被告王某斌驾驶的云L×××××号车辆投保的机动车交通事故商业第三者责任保险限额内赔付原告经某 44 569.58 元,款限本判决书生效后 15 日内交法院;

三、由被告王某斌赔付原告经某的鉴定费 1 820 元;

四、驳回原告经某、经某政、付某的其他诉讼请求。

如果被告未按本判决指定的期间履行给付金钱义务,应当依照《中华人民共和国民事诉讼法》第二百六十四条之规定(注:案件审理时为2017年版),加倍支付迟延履行期间的债务利息。

案件受理费 733 元,由原告经某、经某政、付某承担 220 元(已付),由被告王某斌承担 513 元(限本判决生效后 15 日内交付法院)。

【相关法律规定】

《中华人民共和国民法典》第一千一百七十九条:侵害他人造成人身损害的,应当赔偿医疗费、护理费、交通费、营养费、住院伙食补助费等为治疗和康复支出的合理费用,以及因误工减少的收入。造成残疾的,还应当赔偿辅助器具费和残疾赔偿金;造成死亡的,还应当赔偿丧葬费和死亡赔偿金。

【案件分析】

机动车之间发生交通事故造成损害的,赔偿责任应当依照道路交通安全法的有关规定确定。首先，在交强险责任范围内，由保险公司承担赔偿责任，不足部分由商业保险的承保公司按照保险合同的约定进行赔偿。如果仍有不足部分，由侵权人根据事故责任比例各自承担赔偿责任。本案中，根据交警部门出具的事故责任认定书，被告王某斌承担事故的主要责任，原告经某承担事故的次要责任。原告经某、付某、经某政的各项经济损失应由被告大地财保祥云支公司在其承保的交强险责任范围内先予以赔偿，不足部分应由大地财保祥云支公司根据事故责任在商业第三者责任险赔偿限额内赔偿70％。

  根据《中华人民共和国民法典》的规定，人身损害的赔偿范围包括医疗费、护理费、交通费、营养费、住院伙食补助费等为治疗和康复支出的合理费用，以及因误工减少的收入，造成残疾时的辅助器具费和残疾赔偿金，以及造成死亡时的丧葬费和死亡赔偿金。原告应对自己主张的人身及财产损失承担举证责任，提供相应证据（例如住院发票、车辆维修发票、工资收入证明等）。否则，法院可能不予支持或在合理范围内酌情支持其请求。

  关于赔偿范围的具体事项，有以下几点需要注意。第一，营养费需要经过鉴定或有相关医嘱并实际支出才能获得赔偿。如果有营养品购买的支出，可提供相关票据凭证，或由法院酌情进行裁量。第二，住院伙食费的标准会根据当地的经济发展水平和生活水平适当调整。第三，护理费需要提供向护工支付护理费用的收据或发票凭证；如果是伤者家属自己护理的，需要提供家属的工资证明或银行流水证明收入情况。护理人员原则上为一人，但可以根据医疗机构或鉴定机构的明确意见确定护理人员人数。第四，误工费是赔偿伤者在受伤期间因无法工作而实际减少的损失。有工作收入的，需要提供工资收入证明或相应的银行流水进行证明。第五，后续治疗费包括后续治疗支出的医疗费，以及必需的护理费、误工费、交通费和住宿费等费用。后续治疗费的具体数目根据医疗机构的诊断证明确定，或根据医生建议进行计算，也可由专门鉴定机构评估确定。第六，残疾赔偿金的计算方式如下：根据伤残鉴定的结果计算伤残系数，然后乘以上一年度城镇居民人均可支配收入，再乘以赔偿年限20年。除此之外，被扶养人生活费应当计入残疾赔偿金或者死亡赔偿金。具体确定被扶养人生活费时，应当参照扶养人丧失劳动能力程度及受诉法院所在地上一年度城镇居民人均消费支出标准进行计算。如果被扶养人是未成年人，则被扶养人的生活费计算至18周岁；如果被扶养人无劳动能力又无其他生活来源，则被扶养人的生活费计算20年，但如果被扶养人60周岁以上，则每增加一岁减少一年；如果被扶养人

75周岁以上,则按5年计算。

据此,本案中原告经某主张的住院费、重新鉴定检查费、后续治疗费、住宿费、残疾赔偿金、鉴定费、云E×××××号车辆修理费和施救费等费用,有合理的依据。原告经某主张精神损害抚慰金4 000元的请求,但并未提交此次受伤对其造成严重精神损害后果的证据,因此法院不支持该请求。被扶养人经某政、付某的生活费,法院按照云南省2020年全年城镇常住居民人均消费支出24 569元的标准进行计算,且交通事故发生时付某已满15周岁,按计算至18周岁,付某的生活费按照3年计算。

【类案总结】

机动车之间发生交通事故,责任的承担应当采取过错责任,由过错方承担责任;双方都有过错的,依照各自的过错比例承担责任。机动车与非机动车驾驶人、行人发生交通事故时,适用无过错责任:非机动车驾驶人、行人无过错的,机动车方承担责任;如果有证据表明非机动车辆的驾驶人或行人有过错的,则机动车一方的责任应根据非机动车、行人的过错程度适当减轻。但是,如果交通事故的损失是由非机动车驾驶人、行人故意碰撞机动车造成的,则机动车一方不承担责任。

就赔偿范围而言,根据《中华人民共和国民法典》的规定,人身损害的赔偿范围不仅包括医疗费、护理费、交通费、营养费、住院伙食补助费等为治疗和康复支出的合理费用,还包含受损害人因误工减少的收入,以及造成残疾时的辅助器具费和残疾赔偿金、造成死亡时的丧葬费和死亡赔偿金。赔偿权利人应当对自己的主张承担举证责任。财产损失包括:修理被损坏的车辆的费用;车辆内所载物品的损失和车辆的救援费用;对于车辆灭失或无法修理的,为购买交通事故发生时与被损坏车辆价值相当的车辆重置费用;依法从事货物运输和客运等商业活动的车辆,由于无法进行相应的商业活动所产生的合理停运损失;非营运的车辆因无法继续使用,产生的替代运输方式的合理费用。

案例三

欧某英、欧某有与中国人寿财产保险股份有限公司南华县支公司、王某等机动车交通事故责任纠纷案

【案例导读】

当事人因涉案交通事故产生损失的，各项损失可根据《最高人民法院关于审理人身损害赔偿案件适用法律若干问题的解释》第六条、第七条、第八条、第九条、第十条、第十一条、第十二条、第十三条、第十七条以及事故发生地高级人民法院有关赔偿标准的通知等费用计算标准计算。

【案件基本信息和事实梳理】

被告王某驾驶车牌号码为云EY××××号的小型汽车，于2021年12月7日15时30分，在南华县龙城大道某路口某商铺门前的停车位转出时与原告欧某英正常骑行的云E4××××号非机动车发生撞击，造成交通事故，两车都有不同程度的受损，原告欧某英受伤。交警认定被告王某负全部责任，原告欧某英无责任。

交通事故发生后，原告欧某英立即被送往南华县人民医院，在该医院住院接受治疗4天。经医生诊断，欧某英的伤情包括L1椎体压缩性骨折、右肘部皮肤挫裂伤和多处软组织损伤。随后，原告欧某英于2021年12月11日转至楚雄彝族自治州中医医院继续住院治疗，住院天数为44天，治疗至2022年1月24日。两次住院的医疗费用合计为28 369.36元，其中被告保险公司垫付了18 000元，被告王某垫付了10 369.36元。

2022年3月16日，经楚雄锦润司法鉴定中心鉴定，原告欧某英因这次交通事故导致脊柱多发压缩性骨折，评定为九级伤残。同时，评定误工期为150日，护理期为60日，营养期为60日，后期医疗费为3 000元，鉴定费为2 600元。此外，为恢复伤情，原告购买胸腰椎固定带、医用护理垫等辅助器具，费用为661.74元。另外，2022年8月5日至8月18日，原告欧某英因伤情未愈再次住院治疗，医疗费用为5 106.83元。除上述医疗费用外，原告还多次到南华县中医医

院、楚雄州中医医院、南华县人民医院进行检查治疗,医疗费用为 2 435.66 元(已扣除医疗统筹支付费用),并在南华县医药公司购买相关药品,费用为 604 元。

经进一步查明,被告王某所驾驶车牌号码为云 EY××**号的小型汽车登记在其母亲李某英的名下。该车辆已与保险公司签订了保险合同,包括交强险和 100 万元限额的机动车商业第三者责任险。本案中的交通事故发生在保险期内。事故发生时,原告欧某英年龄为 72 岁,与妻子(2006 年已故)共同生育了原告欧某有及案外人欧某平两名子女。

【诉讼请求和争议焦点】

(一)诉讼请求

1. 请求判令被告王某支付原告的经济损失,合计 267 622.20 元。

含:(1)医疗费:7 809.4 元。

(2)残疾赔偿金:40 905 元/年×20 年×20%=163 620 元。

(3)被扶养人生活费:21 952.80 元。父亲:27 441 元/年×8 年×20%÷2=21 952.80 元。

(4)护理费:170 元/天×62 天=10 540 元。

(5)误工费:170 元/天×150 天=25 500 元。

(6)住院伙食补助费:100 元/天×62 天=6 200 元。

(7)营养费:50 元/天×60 天=3 000 元。

(8)后期治疗费:3 000 元。

(9)交通费:2 000 元。

(10)鉴定费:2 600 元。

(11)精神损害抚慰金:20 000 元。

(12)摩托车折旧费:1 400 元。

2. 判令被告赔偿除诉状中所列的损失项目外的其他费用 11 909.83 元。

含:(1)购买医药费(附发票两张)604 元。

(2)2012 年 8 月 5 日至 2022 年 8 月 18 日在南华县中医医院住院治疗产生的住院费用 5 106.83 元、护理费 2 210 元、伙食补助费 650 元、营养费 650 元,小计 8 616.83 元。

(3)因为交通事故导致原告生活无法自理,购买假发、帽子等的费用支出 1 800 元。

(4) 残疾辅助器具胸腰支具 389 元以及坐便器 500 元,小计 889 元。

3. 判令诉讼费用由被告承担。

(二) 争议焦点

原告因涉案交通事故产生的各项损失应如何认定?

【裁判结果】

对于原告提出的诉讼请求中有事实和法律依据的部分诉讼请求,法院依法予以支持。依照《中华人民共和国民法典》第一千一百七十九条、第一千一百八十三条、第一千二百零九条、第一千二百一十三条,以及相关司法解释的规定,判决如下:

(一) 由被告中国人寿财产保险股份有限公司(简称"中国人寿")南华县支公司在保险限额范围内赔偿原告欧某英、欧某有因本次交通事故产生的经济损失 253 584.77 元,扣除已垫付的 18 000 元,仍应支付 235 584.77 元。

(二) 由被告王某赔偿原告欧某英、欧某有经济损失 3 519.00 元,扣除已垫付的 10 369.36 元,原告欧某英应退还被告王某 6 850.36 元。

(三) 综合第一、二项,本案由被告中国人寿南华县支公司于本判决生效后二十日内在保险限额范围内支付原告欧某英、欧某有人民币 228 734.41 元,并支付被告王某 6 850.36 元后,即全部履行完毕。

案件适用简易程序审理,案件受理费减半收取 919.00 元(原告已预缴),由被告王某负担(该费用已计入本判决第二项中)。

【相关法律规定】

《中华人民共和国民法典》第一千一百七十九条:侵害他人造成人身损害的,应当赔偿医疗费、护理费、交通费、营养费、住院伙食补助费等为治疗和康复支出的合理费用,以及因误工减少的收入。造成残疾的,还应当赔偿辅助器具费和残疾赔偿金;造成死亡的,还应当赔偿丧葬费和死亡赔偿金。

《中华人民共和国民法典》第一千一百八十三条:侵害自然人人身权益造成严重精神损害的,被侵权人有权请求精神损害赔偿。

因故意或者重大过失侵害自然人具有人身意义的特定物造成严重精神损害的,被侵权人有权请求精神损害赔偿。

《中华人民共和国民法典》第一千二百零九条:因租赁、借用等情形机动车所有人、管理人与使用人不是同一人时，发生交通事故造成损害，属于该机动车一方责任的，由机动车使用人承担赔偿责任；机动车所有人、管理人对损害的发生有过错的，承担相应的赔偿责任。

《中华人民共和国民法典》第一千二百一十三条：机动车发生交通事故造成损害，属于该机动车一方责任的，先由承保机动车强制保险的保险人在强制保险责任限额范围内予以赔偿；不足部分，由承保机动车商业保险的保险人按照保险合同的约定予以赔偿；仍然不足或者没有投保机动车商业保险的，由侵权人赔偿。

《最高人民法院关于审理人身损害赔偿案件适用法律若干问题的解释》第六条：医疗费根据医疗机构出具的医药费、住院费等收款凭证，结合病历和诊断证明等相关证据确定。赔偿义务人对治疗的必要性和合理性有异议的，应当承担相应的举证责任。

医疗费的赔偿数额，按照一审法庭辩论终结前实际发生的数额确定。器官功能恢复训练所必要的康复费、适当的整容费以及其他后续治疗费，赔偿权利人可以待实际发生后另行起诉。但根据医疗证明或者鉴定结论确定必然发生的费用，可以与已经发生的医疗费一并予以赔偿。

《最高人民法院关于适用〈中华人民共和国民事诉讼法〉的解释》第九十条：当事人对自己提出的诉讼请求所依据的事实或者反驳对方诉讼请求所依据的事实，应当提供证据加以证明，但法律另有规定的除外。

在作出判决前，当事人未能提供证据或者证据不足以证明其事实主张的，由负有举证证明责任的当事人承担不利的后果。

【案件分析】

根据《最高人民法院关于审理人身损害赔偿案件适用法律若干问题的解释》第六条、第七条、第八条、第九条、第十条、第十一条、第十二条、第十三条、第十七条和《云南省高级人民法院关于2020年4月1日起云南省内人身损害赔偿纠纷案件赔偿标准城乡统一的通知》中有关云南省道路交通事故人身损害赔偿有关费用的计算标准，法院依法认定如下：1.医疗费：37 177.59元；2.残疾赔偿金：163 620元（2021年云南省全年城镇常住居民人均可支配收入为40 905元，40 905元×20年×20%）；3.被扶养人生活费：21 952.80元（2021年云南省全年城镇常住居民人均消费支出为27 441元，27 441元×8年×20%÷2）；4.误工费：16 810.27 元(2021 年云南省全年城镇常住居民人均可支配收入为 40 905 元，40 905 元÷365 天×150 天)；5. 护理费：6 724.11 元(2021 年云南省全年城镇常住居民人均可支配收入为 40 905 元，40 905 元÷365 天×60 天)；6. 营养费：1 400 元(20 元/天×4 天+30 元/天×44 天)；7. 住院伙食补助费：2 400 元(50 元/天×48 天)；8. 后续治疗费用：3 000 元；9. 鉴定费：2 600 元；10. 交通费：500 元(酌情支持)；11. 诉讼费 919 元；以上十一项，合计人民币 257 103.77 元。根据《民法典》以及《民事诉讼法》的规定，原告并未提交证据证明本次交通事故给其造成了严重的精神损害，因此对于原告主张的精神损害抚慰金，法院依法不予支持。同理，原告主张的车辆折旧费用，因其未提交充分证据证实，法院亦依法不予支持。被告保险公司提出原告欧某英的误工费、护理费应按 2021 年云南省全年城镇常住居民人均可支配收入(40 905 元)计算的辩解，有相应的事实和法律依据，法院依法予以采纳。被告提出原告的部分医疗费发票与本案无关、原告的误工期鉴定意见不合理的辩解，因未提交证据证实，法院依法不予采纳。

对于机动车事故损害的责任，根据有关法律法规规定，机动车当事人的责任由相关责任人按下列顺序承担：一是承保机动车强制保险的保险人在交通强制保险责任范围内赔偿；保险人赔偿不足以弥补相应损失的，涉案车辆已投保商业保险的，承保机动车商业保险的保险人应当按照保险合同约定赔偿；没有商业保险或者商业保险人赔偿仍不足以弥补相应损失的，具体侵权人应当赔偿。

本案中，被告王某在交通事故中负全责，涉案车辆在被告保险公司处购买了交强险和限额为 100 万元的商业第三者责任险，据此，原告因本次交通事故产生的经济损失 257 103.77 元中，应由被告保险公司在交强险和商业第三者责任保险限额范围内赔偿共计 253 584.77 元，扣除已垫付的 18 000 元，仍应支付 235 584.77 元；由被告王某赔偿原告欧某英、欧某有经济损失 3 519 元(鉴定费 2 600 元+诉讼费 919 元)，扣除已垫付的 10 369.36 元，原告欧某英应退还被告王某 6 850.36 元。

【类案总结】

机动车交通事故责任纠纷(简称交通事故纠纷)，是由机动车交通事故引起的一系列民事赔偿责任纠纷，属于民事诉讼中非常常见的诉讼类型。随着机动车使用者数量的增加，此类案件呈逐年增加的趋势。作为一个典型的侵权案件，笔者试图通过对案件的分析和梳理，厘清案件的内在审判逻辑。

根据《中华人民共和国民法典》第七编"侵权责任"第一千一百六十五、一千一百六十六条的规定,侵权责任的构成要件包括以下几个方面:主体,侵权行为人。主观方面,过错(含推定过错、法定过错)。客观方面,侵权行为造成损害后果,即侵权行为与损害后果之间有因果关系。客体,被侵权人的民事权益。具体到交通事故纠纷案件中,侵权责任的构成要件,也即法院审理逻辑包括以下三个方面:

1. 赔偿权利人和责任承担人,即诉讼中的原告与被告。

2. 侵权行为与过错的认定,具体指涉案的交通事故情况与事故责任的认定。

3. 损害后果的认定,即被侵权人民事权益的受损情况,包括人身损害和财产损失,表现为一系列法定赔偿项目和金额的计算。

首先,需要明确的是,交通事故的受害人并不等同于民事诉讼中的原告,因为从侵权责任的基本构成要件来看,交通事故的实际侵害对象应该是民事权利,包括人身权和财产权,因此交通事故纠纷中的赔偿权利人也是民事诉讼中的原告。原告应当是被侵害民事权益的持有人或者继承人,包括但不限于直接受害人、被损害财产所有人、因交通事故死亡的自然人的继承人,以及支付被侵权人人身伤亡救助、丧葬等费用的道路交通事故社会救助基金等。同理,交通事故中的交通违法行为的直接实施者也并不等同于民事诉讼中的被告,即侵权行为的实施者与最终法律责任的承担者并不一致,后者的范围要比前者更广,具体参照《中华人民共和国民法典》第一千一百八十八条、第一千一百九十一条至一千一百九十三条、一千二百零九条至一千二百一十五条,《最高人民法院关于审理道路交通事故损害赔偿案件适用法律若干问题的解释》第一条至第六条。同时,为保障交通事故受害人能够顺利得到赔偿,我国设立了机动车强制责任保险制度,保险公司在此基础上也提供了机动车商业保险业务。因此,在交通事故纠纷案件中,承保有责任一方机动车的保险人也将作为共同被告参与诉讼。也就是说,机动车交通事故中的被告可能包括以下主体:交通事故具体侵权人、承保机动车强制保险的保险人以及承保机动车商业保险的保险人等。

在交通事故纠纷案件中,侵权行为和侵权人过错程度的认定,往往依赖于公安机关交通管理部门出具的《道路交通事故认定书》,在没有相反证据的情况下,该认定书是法院审理过程中认定事实和适用法律的主要证据。《道路交通事故认定书》包括以下内容:

(1) 道路交通事故当事人、车辆、道路和交通环境等基本情况。

(2) 道路交通事故发生经过。

(3) 道路交通事故证据及事故形成原因分析。

(4) 当事人导致道路交通事故的过错及责任或者意外原因。

(5) 作出道路交通事故认定的公安机关交通管理部门名称和日期。

其中,当事人责任从高到低排列,分别为全部责任、主要责任、同等责任、次要责任、无责任五种。

交通事故一旦发生,可能导致受害人的人身伤亡和财产损失等多种民事权益受害的情况。因此,在交通事故纠纷案件中,损害后果包括人身损害和财产损失两方面内容。

人身损害,是指机动车发生交通事故侵害被侵权人的生命权、身体权、健康权等人身权益所造成的损害。具体赔偿范围包括:

(1) 合理的治疗康复费用,包括但不限于医疗费、护理费、交通费、营养费、住院伙食补贴等。

(2) 因误工而损失的收入,包括受害者家属在照顾受害者期间因误工而损失的收入。

(3) 造成残疾的,辅助器具费用和残疾补助费(包括原受扶养人的生活费)。

(4) 造成死亡的,丧葬费和死亡赔偿金(包括原受扶养人的生活费)。

(5) 侵害人身权益造成严重精神损害的,精神损害赔偿。

财产损失,是指因机动车发生交通事故侵害被侵权人的财产权益所造成的损失。具体赔偿范围包括:

(1) 修理破损车辆的费用、车辆所载货物的灭失费用、救助车辆的费用。

(2) 因车辆灭失或者无法修复,车辆的重置费用相当于交通事故发生时受损车辆的价值。

(3) 依法从事货物运输、旅客运输等商业活动的车辆不能从事相应的经营活动,合理停运造成的损失。

(4) 因非经营性车辆不能继续使用,正常替代运输工具发生的合理费用。

综上所述,在机动车交通事故民事赔偿纠纷中,当事人要想在诉讼中成功维护自己的合法权益,应注重以下几个方面:首先是谁来赔偿,即谁将是诉讼中的被告,当事人既可以关注侵权行为人,也可以积极关注所涉车辆的保险情况,以确定责任人。二是证据保全,在发生交通事故时,除了及时报警外,还要积极拍照拍摄相关证据,这就决定了侵权行为和主观过错的认定。三是主动证明自己因交通事故造成的损害,因为民事诉讼的举证规则为"谁主张,谁举证",而"只主张,不举证"显然是难以得到法院支持的,这也决定了最终赔偿范围的大小。

第二节 特殊情形下机动车交通事故侵权责任归属纠纷

案例四

罗某与袁某海、欧阳某发、阳某科机动车交通事故责任纠纷案

【案例导读】

日常生活中,我们难免会遇到朋友借车的情况,那么借车给他人时也要注意,如果机动车存在缺陷,借车人没有驾驶资格或者存在饮酒、服用国家管制的精神药品或者麻醉药品,或者患有妨碍安全驾驶机动车的疾病等,依法不能驾驶机动车的,则不能出借,否则有可能面临担责的情况。

【案件基本信息和事实梳理】

2021年5月11日,被告袁某海一人驾驶云E×××××号二轮摩托车,与原告罗某驾驶的云L×××××号小型普通客车发生碰撞,事故造成两车不同程度受损及二轮摩托车驾驶人袁某海受伤。经查明,云E×××××号二轮摩托车的所有人系被告欧阳某发,车辆检验有效期至2009年8月,未购买交强险及商业险;被告袁某海驾车时血样乙醇含量为92.00毫克/100毫升(乙醇/血),且无驾驶证;被告阳某科未取得事故摩托车所有人被告欧阳某发的同意,就将无检验合格、未购买保险的云E×××××号二轮摩托车交由自己雇请的没有相应驾驶证的被告袁某海驾驶,且在发生交通事故当日中午两人一起喝酒吃饭。原告要求被告承担因车辆受损产生的维修费用及误工费用,故提起诉讼。

具体事实梳理如下:

2021年5月11日被告阳某科、袁某海在中午吃饭喝酒后返回罗武庄,被告袁某海一人驾驶云E×××××号二轮摩托车。17时30分许,被告袁某海驾驶的摩托车行驶至王红线K19+400米处(罗窝地村)时,与原告罗某驾驶的云L×××××号小型普通客车发生碰撞,事故造成两车不同程度受损及二轮摩托车驾驶人袁某海受伤。

2021年5月12日,楚雄锦润司法鉴定中心对袁某海进行血液乙醇定性定量分析。鉴定意见:袁某海血样经定性分析检出乙醇成分,定量分析乙醇含量为92.00毫克/100毫升(乙醇/血)。

2021年5月22日,南华县公安局交通警察大队作出责任认定:当事人袁某海承担此次事故的全部责任;当事人罗某不承担此次事故责任。

2021年6月3日,原告罗某将自己受损的云L×××××号小型普通客车送至南华某汽车销售服务有限公司修理,于2021年6月15日修理完毕,共修理13天,支付修理费4567元。

【诉讼请求和争议焦点】

(一)原告罗某的诉讼请求

1. 判令三被告支付原告车辆维修费4567元。
2. 判令三被告赔偿原告因车辆受损期间产生的交通费3500元。
3. 判令三被告支付原告因车辆损失产生的误工费4797元。
4. 诉讼费由三被告承担。

(二)本案的争议焦点

1. 原告主张的误工费及车辆受损期间的交通费能否得到支持?
2. 三位被告的责任划分?

【裁判结果】

原告罗某的经济损失6602.79元,由被告袁某海赔偿3301.40元,被告阳某科赔偿2641.10元,被告欧阳某发赔偿660.29元(限判决生效后十日内履行);驳回原告罗某的其他诉讼请求。

【相关法律规定】

《中华人民共和国民法典》第一千二百零九条:因租赁、借用等情形机动车所有人、管理人与使用人不是同一人时,发生交通事故造成损害,属于该机动车一方责任的,由机动车使用人承担赔偿责任;机动车所有人、管理人对损害的发生有过错的,承担相应的赔偿责任。

【案件分析】

根据《中华人民共和国民法典》第一千二百零九条的规定,在租赁、借用的情形下发生交通事故并造成损害时,属于该机动车一方的责任的,应当由机动车的使用人承担赔偿责任,如果机动车的所有人、管理人对损害的发生有过错的,需要承担相应的赔偿责任。

首先,如何认定机动车所有人、管理人对损害的发生是否有过错?根据《最高人民法院关于审理道路交通事故损害赔偿案件适用法律若干问题的解释》的规定,有下列情形之一的,机动车所有人、经营人对发生交通事故负有过错:第一,知道或者应当知道机动车有缺陷是造成交通事故的原因之一的;第二,知道或者应当知道驾驶人无驾驶资格或者未取得相应驾驶资格的;第三,因饮酒、服用国家管制的精神药品、麻醉药品或者患有不能安全驾驶机动车的疾病,明知或者应当知道自己在法律上不能驾驶机动车的;第四,机动车所有人或者管理人有其他过错的情形。

本案中,被告人阳某科未经机动车所有人同意出借摩托车,聘请无驾驶资格的驾驶员袁某海,并在交通事故发生当日与被告人袁某海饮酒,属于司法解释明确规定的情形,主观上过错较大,应当承担责任。法院判决其赔偿原告经济损失的40%;被告欧阳某发对其拥有和经营的摩托车管理不当,虽然不属于司法解释中明确规定的情形,但也属于过错情形,因此需要承担责任,法院判决其赔偿原告经济损失的10%。

其次,机动车交通事故的赔偿范围是什么?第一,赔偿受损车辆的维修费用、车辆所载货物的损失、救援车辆的费用。在这个案件中,法院支持原告要求赔偿汽车修理费的主张。第二,由于不能继续使用非营运车辆而使用通常的替代运输工具所产生的合理费用应得到补偿。本案中,法院根据13天的实际修理时间认定原告因修车而产生交通费,对于交通费的金额和标准,原告没有提供证据证明其索赔金额,但法院考虑到其在修车过程中必须产生一定的替代交通费,属于酌处支持。第三,根据受害人不能正常工作的时间和收入状况确定误工费。

最后,由于车辆的损失或不可挽回,以购买相当于交通事故发生时受损车辆价值的车辆的重置费用,以及依法从事货物运输、旅客运输等商业活动的车辆,因未能从事相应的经营活动而造成的合理损失,也可以要求赔偿。

【类案总结】

除一般责任原则外,《中华人民共和国民法典》还规定了机动车交通事故中几种特殊情况下需要承担责任的责任人,主要是机动车交通事故发生的过错责任人。第一,在租赁、借用等情况下,使用人不是机动车的所有人或者管理人,机动车的所有人或者管理人对损害有过错的,应当承担相应的过错责任。第二,以出售或者其他方式转让已组装完毕或者达到报废标准的机动车的,转让方和受让方应当对事故造成的损害承担连带责任。第三,机动车被盗窃、抢夺、抢劫后发生交通事故的,盗窃、抢夺、抢劫人应当承担赔偿责任;盗窃、抢夺、抢劫人与实际使用人不符的,双方承担连带责任。第四,以挂靠形式从事道路运输经营活动的机动车,由挂靠人和被挂靠人承担连带责任。

第三节　机动车交通事故责任保险纠纷

案例五

李某伟与中国人民财产保险股份有限公司南华支公司责任保险合同纠纷案

【案例导读】

交通事故发生后,当事人最关心的都是损害赔偿问题。驾驶的机动车发生交通事故,造成第三人人身损害,投保的交强险、商业第三者责任险如何赔付,自己是否还需要承担赔偿责任?此类问题主要涉及交强险、商业第三者责任险、肇事司机在交通事故赔偿中的赔偿顺序或赔偿规则。

【案件基本信息和事实梳理】

2020年9月28日,原告李某伟驾驶云E×××××号普通二轮摩托车在南华县信用社门口与行人张某英发生碰撞,造成张某英受伤,后经送医院抢救无效死亡。事故发生后,经交警部门认定,原告李某伟在此次交通事故中承担主要责任。事故发生后,原告在当地村民组织机构的调解下与死者家属达成了赔偿协议:由原告李某伟赔偿死者家属各项费用共计 70 006 元。其间原告向被告中国人民财产保险股份有限公司南华支公司申请理赔,保险公司以原告系酒后驾驶机动车为由,于 2020 年 10 月 27 日作出了机动车保险拒赔告知书。原告要求被告依法理赔,故提起诉讼。

具体事实梳理如下:

2020 年 9 月 28 日,原告驾驶云 E×××××号普通二轮摩托车在南华县信用社门口与行人张某英发生碰撞,造成张某英受伤,后经送医院抢救无效死亡。原告与死者家属达成赔偿协议,原告赔偿 70 006 元。

原告向被告保险公司申请理赔,保险公司以原告系酒后驾驶机动车为由,于 2020 年 10 月 27 日作出了机动车保险拒赔告知书。

另查明:一、原告所驾驶的云 E×××××号普通二轮摩托车已在中国人民财产保险股份有限公司南华支公司购买机动车交通事故责任强制保险,保险起始日期为 2020 年 7 月 13 日至 2021 年 7 月 21 日;二、原告李某伟取得了驾驶该二轮摩托车的相关资格;三、与原告签署赔偿协议及领取赔偿款的杨某荣与死者系母子关系;四、事故发生后经检测,原告李某伟的血样经定性分析出乙醇成分,定量分析乙醇含量为 63.03 毫克/100 毫升,系酒驾。

【诉讼请求和争议焦点】

(一)原告李某伟的诉讼请求

1. 请求人民法院依法判令被告依法理赔,赔付原告保险金人民币 70 006 元。
2. 本案全部诉讼费用由被告承担。

(二)本案的争议焦点

被告保险公司是否应当根据原告与受害者达成的协议受理理赔?

【裁判结果】

被告中国人民财产保险股份有限公司南华支公司于本判决生效后十五日内一次性支付原告李某伟保险赔偿金 70 006 元;案件受理费由被告中国人民财产保险股份有限公司南华支公司负担。

【相关法律规定】

《中华人民共和国道路交通安全法》第七十六条：机动车发生交通事故造成人身伤亡、财产损失的，由保险公司在机动车第三者责任强制保险责任限额范围内予以赔偿；不足的部分，按照下列规定承担赔偿责任：

（一）机动车之间发生交通事故的，由有过错的一方承担赔偿责任；双方都有过错的，按照各自过错的比例分担责任。

（二）机动车与非机动车驾驶人、行人之间发生交通事故，非机动车驾驶人、行人没有过错的，由机动车一方承担赔偿责任；有证据证明非机动车驾驶人、行人有过错的，根据过错程度适当减轻机动车一方的赔偿责任；机动车一方没有过错的，承担不超过百分之十的赔偿责任。

交通事故的损失是由非机动车驾驶人、行人故意碰撞机动车造成的，机动车一方不承担赔偿责任。

【案件分析】

根据《中华人民共和国民法典》《中华人民共和国道路交通安全法》和《机动车交通事故责任强制保险条例》的规定，机动车交通事故责任的主要特点是实行机动车第三者责任强制保险，以保护机动车交通事故中受害方的利益，维护国家稳定和社会和谐。因此，机动车交通事故造成的人身伤亡、财产损失，首先由保险公司在保险范围内进行赔偿；只有不足的部分，才需要侵权人赔偿。机动车同时投保商业保险的，在交强险后，先由商业保险赔偿；不足的，由侵权人赔偿。本案中，原告投保的交通强制险在保险有效期内，不存在拒赔的理由，故由被告保险公司承担赔偿责任。原告要求赔偿的数额，虽未经保险公司同意，但因未超过法律规定的赔偿限额，被告应当赔偿。

【类案总结】

我国机动车交通事故的承担，突出的特点在于实行机动车第三者责任强制保险，以此保障机动车交通事故中的受害方的利益，维护国家稳定与社会和谐。因此，就机动车交通事故造成人身伤亡、财产损失的，首先由保险公司在保险限额范围内予以赔偿；只有不足的部分，才需要侵权人赔偿。若机动车还投保了商业险，则在交强险之后，先由商业险赔偿，仍然不足的，再由侵权人赔偿。受害者也有权基于法律法规的规定直接向保险公司主张权利。

第四节　机动车交通事故行政处罚纠纷

案例六

普某与大姚县公安局交通行政处罚纠纷案

【案例导读】

机动车交通事故可能引发多重法律责任，包括刑事责任、民事责任、行政责任等。本案例聚焦于机动车交通事故的行政责任及由此引起的行政处罚争议，从程序方面和实体方面予以全面剖析。

【案件基本信息和事实梳理】

原告普某于2019年8月14日驾驶一辆未悬挂机动车号牌的普通三轮摩托车拉着青草行至大姚县城区金碧镇金龙路东塔脚路段时，被巡逻执勤民警拦停检查。经检查，普某无机动车驾驶证，其驾驶的三轮摩托车无牌照。对此行为，被告大姚县公安局作出大公（交）行罚决字〔2019〕T14号行政处罚决定书（简称案涉处罚决定），决定给予普某合并执行罚款450元，并处行政拘留12天的处罚。原告不服，提起行政诉讼。一审驳回原告普某的诉讼请求，原告不服，提出上诉。

具体事实梳理如下：

2019年8月14日10时许，原告普某驾驶一辆未悬挂机动车号牌的普通三轮摩托车拉着青草行至大姚县城区金碧镇金龙路东塔脚路段时，被巡逻执勤民警拦停检查。经检查，普某无机动车驾驶证，其驾驶的三轮摩托车无牌照。

针对原告普某无证驾驶无牌照的机动车上路行驶的违法行为，检查民警口头告知普某将依法扣留其三轮摩托车，要其交出车钥匙，普某拒不交出车钥匙，不配合民警对其行为的处理。后民警采取强制措施将原告普某带到县公安局交通警察大队查处。

同日，被告大姚县公安局作出案涉处罚决定，依据《中华人民共和国道路交通安全法》第九十九条第一款第(一)项、第二款和《云南省道路交通安全条例》第八十七条第一款第(二)项的规定,对普某未取得驾驶证驾驶摩托车的违法行为给予罚款300元,并处行政拘留12天的处罚;依据《中华人民共和国道路交通安全法》第九十五条第一款、第九十条和《云南省道路交通安全条例》第七十九条第(十九)项的规定,对普某上路行驶的机动车未悬挂机动车号牌的违法行为给予罚款150元的处罚。根据《道路交通安全违法行为处理程序规定》第五十条第一款的规定,决定给予普某合并执行罚款450元,并处行政拘留12天的处罚。行政拘留12天的处罚(自2019年8月14日至2019年8月26日)已执行完毕。

原审认为,《中华人民共和国行政诉讼法》第六十九条规定,行政行为证据确凿,适用法律、法规正确,符合法定程序的,或者原告申请被告履行法定职责或者给付义务理由不成立的,人民法院判决驳回原告的诉讼请求。本案中,原告普某未取得驾驶证驾驶摩托车和驾驶未悬挂机动车号牌的三轮摩托车上道路行驶的事实清楚,被告大姚县公安局作出的案涉处罚决定证据确凿,适用法律、法规正确,符合法定程序,处罚符合法律、法规规定,应予以维持。依照《中华人民共和国行政诉讼法》第六十九条的规定,判决驳回原告普某的诉讼请求。案件受理费50元,由原告普某承担(已付)。

【诉讼请求和争议焦点】

(一)原告普某的诉讼请求

1. 撤销一审行政判决。
2. 二审查清案件事实,依法改判确认被上诉人行政行为违法。
3. 由被上诉人承担本案一、二审诉讼费。

具体理由:

1. 一审认定事实不清,证据错误,程序违法。

(1)一审事实不清。上诉人认为,本案中上诉人是弱势群体,被上诉人为公权力机关,有条件、有机会制作虚假的对自己有利的相关证据。从案发至今,上诉人家属未收到被拘留人家属通知书、返还物品凭证(物品及车辆至今仍在交警大队扣押),处罚程序违法。受案登记表、行政强制措施凭证、查获经过、情况说明、行政处罚告知笔录等为被上诉人编造,上诉人不认可前述证据,但一审仅凭被上诉人一面之词,就采信和认定被上诉人所有证据和事实。一审违反法定程序,认定事实不清,适用法律错误,违背处罚与教育相结合、执法效益与社会效益并重的原则。

（2）一审认定证据错误。上诉人认为，因上诉人当天违法行为情节轻微、未影响道路通行，应适用《中华人民共和国道路交通安全法》第八十七条规定，给予口头警告后放行。《云南省道路交通安全条例》第八十七条第一款第（二）项，并未规定并处行政拘留12天的处罚。被告依据《道路交通安全违法行为处理程序规定》第五十条规定，合并执行罚款450元，并处行政拘留12天的处罚，不符合法律规定和本案的客观事实。被上诉人的许多证据均出于自身优势和非法手段取得，不具有真实性、客观性，无其他证据相互佐证，无证明力，不得作为认定事实的根据。

2. 一审适用法律错误，判决显失公平、公正。一审未全面客观审查核实证据，采用的证据不确凿，导致认定事实不清，不符合《中华人民共和国行政诉讼法》第六十九条规定。本案行政处罚明显不当，应依据《中华人民共和国行政诉讼法》第七十六条、第七十七条及相关规定确认行政行为违法，判决被上诉人承担赔偿责任。综上所述，因一审采用证据错误，违反法定程序，认定事实不清，适用法律错误，判决结果错误。请二审依法撤销原判或者依法改判确认被上诉人的行政行为违法。

（二）本案的争议焦点

针对上诉人的诉讼请求与理由，被上诉人大姚县公安局辩称，2019年8月14日上午，县公安局金碧派出所交巡警中队与县公安局交通警察大队城区中队民警，在大姚县城区金碧镇金龙路东塔脚路段巡逻执勤。上午9时55分许，一女子驾驶一辆未悬挂机动车号牌的普通三轮摩托车朝执勤点方向驶来，执法民警打交通手势示意车辆靠边停车接受检查，该女子停车后，民警立即上前进行查验，依法请女子出示相关证件，后该女子未能出示三轮摩托车行驶证、驾驶证及相关有效证件，经询问得知该女子自称普某，其摩托车未按规定落户上牌且未取得摩托车驾驶证。为固定当事人信息，民警使用公安警务通查询该女子提供的个人信息的真实性及是否持有驾驶证，经查该女子为普某，未持有相关驾驶证。随后，民警口头告知普某涉嫌无证驾驶、上道路行驶的机动车未悬挂机动车号牌等违法行为，将依法扣留机动车并按照规定对其进行处罚，但普某不予配合，声称要驾驶车辆回家将货物卸载后才愿将车辆交由执勤民警扣留。现场民警再次告知其违法行为及无证驾驶存在的安全隐患，不能再次驾车，多次告知车厢内的草料需要其联系车辆来卸载拉回，但普某不配合工作，不愿意交出摩托车钥匙，后民警向领导汇报,城区中队交警闻讯赶到现场协助处理。根据《中华人民共和国道路交通安全法》第九十五条第一款规定,依法扣留普某的普通三轮摩托车,民警使用执法终端现场开具《公安交通管理行政强制措施凭证》,普某不配合行政强制措施,坐在三轮摩托车上拒绝、阻碍扣留机动车。民警向领导汇报情况后,口头传唤普某到县公安局交通警察大队接受调查,普某无正当理由不接受传唤,民警将普某上铐控制带上警车进行强制传唤,因扣留的三轮摩托车无钥匙无法移动,民警再次要求交出钥匙,普某拒绝交出钥匙,民警将普某带回县公安局交通警察大队办案区进行调查。当天案件经领导批准立案后,及时开展了询问违法嫌疑人、网上查询驾驶员和机动车相关信息、书写查获经过、制作现场照片等调查取证工作。当天调查结束就对普某进行行政处罚前告知,普某在行政处罚告知笔录上签字捺印,未提出陈述和申辩意见。被上诉人按照《公安机关办理行政案件程序规定》,逐级上报审核审批,认为违法行为人普某未取得驾驶证驾驶摩托车的行为违反了《中华人民共和国道路交通安全法》第十九条第一款的规定,根据《中华人民共和国道路交通安全法》第九十九条第一款第(一)项、第二款,以及《云南省道路交通安全条例》第八十七条第一款第(二)项的规定,决定给予普某罚款300元,并处行政拘留12天的处罚。违法行为人普某上道路行驶的机动车未悬挂号牌的行为违反了《中华人民共和国道路交通安全法》第十一条第一款的规定,根据《中华人民共和国道路交通安全法》第九十五条第一款、第九十条,以及《云南省道路交通安全条例》第七十九条第(十九)项的规定,决定给予普某罚款150元的处罚。根据《道路交通安全违法行为处理程序规定》第五十条第一款的规定,对普某合并执行罚款450元,并处行政拘留12天的处罚。当天,对普某宣布并送达了案涉处罚决定,普某在处罚决定书上签字捺印后,先到大姚县平安医院例行体检合格,才送大姚县拘留所执行拘留。根据普某的违法情节和危害后果的轻重,被上诉人对其作出罚款450元,并处行政拘留12天的行政处罚,事实清楚、证据充分,程序合法,处罚适当。一审判决认定事实清楚,证据确实充分,适用法律法规准确,请二审驳回上诉,维持原判。

归纳诉辩双方当事人主张,本案的争议焦点是:被上诉人大姚县公安局2019年8月14日作出的案涉处罚决定事实是否清楚、处罚程序是否合法、适用法律是否正确、处罚幅度是否适当。

【裁判结果】

根据《中华人民共和国道路交通安全法》第十一条第一款"驾驶机动车上道

路行驶,应当悬挂机动车号牌……并随车携带机动车行驶证";第九十条"机动车驾驶人违反道路交通安全法律、法规关于道路通行规定的,处警告或者二十元以上二百元以下罚款。本法另有规定的,依照规定处罚",第九十五条第一款"上道路行驶的机动车未悬挂机动车号牌,……或者未随车携带行驶证、驾驶证的,……并可以依照本法第九十条的规定予以处罚"的规定,上诉人普某驾驶未悬挂机动车号牌的三轮摩托车上道路行驶,被上诉人大姚县公安局对其违法行为处以 150 元罚款符合法律规定;根据《中华人民共和国道路交通安全法》第十九条第一款"驾驶机动车,应当依法取得机动车驾驶证",第九十九条第一款第(一)项"有下列行为之一的,由公安机关交通管理部门处二百元以上二千元以下罚款:(一)未取得机动车驾驶证……驾驶机动车的;"、第二款"行为人有前款……第一项、第三项、第五项至第八项情形之一的,可以并处十五日以下拘留"的规定,上诉人普某未取得机动车驾驶证驾驶三轮摩托车上道路行驶,被上诉人大姚县公安局对其违法行为处以 300 元罚款,并处 12 日行政拘留符合法律规定。同时,根据《道路交通安全违法行为处理程序规定》第五十条第一款"一人有两种以上违法行为,分别裁决,合并执行,可以制作一份行政处罚决定书"的规定,上诉人普某 2019 年 8 月 14 日当天实施了未取得驾驶证驾驶三轮摩托车上道路行驶和驾驶未悬挂机动车号牌的三轮摩托车上道路行驶的两种违法行为,被上诉人大姚县公安局对其两种违法行为分别处罚,合并决定处以 450 元罚款和 12 日行政拘留并无不当。

因此,法院驳回上诉,维持原判。二审案件受理费 50 元,由上诉人普某承担(已交)。

【相关法律规定】

《中华人民共和国道路交通安全法》第十一条:驾驶机动车上道路行驶,应当悬挂机动车号牌,放置检验合格标志、保险标志,并随车携带机动车行驶证。机动车号牌应当按照规定悬挂并保持清晰、完整,不得故意遮挡、污损。任何单位和个人不得收缴、扣留机动车号牌。

《中华人民共和国道路交通安全法》第十九条:驾驶机动车,应当依法取得机动车驾驶证。申请机动车驾驶证,应当符合国务院公安部门规定的驾驶许可条件;经考试合格后,由公安机关交通管理部门发给相应类别的机动车驾驶证。持有境外机动车驾驶证的人,符合国务院公安部门规定的驾驶许可条件,经公安机关交通管理部门考核合格的,可以发给中国的机动车驾驶证。驾驶人应当按照驾驶证载明的准驾车型驾驶机动车;驾驶机动车时,应当随身携带机动车驾驶证。公安机关交通管理部门以外的任何单位或者个人,不得收缴、扣留机动车驾驶证。

《中华人民共和国道路交通安全法》第九十条:机动车驾驶人违反道路交通安全法律、法规关于道路通行规定的,处警告或者二十元以上二百元以下罚款。本法另有规定的,依照规定处罚。

《中华人民共和国道路交通安全法》第九十五条:上道路行驶的机动车未悬挂机动车号牌,未放置检验合格标志、保险标志,或者未随车携带行驶证、驾驶证的,公安机关交通管理部门应当扣留机动车,通知当事人提供相应的牌证、标志或者补办相应手续,并可以依照本法第九十条的规定予以处罚。当事人提供相应的牌证、标志或者补办相应手续的,应当及时退还机动车。故意遮挡、污损或者不按规定安装机动车号牌的,依照本法第九十条的规定予以处罚。

《中华人民共和国道路交通安全法》第九十九条:有下列行为之一的,由公安机关交通管理部门处二百元以上二千元以下罚款:

(一)未取得机动车驾驶证、机动车驾驶证被吊销或者机动车驾驶证被暂扣期间驾驶机动车的。

(二)将机动车交由未取得机动车驾驶证或者机动车驾驶证被吊销、暂扣的人驾驶的。

(三)造成交通事故后逃逸,尚不构成犯罪的。

(四)机动车行驶超过规定时速百分之五十的。

(五)强迫机动车驾驶人违反道路交通安全法律、法规和机动车安全驾驶要求驾驶机动车,造成交通事故,尚不构成犯罪的。

(六)违反交通管制的规定强行通行,不听劝阻的。

(七)故意损毁、移动、涂改交通设施,造成危害后果,尚不构成犯罪的。

(八)非法拦截、扣留机动车辆,不听劝阻,造成交通严重阻塞或者较大财产损失的。

行为人有前款第二项、第四项情形之一的,可以并处吊销机动车驾驶证;有第一项、第三项、第五项至第八项情形之一的,可以并处十五日以下拘留。

【个案分析】

首先,本案事实清楚,主要证据充分。具体依据:《公安机关办理行政案件程序规定》第三条"办理行政案件应当以事实为根据,以法律为准绳";第二十六条"可以用于证明案件事实的材料,都是证据。公安机关办理行政案件的证据包括:(一)物证。(二)书证。(三)被侵害人陈述和其他证人证言。(四)违法嫌疑人的陈述和申辩。(五)鉴定意见。(六)勘验、检查、辨认笔录,现场笔录。(七)视听资料、电子数据。证据必须经过查证属实,才能作为定案的根据";第二十七条"公安机关必须依照法定程序,收集能够证实违法嫌疑人是否违法、违法情节轻重的证据"。

其次,本案中,执法程序合法。具体依据:本案被上诉人大姚县公安局对普某作出案涉处罚决定符合《道路交通安全违法行为处理程序规定》的规定。

再次,本案中,适用法律基本正确。具体依据:本案依据《中华人民共和国道路交通安全法》第十一条、第十九条、第九十条、第九十五条、第九十九条做出处罚决定,适用法律准确。

最后,本案中,处罚幅度基本适当。具体依据:《中华人民共和国道路交通安全法》第九十九条第二款规定:"行为人有前款……,可以并处十五日以下拘留。"由此可见,十五日以下的拘留属于法律行政机关的裁量空间。《中华人民共和国行政处罚法》第三十二条规定:"当事人有下列情形之一,应当从轻或者减轻行政处罚:(一)主动消除或者减轻违法行为危害后果的。(二)受他人胁迫或者诱骗实施违法行为的。(三)主动供述行政机关尚未掌握的违法行为的。(四)配合行政机关查处违法行为有立功表现的。(五)法律、法规、规章规定其他应当从轻或者减轻行政处罚的。"本案中上诉人普某并不明显符合上述五种情形,不在应当从轻或减轻之列。

【类案总结】

在与本案相似的一类案件中,针对处罚决定的争议焦点主要集中在事实、程序、适用法律、处罚幅度四个方面。因此,对类案处罚决定的合法性,应当从事实证据、执法程序、法律适用、处罚幅度四方面分别进行审视。

首先,类案审视事实证据的法律依据为:《公安机关办理行政案件程序规定》第三条"办理行政案件应当以事实为根据,以法律为准绳";第二十六条"可以用于证明案件事实的材料,都是证据。公安机关办理行政案件的证据包括:(一)物证。(二)书证。(三)被侵害人陈述和其他证人证言。(四)违法嫌疑人的陈述和申辩。(五)鉴定意见。(六)勘验、检查、辨认笔录,现场笔录。(七)视听资料、电子数据。证据必须经过查证属实,才能作为定案的根据";第二十七条"公安机关必须依照法定程序,收集能够证实违法嫌疑人是否违法、违法情节轻重的证据"。

其次,类案审视执法程序的法律依据为:《道路交通安全违法行为处理程序规定》的相关规定。

再次,类案审视法律适用的法律依据为:针对驾驶未悬挂机动车号牌的三轮摩托车上道路行驶的行为,应适用《中华人民共和国道路交通安全法》第十一条第一款、第九十条、第九十五条第一款的规定;针对未取得机动车驾驶证驾驶三轮摩托车上道路行驶的行为,应适用《中华人民共和国道路交通安全法》第十九条第一款、第九十九条第一款第(一)项和第二款的规定。

最后,类案在审视处罚幅度时,应根据《中华人民共和国道路交通安全法》第九十九条第二款和《中华人民共和国行政处罚法》第五条第二款的规定处理,即设定和实施行政处罚必须以事实为依据,与违法行为的事实、性质、情节以及社会危害程度相当。需要特别说明的是,当进入处罚幅度问题的探讨时,对处罚决定的审视已然突破了狭义合法性的圈层而进入了广义合法性的层面,即超脱出形式合法性之审查而步入实质合理性之审查。在我国行政诉讼的现行规范体系中,实质合理性审查主要包括"明显不当"和"滥用职权"两方面的审查。在本案中,对处罚幅度的争议主要体现在是否"明显不当"上而并未延伸到"滥用职权"。在未来可能出现的相似情境中,相对人可以尝试就交通处罚决定所选择的具体幅度是否构成"滥用职权"来提出主张以更好地维护自身权益("滥用职权"与"明显不当"都存在于裁量权中,区别在于故意还是过失)。此外,从交通行政主管部门的角度来说,有必要对《中华人民共和国道路交通安全法》及其他交通领域相关法律、法规、规章中存在的裁量空间加以治理,自发制定、完善交通领域裁量权基准,以规范交通执法;在此基础上,相对人可对交通行政主管部门公开发布的裁量权基准善加利用,作为判断交通处罚决定是否"明显不当"或"滥用职权"的依据。

第二章

婚姻纠纷

第一节 离婚纠纷

案例七

陈某某与周某离婚纠纷案

【案例导读】

本案涉及原告陈某某与被告周某的离婚纠纷。原告主张夫妻感情破裂,被告存在不良习惯。然而,法院认为双方感情基础良好,未充分证明感情确已破裂。同时,被告虽存在一些不良行为,但不满足法定离婚条件。法院强调沟通和理解的重要性,认为双方应尝试维护婚姻,凸显了法院在处理复杂婚姻案件时,充分考虑事实、法律依据和社会因素的判决思路。

【案件基本信息和事实梳理】

原告陈某某与被告周某系自由恋爱,于 2002 年 1 月 9 日登记结婚,于 2002 年 8 月 31 日生育长女周某某甲,2008 年 8 月 19 日生育次女周某某乙。2015 年 11 月 12 日、2016 年 5 月 23 日双方因家庭生活琐事产生矛盾,原告陈某某称被告婚后存在种种不良习惯,存在殴打自己的现象,认为周某的种种恶习已经给原告造成严重的伤害,夫妻感情随之破裂,故提起诉讼,要求离婚。

具体事实梳理如下:

原告陈某某与被告周某于 2002 年 1 月 9 日登记结婚,于 2002 年 8 月 31 日生育长女周某某甲,2008 年 8 月 19 日生育次女周某某乙。

2015年11月12日、2016年5月23日双方因家庭生活琐事产生矛盾,向楚雄市公安局西城派出所报警。

2016年6月13日原告陈某某向法院申请人身安全保护令,法院于2016年6月14日作出(2016)云2301民保令3号民事裁定书,驳回陈某某的申请。原告陈某某不服,于2016年6月16日向法院申请复议,法院于2016年6月17日作出(2016)云2301民保更2号民事裁定书,驳回陈某某的复议申请。

【诉讼请求和争议焦点】

(一)原告诉讼请求

1. 准予原告与被告离婚。

2. 婚生长女周某某甲(2002年8月31日生)由被告抚养,婚生次女周某某乙(2008年8月19日生)由原告抚养,且原被告之间不再互相支付抚养费。

3. 本案诉讼费由被告承担。

(二)本案争议焦点

1. 原、被告夫妻感情是否破裂。

2. 是否符合法定准予离婚的条件。

【裁判结果】

不准离婚。案件受理费150元(已减半收取),由原告陈某某负担。

【相关法律规定】

《中华人民共和国民法典》第一千零七十九条:夫妻一方要求离婚的,可以由有关组织进行调解或者直接向人民法院提起离婚诉讼。

人民法院审理离婚案件,应当进行调解;如果感情确已破裂,调解无效的,应当准予离婚。

有下列情形之一,调解无效的,应当准予离婚:

(一)重婚或者与他人同居。

(二)实施家庭暴力或者虐待、遗弃家庭成员。

(三)有赌博、吸毒等恶习屡教不改。

(四)因感情不和分居满二年。

(五)其他导致夫妻感情破裂的情形。

一方被宣告失踪,另一方提起离婚诉讼的,应当准予离婚。

经人民法院判决不准离婚后,双方又分居满一年,一方再次提起离婚诉讼的,应当准予离婚。

(需要注意的是,因案件审理时《中华人民共和国民法典》尚未出台,法院彼时裁判依据为《中华人民共和国婚姻法》。)

【案件分析】

根据《中华人民共和国民法典》第一千零七十九条规定,在诉讼离婚的情形下,法院判决离婚的唯一理由是"双方感情确已破裂"与"调解无效"的双重条件。那么,如何认定感情破裂就成为处理本案的关键所在。该条文具体列举了五种情形,包括以下几点:(一)重婚或者与他人同居。(二)实施家庭暴力或者虐待、遗弃家庭成员。(三)有赌博、吸毒等恶习屡教不改。(四)因感情不和分居满二年。(五)其他导致夫妻感情破裂的情形。当然,这并非意味着"感情确已破裂"只能表现为这五种情形。只要原告能够充分证明存在与这五种情形性质类似的事实,依然可以被法院认定为"感情确已破裂"。因此,在处理离婚案件时,法院不仅会考虑上述列举的五种情形,还会综合考虑夫妻间的具体情况,包括夫妻间是否存在感情冲突、沟通不畅、生活习惯不合等问题。另外,在证据方面,原告需要提供充分的证据来证明夫妻间的感情确已破裂,比如夫妻双方的通讯记录、家庭矛盾的协调记录等。因此,在离婚申请前,双方应该充分沟通,尽力协商解决问题,如果确实无法挽回,才考虑向法院提出诉讼离婚请求。

本案中,原告主张感情破裂的理由有二:一是认为原、被告虽系自由恋爱,但双方认识时间不长,对彼此了解不够;二是认为婚后被告的不良习惯开始暴露,经常打麻将、对家庭不管不顾,输钱之后就找原告拿钱,言语不和就谩骂原告甚至殴打原告,被告的种种恶习破坏了本就不牢固的夫妻感情。在司法审判中,原告负有对自己主张进行证明的责任,若未能充分证明,法院则不予认定。在本案当中,对于第一个理由,原告没有充分证据证明婚后未建立起夫妻感情,因此其主张并不成立。对于第二个理由,原告虽然能够证明,但不满足认定为"感情确已破裂"的要求。

首先,对于夫妻感情破裂的考量,需从感情基础、婚姻生活状态、情感状况变化等各方面标准入手,进行全面翔实的判断。对于诉讼请求中陈某某提出婚姻破裂的第一个理由,法院认为,原、被告在2002年登记结婚,在2016年原告提出离婚请求,婚龄已有14年,婚后共同生育了孩子,共同面对了生活的挑战,是有较好的感情基础的。原告没有充分证据证明婚后未建立起夫妻感情,因此其主张并不成立。

对于第二个理由,原告提出的被告存在赌博行为且屡教不改的法定离婚情形,但是无法充分举证,法院不予认定。其中,对于两次家庭琐事纠纷中被告殴打原告的行为是否构成家庭暴力或者虐待,需要结合《中华人民共和国婚姻法》的释义进行具体的理性判定:《中华人民共和国婚姻法》第三十二条将家庭暴力和虐待,定义为发生在家庭成员之间,以殴打、捆绑、残害身体、禁闭、冻饿、凌辱人格、精神恐吓、性暴虐等手段,对家庭成员从肉体上、精神上进行伤害、摧残、折磨的行为。近年来,随着社会的不断进步和人们思想观念的逐渐开放,人们对于家庭暴力、虐待和遗弃家庭成员等问题有了更加敏锐的察觉与更高度的重视。越来越多的人开始认识到这些问题的严重性,并逐渐形成了舆论压力和社会道德的制约力,促使了更多的人敢于站出来揭露这些问题。现代社会的快节奏生活和高压工作环境,使得人们的压力和疲劳程度加剧,导致一些人情绪不稳定和暴躁易怒,在家庭中发泄情绪,采取暴力行为或者粗暴言语来解决问题,从而给家庭成员带来身体和心理上的伤害。这些社会矛盾和问题的存在,也对事实认定与法律审判提出了更高的要求和更严峻的挑战。明确区分不同性质的家庭暴力、虐待与遗弃情形,分别作出不同的审判,才能够有效维护家庭关系,使家庭生活更加和谐、稳定和美好。

因此,法院认为,原告陈某某与被告周某结婚时皆出于自身意愿,具备相当的感情基础,且双方仍有共同的生活目标和家庭责任,能够通过进行合理的沟通和交流尝试解决婚姻问题并维持婚姻关系。社会倡导夫妻间互相理解、互相帮助,双方应在今后加强沟通、互敬互谅,多一些包容和理解,是有和好可能的。

人民法院处理因家庭暴力或者虐待、遗弃家庭成员而导致的离婚案件,应当查明①家庭暴力、虐待或遗弃是否存在,为此需要了解双方婚姻生活中的具体事件和事实,以及被告方的辩解和证据等。②家庭成员是否受到了伤害,为此需要了解家庭成员的身体情况、精神状态、心理反应等。③双方婚姻生活是否破裂,为此需要了解双方婚姻生活中的实际情况,包括感情状况、生活条件、子女抚养等。还需要考虑以下因素,例如家庭暴力、虐待或遗弃是否属于严重情节,如果是严重情节,则对被告方的判决应该更为严厉;对于弱势群体(如妇女、残疾人等)进行暴力、虐待或遗弃,则需要更多地考虑对被害人的保护;以及双方的责任和过错。如果双方都有过错，则需要综合考虑双方的过错情况，作出更为公正的裁决。最后，在查明事实和考虑各方面因素的基础上，根据相关法律法规和司法解释作出裁决，如果家庭暴力、虐待或遗弃等情节严重，婚姻关系已经无法维持，则可以判决离婚。同时，如果家庭成员受到了伤害或威胁，需要作出保护令，保护受害人的人身、财产和其他合法权益。

【类案总结】

以"夫妻感情是否已经破裂"以及"是否符合法定准予离婚条件"为争议焦点的类似案件中，根据《中华人民共和国民法典》第一千零七十九条，离婚需满足"双方感情确已破裂"和"调解无效"的双重条件，在审理中，法院对双方感情基础、婚姻生活状态等因素进行了综合考量。原告提出的感情破裂理由例如双方对彼此了解不够、被告存在不良嗜好等并不完全等于丧失夫妻感情，也不一定能满足"感情确已破裂"的标准。

对于家庭暴力和虐待的判定，强调细致的事实调查和对不同情形的准确定义。当前，社会对家庭暴力的敏感性提高，法院在处理此类案件时更加重视保护被害人权益。在类似案件中，法院会对双方感情基础、婚姻生活状态、是否存在严重的家庭暴力或虐待等进行全面考虑，同时强调双方的沟通、理解与妥协，以维护家庭关系和保障家庭成员权益。

案例八

李某某与黄某离婚纠纷案

【案例导读】

本案涉及原告李某某与被告黄某的离婚诉讼。原告主张双方感情已破裂，提出离婚请求，并要求被告补偿流产造成的经济损失。被告反驳要求原告赔偿结婚产生的费用。法院综合考虑双方感情基础、婚姻历程等因素，判决准予离婚。这一判决凸显法院对感情破裂、婚姻责任的权衡与审慎判定。

【案件基本信息和事实梳理】

原告李某某与被告黄某于 2015 年 5 月 22 日自愿登记结婚，婚后未生育子女,但李某某曾怀孕,后流产。因家庭生活琐事产生矛盾,原告李某某于 2015 年 7 月 28 日向法院起诉离婚,经法院调解和好,但此后夫妻感情未改善,现原告再次提起离婚诉求。

【诉讼请求和争议焦点】

(一)原告诉讼请求

1. 原告与被告离婚。
2. 由被告补偿原告因流产造成的经济损失 20 000 元。
3. 本案诉讼费由被告承担。

(二)被告辩解请求

如果原告坚持要求离婚,请求法院判令原告赔偿被告因结婚产生的各种费用 60 000 元。

(三)本案争议焦点

原、被告夫妻感情是否破裂;是否符合法定准予离婚的条件。

【裁判结果】

准予离婚。案件受理费 150 元(已减半收取),由原告陈某某负担 75 元(已缴),黄某承担 75 元(未交,限本判决生效之日起三日内交纳,款交法院)。由于证据不足,驳回原告要求被告补偿流产造成的经济损失的请求。

【相关法律规定】

《中华人民共和国民法典》第一千零七十九条:夫妻一方要求离婚的,可以由有关组织进行调解或者直接向人民法院提起离婚诉讼。

人民法院审理离婚案件,应当进行调解;如果感情确已破裂,调解无效的,应当准予离婚。

有下列情形之一,调解无效的,应当准予离婚:

(一)重婚或者与他人同居。
(二)实施家庭暴力或者虐待、遗弃家庭成员。
(三)有赌博、吸毒等恶习屡教不改。
(四)因感情不和分居满二年。
(五)其他导致夫妻感情破裂的情形。

一方被宣告失踪,另一方提起离婚诉讼的,应当准予离婚。

经人民法院判决不准离婚后,双方又分居满一年,一方再次提起离婚诉讼的,应当准予离婚。

《中华人民共和国民法典》第一千零八十九条:离婚时,夫妻共同债务应当共同偿还。共同财产不足清偿或者财产归各自所有的,由双方协议清偿;协议不成的,由人民法院判决。

(需要注意的是:因案件审理时《中华人民共和国民法典》尚未出台,法院依据《中华人民共和国婚姻法》第三十二条和第四十一条做出判决。)

【案件分析】

根据《中华人民共和国民法典》第一千零七十九条规定,在诉讼离婚的情形下,法院判决离婚的理由是"双方感情确已破裂"与"调解无效"双重条件。

对于如何认定感情破裂,该条文具体列举了五种情形,包括:(一)一方重婚或者与他人同居。(二)一方实施家庭暴力或者虐待、遗弃家庭成员。(三)一方有赌博、吸毒等恶习屡教不改。(四)双方因感情不和分居满二年。(五)其他导致夫妻感情破裂的情形。但这并非意味着"感情确已破裂"只能表现为这五种情形,只要原告能够充分证明存在与这五种情形性质类似的事实,依然可以被法院认定为"感情确已破裂"。

本案中,原告主张感情破裂的理由有三:一为婚前认识时间不长,对彼此的脾气、性格、生活习惯都缺乏了解,婚后感情基础较差,双方性格不合;二为结婚两个多月被告就打过原告,在原告怀孕期间几次动手打原告,造成原告流产迹象;三为原告于 2015 年 7 月 28 日曾经提起过离婚诉讼,虽然当时调解和好,但是夫妻感情没有实际改善。在司法审判中,原告负有对自己主张进行证明的责任,若未能充分证明,则法院不予认定。在本案判决书当中,法院并没有对前两个理由进行展开阐述评价,但是基于最后的理由,法院认为满足认定为"感情确已破裂"的要求。

首先判断夫妻感情是否确已破裂,应当从感情基础、婚姻生活状态、情感状况变化等方面综合分析。法院认为,原告李某某与被告黄某自愿登记结婚,婚后未能正确处理好夫妻关系。原告于 2015 年 7 月 28 日向法院起诉离婚,经法院调解和好,后并未共同居住生活,现原告再次通过诉讼要求解除与被告的婚姻关系,因此可认定原、被告夫妻感情已经破裂,双方无和好的可能,对原告要求离婚的诉请,法院予以支持。

其次,原告提出的被告存在殴打原告的行为是否构成家庭暴力或者虐待,仍可同前文,参照《中华人民共和国婚姻法》的释义,即以殴打、捆绑、残害身体、禁闭、冻饿、凌辱人格、精神恐吓、性暴虐等手段,对家庭成员从肉体上、精神上进行伤害、摧残、折磨的行为。在本案中,法院认为原告没有充分举证被告存在殴打行为,也没有证明被告存在暴力行为导致原告流产,故对原告要求被告补偿原告因流产造成的经济损失20 000元的诉请,因不符合法律规定,不予支持。

可以看到,本案与前一个案件存在相似之处:一来,原告都主张被告存在殴打行为,但却无法举证充分证明;二来,原告都主张婚姻基础不牢固。但二者也存在着不同。在本案中,法院根据双方当事人登记结婚时间和第一次提起离婚之诉的时间(相隔2个月),对于双方婚姻的感情基础给予了充分考虑,这与前一案件中双方十多年之婚龄以及育有子女的情节存在显著不同。与此同时,最为决定性之处在于本案中双方在经过第一次调解后,并未共同居住生活,并且原告再一次通过诉讼要求解除与被告的婚姻关系,可认定原、被告夫妻感情已经破裂,双方无和好的可能。最后,针对被告提出的因办婚礼向段某某借款20 000元、向曹某某借款10 000元,应由原、被告共同偿还的辩解,根据《中华人民共和国婚姻法》第四十一条的规定,因债务系被告的婚前债务,法院对该辩解也不予采纳。

【类案总结】

以"夫妻感情是否破裂"以及"赔偿经济损失"等问题展开的类似案件,在审理中,法院将综合考虑双方的婚姻历程、感情基础、调解情况等因素,其中,被告对原告实施暴力有可能成为法院认定双方感情确已破裂且无和好可能的重要因素。法院会根据双方的婚姻生活状态、调解情况等来评估夫妻感情是否破裂,以保障当事人合法权益。

而在原告要求被告补偿流产造成的经济损失的问题上,原告需要提供充分的证据来证明自己的主张,否则法院可能不予认定。此案的审理结果准予离婚,同时法院对涉及诉讼费用的处理也值得注意。类似案件中,法院通常会综合考虑双方的经济情况,作出公正的费用分担决定。

综合而言,夫妻感情是否破裂是离婚案件的核心问题,法院在审理中会综合考虑多方面的因素,以作出合理、公正的判决。原告在提起诉讼时需要充分准备证据,以支持自己的主张。

第二节 财产纠纷

案例九

中国银行某支行与施某国、黄某会金融借款合同纠纷案

【案例导读】

本案涉及夫妻共同债务认定及偿还规则的问题。根据《中华人民共和国民法典》的规定,夫妻双方共同签名或者夫妻一方事后追认等共同意思表示所负的债务,以及夫妻一方在婚姻关系存续期间以个人名义为家庭日常生活需要所负的债务,属于夫妻共同债务。夫妻双方对此应当共同承担偿还义务。同时,如果借款的夫妻已经离婚,且离婚协议或者人民法院生效判决、裁定、调解书已经对夫妻财产分割问题作出处理的,债权人仍有权就夫妻共同债务向男女双方主张权利。但其中一方就夫妻共同债务承担清偿责任后,可向另一方按照离婚协议或者人民法院的法律文书追偿相应债务。

【案件基本信息和事实梳理】

2020年6月23日,被告施某国、黄某会向原告中国银行某支行申请贷款,原告同意后于2020年7月24日与被告签订编号为53＊＊＊＊136《农户贷款借款合同》。合同约定:原告向被告施某国贷款200 000元,额度有效期:自2020年7月24日至2023年7月23日,借款用途:生产经营周转,用款方式:自助可循环,单笔借款期限最长不超过12个月,年利率为4.35%,还款方式:利随本清,到期一次性归还借款本息。被告黄某会系被告施某国配偶,为共同还款责任人,当日签署共同还款承诺书。同时还约定:借款人未按约定期限归还借款本金的,贷款人对逾期借款从逾期之日起在借款执行利率基础上上浮50%计收罚息,直至本息清偿为止。对应付未付利息,贷款人依据中国人民银行规定计收复利。2020年7月24日至2021年7月21日,被告施某国四次提款并按时还款。2022年7月20日被告施某国分两次向原告借到200 000元,于2023年7月19

日到期,逾期未还。2022年9月30日,被告施某国、黄某会因感情破裂协议离婚,并领取了离婚证,但未对债务进行分割。2023年2月22日,二被告对债务又进行了协议划分并签订协议书,确定所欠200 000元债务全部由被告施某国承担,被告未按期归还,原告多次向被告施某国催收未果,诉至法院,请求支持其诉讼请求。

被告施某国答辩称:原告提交证据材料都是正确的,其中有几张贷款申请表我只是签了名字,但是日期是后补的。对诉求以及事实和理由都没有意见,是属实的。利息原告能否适当的减免一部分,归还本金的期限能不能延长一点。

被告黄某会答辩称:我并非借款合同相对方,没有还款义务。2022年7月20日,在我不知情的情况下被告施某国通过手机APP两次贷款200 000元,且贷款是被告施某国在刻意隐瞒我的情况下重新贷的款,没有用于家庭共同开支和投资,属于被告施某国的个人借贷行为,与我无关。我与被告施某国已于2022年9月30日在当地民政窗口办理离婚登记,离婚时协议原告的贷款200 000元债务由被告施某国负责归还。

【诉讼请求和争议焦点】

(一)原告诉讼请求

被告施某国、黄某会共同偿还原告借款本金200 000元及所欠利息、罚息、复利。

(二)本案争议焦点

施某国的前妻黄某会是否应该共同承担还款责任。

【裁判结果】

由被告施某国、黄某会于本判决生效后90日内共同偿还原告借款本金200 000元及截至2023年10月15日所欠利息、罚息、复利11 581.84元,并按合同约定支付从2023年10月16日起到还清借款之日止的利息、罚息、复利。

【相关法律规定】

《中华人民共和国民法典》第一千零六十四条:夫妻双方共同签名或者夫妻一方事后追认等共同意思表示所负的债务,以及夫妻一方在婚姻关系存续期间以个人名义为家庭日常生活需要所负的债务,属于夫妻共同债务。

夫妻一方在婚姻关系存续期间以个人名义超出家庭日常生活需要所负的债务,不属于夫妻共同债务;但是,债权人能够证明该债务用于夫妻共同生活、共同生产经营或者基于夫妻双方共同意思表示的除外。

《最高人民法院关于适用〈中华人民共和国民法典〉婚姻家庭编的解释(一)》第三十五条:当事人的离婚协议或者人民法院生效判决、裁定、调解书已经对夫妻财产分割问题作出处理的,债权人仍有权就夫妻共同债务向男女双方主张权利。

一方就夫妻共同债务承担清偿责任后,主张由另一方按照离婚协议或者人民法院的法律文书承担相应债务的,人民法院应予支持。

【案件分析】

二被告原系夫妻,夫妻关系存续期间,作为借款人和共同借款人与原告签订的《农户贷款借款合同》是在双方协商一致的情况下签订的,是双方的真实意思表示,且合同内容不违反法律法规的强制性规定,属合法有效的合同,应受法律保护,双方均应当按合同约定全面履行各自的义务。原告按合同约定向二被告发放借款,已履行了合同义务。被告未按合同约定归还借款本息,已构成违约,应承担相应的违约责任,故原告请求被告归还原告的贷款本金200 000元,截至2023年10月15日的利息、罚息、复利11 581.84元,并支付从2023年10月16日起到还清款项之日止按合同约定的利息、罚息、复利,有事实和法律依据,法院予以支持。自2023年10月16日起,二被告所欠原告的借款仍然处于逾期状态,应承担违约责任,即承担借款本金自2023年10月16日起至款项实际清偿之日止的逾期利息和欠付利息的复利,逾期利息、复利按合同约定计算。现二被告已协议离婚并对债务进行了划分,但依照《最高人民法院关于适用〈中华人民共和国民法典〉婚姻家庭编的解释(一)》第三十五条"当事人的离婚协议或者人民法院生效判决、裁定、调解书已经对夫妻财产分割问题作出处理的,债权人仍有权就夫妻共同债务向男女双方主张权利。一方就夫妻共同债务承担清偿责任后,主张由另一方按照离婚协议或者人民法院的法律文书承担相应债务的,人民法院应予支持"的规定,被告黄某会承担清偿责任后,可按双方离婚协议向被告施某国追偿。

【类案总结】

一、夫妻共同债务是指婚后一方或者夫妻双方,为夫妻共同生活对第三人

所负的债务。简单说,就是"夫妻为了生活对外欠的钱"。具体表现为四种:

(一)有夫妻基于共同意思,一起欠下的债款。

(二)该债务用于日常家庭生活,比如孩子的教育及家人的医疗、饮食、住房、出行等。

(三)该债务用于夫妻共同生产经营,比如夫妻开公司、做生意等欠下的债务。

(四)夫妻一方在婚前欠下的债务,但是婚后用于夫妻共同生活的,可能会认定为夫妻共同债务,比如夫妻一方在婚前购置用于二人婚后起居生活的住房而产生的相关债务。

二、以下这些债务,则属于夫妻一方的个人债务:

(一)妻子不知情,丈夫擅自借钱办厂子,收入确实没有用于夫妻共同生活。

(二)夫妻将本来应该一起还的债务,约定由一方还的,对于夫妻两个人内部来说,一般属于个人债务。

(三)夫妻一方盗窃抢劫、违法犯罪所负的债务等。

(四)夫妻一方刷信用卡、借贷,用于个人购买奢侈品、挥霍且远超过夫妻共同生活需要承担的部分的债务,也属于个人债务。

关于夫妻债务的认定,可以参看下图:

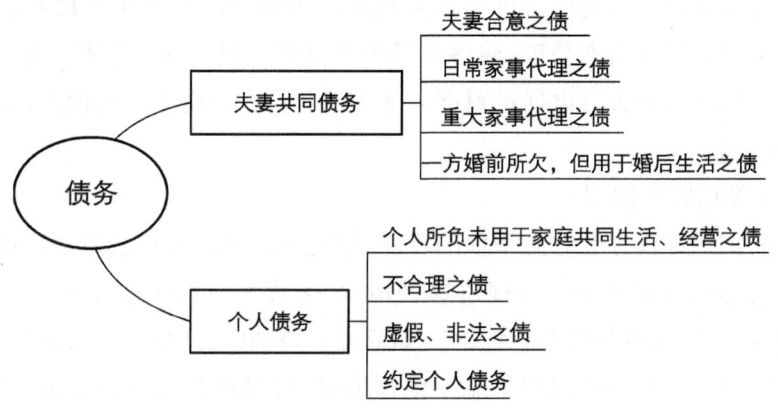

《中华人民共和国民法典》中明确的"夫妻共同债务"的裁判规则,实际上是过去司法实践中对有效做法的总结。此前法律取向在于对债权人利益的保护,从而维护交易安全,促进市场经济发展。例如,丈夫因个人原因对外欠下巨额债务,而债权人无法与其取得联系或者其确无偿还能力,就会要求妻子对于该债务进行承担。此情况下,即便妻子对于该笔债务并不知情,只要丈夫未明确约定该债务是其个人债务,法律实务中一般则更加偏向债权人债务的实现。而这样的实践就导致很多配偶在不知情的情况下"被负债",有时甚至是高达千万元的巨额债务。但新出台的《中华人民共和国民法典》展现了全新的价值取向：夫妻一方在婚姻关系存续期间以个人名义超出家庭日常生活需要所负的债务,不属于夫妻共同债务；但是,债权人能够证明该债务用于夫妻共同生活、共同生产经营或者基于夫妻双方共同意思表示的除外。也就是说,现在夫妻中一方以个人名义欠下的债务,如果不是用于夫妻共同生活的,债权人又不能证明另一方同意有这笔债务的,就属于借债方的个人债务。

《中华人民共和国民法典》确定的"夫妻共债共签"规则,在保护债权人利益和没有借债一方的利益之间取得了平衡,由此规避了离婚时无辜一方可能存在"巨额债务"的风险。

那么,婚姻中如何规避对方恶意举债的风险？

在婚姻中规避对方恶意举债的风险是非常重要的,这可以避免因债务问题导致夫妻关系出现矛盾,影响婚姻生活和家庭稳定。

(一)婚前财产公证

婚前财产公证是为了保护一方婚前已经拥有的财产不受到婚姻关系的影响而进行的一种法律行为。婚姻关系的形成通常会使夫妻之间的财产关系发生变化,因此在婚前就进行财产公证可以避免婚后因财产纠纷产生矛盾和争议。在婚前,夫妻可以进行财产公证,将各自的财产状况公证下来。这样,当一方出现恶意举债行为时,对方可以通过财产公证来证明自己没有参与该债务,避免因此受到牵连。

(二)婚前财产协议

但是,如果配偶存在恶意举债的可能,婚前财产公证并不能完全避免这种情况的发生。因此,为了进一步规避这种情况,夫妻可以在婚前制定一份财产协议,明确规定各自的财产权益和义务,如双方在婚姻中的财产归属、分配、纠纷处理方式等。这样,在一方出现恶意举债行为时,可以根据财产协议进行处理,避免因债务问题而引起夫妻矛盾,在协议中还可以直接约定如果配偶存在恶意举债的情况,另一方可以采取相应的措施进行保护。

(三)建立家庭财务管理制度

夫妻可以建立家庭财务管理制度,明确每个人的收入、支出、储蓄等方面的责任和义务,制定家庭预算,规划婚姻生活中的支出和投资等。这样可以避免因为夫妻间的财务管理不当而导致的债务问题。

(四)遵循借贷法律规定

夫妻在借贷过程中要遵循借贷法律规定,如明确借款用途、借款人和还款人、利率等,签订借贷合同并保留好相关证据。这样,在出现恶意举债行为时,可以根据相关法律规定来维护自己的合法权益。

(五)婚前检查对方信用记录

在婚前,可以通过查询征信报告或其他方式,了解配偶的信用记录和信用评分。如果存在较大的信用风险,可以采取相应的措施,如签订婚前财产公证或调整协议内容。但与此同时,夫妻间也要加强沟通和信任,及时沟通和协商处理家庭财务问题,建立互信关系,共同维护家庭的财务稳定,这样可以有效预防因债务问题导致夫妻矛盾。

总之,在婚姻中规避对方恶意举债的风险是非常重要的。夫妻双方要建立正确的财务观念,加强沟通和信任,遵守相关法律规定,建立家庭财务管理制度,制定好财产协议。

案例十

韦某甲、杨某宁婚约财产纠纷案

【案例导读】

本案涉及彩礼返还争议案件。杨某宁和韦某甲按当地习俗举行婚礼并同居,后因纠纷分开。争议焦点在于彩礼是否赠与,应否返还。韦某甲主张是赠与,不应返还;杨某宁认为是借结婚名义支付,应返还;法院认为韦某甲等人已部分实现婚姻目的,酌情返还。

【案件基本信息和事实梳理】

本案为二审案件。上诉人韦某甲与被上诉人杨某宁均为云南省砚山县人,依照当地民族习俗缔结婚约,杨某宁一方给付彩礼,韦某甲一方相应地给付嫁妆,二人并未办理结婚登记手续,但按照当地习俗举行了婚礼并开始同居生活(彼时韦某甲尚为未成年人)。后韦某甲外出打工,双方产生纠纷,二人无效婚姻无法继续维持,据此杨某宁请求一审法院判令韦某甲及其父母等3人返还彩礼

60 000元,一审法院予以支持。后韦某甲等请求二审法院撤销该判决,改判其不承担彩礼返还责任。

(一)一审法院经审理确认本案法律事实如下:

杨某宁与韦某甲自由恋爱,于××××年××月9日按习俗过礼后,××××年××月××日举行婚礼仪式,后同居生活。杨某宁与韦某甲之前均无婚史。××××年××月9日过礼,韦某甲方收到杨某宁礼金60 000元及韦某甲方指定的礼品(猪肉160斤、白砂糖100斤、酒100斤、糯米60斤、大米40斤、本地鸡4只、进门礼1 200元、回门礼1 260元)。双方举行婚礼仪式时韦某甲方陪嫁了价值735元的烟,价值660元的衣服、鞋子,价值120元的毛巾、口杯、盆各两个,米120斤,给了杨某宁1 600元的回门礼,价值3 600元的电视机,价值600元的饮水机,价值1 600元的音响,价值360元的毛毯,糖40斤,公鸡1只,熟糯米20斤,价值6 000元的洗衣机,价值1 200元的平板电脑,价值900元的三床被子,价值2 000元的一床四件套的被套,价值2 140元的银戒指,还有买给杨某宁父母、姐姐、奶奶的共四件衣服600元。韦某甲与杨某宁同居3个月离开杨某宁,外出打工不归,并表示不愿意与杨某宁继续共同生活。(韦某乙是韦某甲父亲,廖某是韦某甲母亲。)

(二)二审法院确认本案法律事实除与一审认定的一致外,补充认定如下法律事实:

韦某甲与杨某宁××××年××月××日按农村习俗举行婚礼同居生活后,韦某甲因身体不适于2018年5月先后到砚山县人民医院、砚山县中医医院检查治疗,诊断意见为:宫内早孕约6周。后韦某甲因早孕、宫颈炎等疾病,在文山东方医院治疗:1.无痛人流术。2.宫颈赘生物摘除术。3.宫颈修复黏膜。4.抗炎对症治疗。为此韦某甲支付医疗费用12 379.10元。

【诉讼请求和争议焦点】

(一)原告及上诉人(原被告)诉讼请求

一审中原告杨某宁诉讼请求:请求法院依法判令韦某甲等3人返还彩礼60 000元。本案诉讼费由韦某甲等3人承担。

二审中上诉人韦某甲诉讼请求:请求法院依法撤销砚山县人民法院(2019)云2622民初1426号民事判决,改韦某甲等3人不承担彩礼返还责任。本案诉讼费用由杨某宁承担。

（二）本案争议焦点

综合双方当事人的诉辩主张，本案在二审的争议焦点问题是：杨某宁给予韦某甲等3人的彩礼60 000元，是否属于赠与行为，韦某甲等3人应否承担返还责任。

韦某甲等3人认为，杨某宁给予韦某甲等3人的彩礼60 000元系杨某宁因与韦某甲共同生活而赠与，韦某甲等3人不应当予以返还。

杨某宁认为，60 000元彩礼系韦某甲等3人借结婚名义向杨某宁收取的，并非杨某宁的赠与行为，应当由韦某甲等3人予以返还。

【裁判结果】

（一）撤销砚山县人民法院（2019）云2622民初1426号民事判决；即"由韦某甲、韦某乙、廖某返还杨某宁按习俗给付的彩礼35 000元。限本判决生效后15日内履行完毕"。

（二）由韦某甲、韦某乙、廖某返还杨某宁按习俗给付的彩礼20 000元。限本判决生效后15日内履行完毕。一审案件受理费1 300元，减半收取650元，由杨某宁负担。二审案件受理费1 300元，由韦某甲、韦某乙、廖某负担。

【相关法律规定】

《最高人民法院关于审理涉彩礼纠纷案件适用法律若干问题的规定》第一条：以婚姻为目的依据习俗给付彩礼后，因要求返还产生的纠纷，适用本规定。

《最高人民法院关于审理涉彩礼纠纷案件适用法律若干问题的规定》第二条：禁止借婚姻索取财物。一方以彩礼为名借婚姻索取财物，另一方要求返还的，人民法院应予支持。

《最高人民法院关于审理涉彩礼纠纷案件适用法律若干问题的规定》第三条：人民法院在审理涉彩礼纠纷案件中，可以根据一方给付财物的目的，综合考虑双方当地习俗、给付的时间和方式、财物价值、给付人及接收人等事实，认定彩礼范围。

下列情形给付的财物，不属于彩礼：

（一）一方在节日、生日等有特殊纪念意义时点给付的价值不大的礼物、礼金。

（二）一方为表达或者增进感情的日常消费性支出。

（三）其他价值不大的财物。

《最高人民法院关于审理涉彩礼纠纷案件适用法律若干问题的规定》第四条：婚约财产纠纷中，婚约一方及其实际给付彩礼的父母可以作为共同原告；婚约另一方及其实际接收彩礼的父母可以作为共同被告。

离婚纠纷中，一方提出返还彩礼诉讼请求的，当事人仍为夫妻双方。

《最高人民法院关于审理涉彩礼纠纷案件适用法律若干问题的规定》第五条：双方已办理结婚登记且共同生活，离婚时一方请求返还按照习俗给付的彩礼的，人民法院一般不予支持。但是，如果共同生活时间较短且彩礼数额过高的，人民法院可以根据彩礼实际使用及嫁妆情况，综合考虑彩礼数额、共同生活及孕育情况、双方过错等事实，结合当地习俗，确定是否返还以及返还的具体比例。

人民法院认定彩礼数额是否过高，应当综合考虑彩礼给付方所在地居民人均可支配收入、给付方家庭经济情况以及当地习俗等因素。

《最高人民法院关于审理涉彩礼纠纷案件适用法律若干问题的规定》第六条：双方未办理结婚登记但已共同生活，一方请求返还按照习俗给付的彩礼的，人民法院应当根据彩礼实际使用及嫁妆情况，综合考虑共同生活及孕育情况、双方过错等事实，结合当地习俗，确定是否返还以及返还的具体比例。

【案件分析】

本案杨某宁以婚约财产纠纷提起本案之诉。由法院裁判结果可见，云南省文山壮族苗族自治州中级人民法院部分支持了韦某甲等3人的上诉请求。主要争议焦点在于彩礼的法律性质与返还彩礼的范围。

彩礼是中国传统文化中的一种习俗，指男方在迎娶女方时所送的财物或礼品。彩礼在中国历史上的发展可以追溯到古代婚姻制度的形成阶段，但其具体形式、内容和含义随着社会的发展不断变化着。封建社会时期的彩礼主要是为了体现男方家庭的经济实力和社会地位，同时也是男方对女方家庭的一种补偿。随着封建社会的进一步发展，彩礼逐渐成为一种权利和义务，即女方家庭要求男方支付一定的彩礼，男方也要尽力满足女方的要求。近代以后，随着中国社会的不断发展和现代法律的不断完善，彩礼制度也发生了一些变化。在1949年新中国成立后，彩礼制度被宣布废除，但在实际生活中，彩礼仍然存在于一些地区和家庭中。现如今，彩礼虽然被视为传统文化的一种形式，但也成为社会问题和法律问题的焦点之一,彩礼的形式和金额在不断变化,其性质也发生了变化。

目前,司法实务界对于彩礼性质的最为主流的认知就是将彩礼理解为"赠与"。尽管如此,其作为一种与达成婚姻这种重大人身关系相关联的赠与,与普通的赠与行为存在很大的差别。彩礼本身是一种习俗和传统文化,单纯的赠与则是日常生活中一种礼物或者恩爱之情的表达,彩礼通常是男方在迎娶女方时所支付的财物或礼品,有其固定的对象和场合,并为大部分国人所践行着。鉴于此,若认为彩礼只是一种普通的赠与,则忽视了缔结婚姻之背景。在明确彩礼作为特殊赠与的性质之后,我们需要进一步探明,其究竟特殊在哪里?又以怎样的特殊形式展示出来?目前较为主流的一种观点认为,彩礼是一种以结婚为目的的赠与。在这种观点的视角下,彩礼成为单纯的男方家庭为了让女方接受结婚提议而进行的赠与,男女双方成立婚姻关系成为彩礼的唯一指向,而不是在双方已经同意结婚之后,男方家庭为了表达对女方的爱意和尊重而进行的赠送,而这一看法片面地忽略了复杂的文化、社会背景以及人类相恋的自由、平等情感,也遮盖了彩礼赠与的复杂性。若将二人夫妻关系作为唯一的衡量指标与目的,那么离婚时,目的便无法达成,受赠方理应要返还赠与方的彩礼,但这显然不符合我们的日常经验。另一种应当摒弃的观点是将彩礼定义为附义务的赠与。彩礼的赠与不能被视为一种商品或服务的交换。在商品或服务的交换中,交换双方的利益是平等的,而在彩礼的赠与中,男方家庭通常会支付一定的费用,而女方家庭有时却并不提供直接的回报。虽然彩礼的赠与与婚姻有关,但绝不能将其直接视为一种附义务进行的赠与,彩礼也并不要求被赠与人承担特定的义务,其赠与更多是基于文化和传统的价值观考虑,而不是出于法律上的义务或要求,否则婚姻自由原则便会被颠覆。婚姻自由强调个体在自愿的情况下有权选择自己的婚姻对象和婚姻形式,从而保障了个人的自由和尊严,呼应了人权和自由平等的基本原则,因此,对彩礼性质的错误把握有害于对个人权利、自由平等、家庭情感和社会价值的理解。

因此,最为合理的解释应当是将彩礼理解为一种附条件的赠与,该赠与并非以结婚为交换条件,是基于双方家庭的各方面经济、情感的考量后作出的赠与,只是在婚约最终无法成立时得以解除。在该理解下,彩礼的本质是为了表达家庭对新婚夫妻的祝福和支持,而非买卖,因此,在彩礼的交付中,附加一定的条件可以保障彩礼的目的,即确保新婚夫妻的婚姻稳定和家庭幸福。同时,这也可以避免彩礼的贬值和滥用。此外,婚姻是一个家庭的基础,而彩礼作为婚姻仪式的重要一环,其本身也具有家庭意义。在彩礼的交付中,附加一定的条件可以鼓励新婚夫妻对婚姻的认真态度,同时也可以避免彩礼成为家庭纠纷的导火索,保障家庭的稳定,由此,彩礼作为一种"附条件解除的赠与",在保障彩礼的本意、家庭稳定等诸多方面具有一定的合理性。

由此,返还彩礼也就成为值得关注的话题,其涉及法律、道德、文化等多种因素。在讨论彩礼返还问题时,需要从以下几个方面进行分析:

一是彩礼返还的条件。彩礼返还的条件是彩礼作为附条件解除的赠与的一个重要方面。彩礼的习俗在我国各地都有所不同,因此在不同地区,彩礼返还的条件也有所不同。有些地区在婚姻结束时,女方会返还彩礼的一半。而有些地区,可能不存在彩礼返还的传统,或者返还的条件更为复杂。因此,需要考虑当地的文化背景和传统习俗,以确定合理的返还条件。同时,虽然彩礼是作为附条件解除的赠与,但双方可能存在其他协议,例如可以在离婚后不返还彩礼,而是由一方支付给另一方一定的赔偿金。因此,在制定返还条件时,需要考虑到双方的实际情况和协议。在实际操作中,需要根据具体情况来确定返还条件,以保证双方的权益。同时,也需要加强对法律法规的普及。

二是彩礼返还的范围,也是本案中值得关注的一大领域。从具体实务操作来看,彩礼返还既可以是全部的返还,也可以是部分的返还,对于这两个诉求,法院均有过支持情形。尽管如此,我国目前对于返还的具体事宜,如返还方式、返还比例等尚未作出统一的可供参考的指导标准,在折现或者原物返还、全部或者部分返还等问题上缺乏共识。在某些地区,彩礼的返还方式和比例可能会受到社会习俗和公认的惯例的影响。因此,可以参考社会习俗和公认的惯例来制定彩礼返还标准。此外,还可以考虑制定一些具体的指导方针,以帮助当事人解决彩礼返还问题。例如可以事先约定彩礼返还比例的范围,由此明确双方的权利和义务,并避免可能的纠纷和争议。彩礼的用途也可能影响其返还的方式和条件。其中还需要考虑到彩礼的最终表现形式,如彩礼用于购买房产或其他大件物品,可能会按照物品的实际价值进行返还等。

本案杨某宁给付韦某甲的彩礼,是基于民族和地方习惯而为,以最终无法缔结婚姻关系为解除条件。而本案杨某宁与韦某甲二人按照农村习俗已经举行婚礼并同居生活,而且,韦某甲的父母也按当地习俗操办了韦某甲的婚礼,并为韦某甲置办了嫁妆、宴请了亲朋好友。即韦某甲等3人为韦某甲的婚礼也进行了支出。而且据查,韦某甲与杨某宁也确实已经同居,且有韦某甲怀孕和因其他疾病终止妊娠的事实。综上，韦某甲等3人并非借结婚之名索取彩礼。而且，杨某宁未能提交证据证明由于其给付彩礼，之后靠自己的力量已经无法维持当地最基本的生活水平。因双方已经按照农村习俗缔结了婚姻关系，给付彩礼的目的已经部分实现，原则上所送彩礼对方已经无须再返还。但鉴于本案杨某宁和韦某甲系按照农村习俗举行婚礼后即以夫妻名义同居生活，其并非合法的夫妻关系，且韦某甲已经外出打工，未再与杨某宁共同生活的实际，应当由韦某甲等3人酌情返还杨某宁支付的彩礼。一审判决由韦某甲等3人向杨某宁返还彩礼35 000元，金额过高，因此二审判决更正为20 000元。韦某甲等3人因举行婚礼而为韦某甲置办的彩礼因存放于杨某宁家归杨某宁所有。而杨某宁这种彩礼的给付，是基于当地的风俗习惯，并非其心甘情愿主动给付，与一般意义上的无条件的赠与行为不同，不是一种无任何附加条件的赠与行为，因此，韦某甲等3人关于杨某宁给予彩礼的行为系赠与行为，不应当返还的主张也不能成立。

【类案总结】

　　涉及彩礼返还问题的类似案件，由于性质和返还条件的法律规定尚不明确，法院将细致分析彩礼性质，并兼顾当事人实际情况作出判决。彩礼作为一种特殊的赠与，旨在保障婚姻稳定和家庭幸福，在无法实现最终目的时，原告通常能够要求被告归还。

　　而彩礼的具体返还则应依据地域文化和习俗等因素，采取灵活的方式和比例。法院在明确返还金额时将注重保护婚姻自由和个人权利，促进社会习俗与法律规范的有机结合，维护家庭和谐和个人权益的平衡。

案例十一

李某某与王某某离婚纠纷案

【案例导读】

　　本案涉及夫妻感情破裂、子女抚养和财产分割等问题。双方在共同生活中因经济、生活等问题产生矛盾并发生吵架、动手行为，导致感情破裂。原告主张离婚、要求抚养女儿、确认婚姻关系存续期间的财产协议有效。法院准许离婚，确定女儿由原告抚养，认定财产协议有效。

【案件基本信息和事实梳理】

双方于 2009 年 5 月登记结婚，2005 年 6 月生育女儿李某璇（未婚先育），自李某璇 2 岁后，王某某就带其生活在昆明和北京两地。双方合办的公司"曲靖市×××有限责任公司"的生产以及经营管理主要由李某某负责。2010 年 1 月 28 日签订的《夫妻财产确定协议书》第二条中进一步明确了王某某对该公司及名下的分公司仅享有管理权而非所有权。2010 年 6 月 1 日，曲靖市×××有限责任公司与李某某签订了一份《入股协议书》，明确约定李某某占该公司股份 51％的比例，约定"有重大事项必须经过所有入股人的同意，否则，造成的损失由自作主张的入股人承担赔偿责任"。2010 年 8 月 2 日，王某某用曲靖市×××有限责任公司的资产以其个人名义在贵州盘县注册登记了"贵州盘县×××有限公司"。2010 年 11 月 3 日，王某某背着李某某将"曲靖市×××有限责任公司"名称变更为"曲靖市某有限责任公司"，并于 2011 年 2 月 23 日在沾益县登记设立了曲靖市某有限责任公司下属的非独立法人单位曲靖市某有限责任公司烘干厂，负责人为王某某同胞兄弟王某云。2013 年 2 月 26 日，王某某又用总公司的资产注册登记了富源县×××有限公司等。

王某某与李某某系再婚，王某某与李某某于 2009 年 5 月 22 日登记结婚。登记结婚时王某某带有一女一子两个未成年孩子，李某某带有两子一女三个未成年孩子。双方于 2005 年 6 月 1 日生有一女李某璇，李某璇一直跟王某某共同生活至今，现在北京上小学。婚后，双方在共同生活中因经济、生活等问题产生矛盾并发生吵架、动手行为，近几年来，王某某及其女儿李某璇在昆明及北京等地生活，李某某在富源生活。王某某于 2013 年 7 月 8 日向法院起诉离婚。本案审理中双方意见分歧太大，未能达成协议。庭审结束后，王某某明确放弃向李某某主张孩子的抚养费。

2010 年 1 月 28 日，王某某、李某某双方签订了《夫妻财产确定协议书》，协议约定："一、男方李某某与女方王某某婚前、婚后各自所有的财产归各自所有；结婚登记后，各自管理使用和经营所得归各自所有，各人都对自己所有的财产享有占有、使用、收益、处分的权利，男女双方互不干涉和侵占。二、结婚登记前，各自名下的全部财产归各自所有，互不插手经管和侵占。三、婚前、婚后各自的债权、债务由各自自行负责处理并承担，且对外债务互不承担连带责任。"

另外，据法院查明：曲靖市×××有限责任公司于 1996 年成立，法定代表人为王某某;曲靖市某有限责任公司烘干厂系曲靖市某有限责任公司分公司,于2011年2月23日成立,负责人为王某云(王某某胞弟);贵州盘县×××有限公司于2010年8月2日成立,法定代表人为王某某;富源县×××有限公司于2013年2月26日成立,法定代表人为王某某。王某某于2010年4月26日按揭贷款购买曲靖市南片区某小区某幢第某号房屋,所有权人为王某某。云DM×××号车一辆,所有权人为王某某。双方一致明确,王某某的婚前财产为:王某某在曲靖×××有限责任公司中的出资额420万元,曲靖市某小区某幢第某号房屋。李某某婚前财产为:富源县某村的"×××大酒店"。

一审法院判决双方离婚,原审被告李某某不服判决,上诉至二审法院要求判决不准离婚。

【诉讼请求和争议焦点】

(一)原告王某某上诉请求

1. 原告与被告离婚。
2. 女儿李某璇由原告负责抚养。
3. 确认双方婚姻关系存续期间订立的《夫妻财产确定协议书》合法有效,对双方具有约束力。

(二)本案争议焦点

1. 王某某、李某某夫妻感情是否破裂。
2. 如果离婚,婚生女由谁抚养。
3. 双方签订的《夫妻财产确定协议书》是否有效,如何分割财产、如何承担债务。

【裁判结果】

(一)准许原告王某某与被告李某某离婚。
(二)原告王某某与被告李某某所生女儿李某璇由王某某负责抚养。
(三)原告王某某、被告李某某双方婚姻关系存续期间所得的财产以及婚前财产归各自所有;各自所欠债务,由各自承担。案件受理费300元,由原告王某某负担。

【相关法律规定】

《中华人民共和国民法典》第一千零七十九条:夫妻一方要求离婚的,可以由有关组织进行调解或者直接向人民法院提起离婚诉讼。

人民法院审理离婚案件,应当进行调解;如果感情确已破裂,调解无效的,应当准予离婚。

有下列情形之一,调解无效的,应当准予离婚:

(一)重婚或者与他人同居。

(二)实施家庭暴力或者虐待、遗弃家庭成员。

(三)有赌博、吸毒等恶习屡教不改。

(四)因感情不和分居满二年。

(五)其他导致夫妻感情破裂的情形。

一方被宣告失踪,另一方提起离婚诉讼的,应当准予离婚。

经人民法院判决不准离婚后,双方又分居满一年,一方再次提起离婚诉讼的,应当准予离婚。

《中华人民共和国民法典》第一千零八十四条第一、二款:父母与子女间的关系,不因父母离婚而消除。

离婚后,子女无论由父或者母直接抚养,仍是父母双方的子女。

离婚后,父母对于子女仍有抚养、教育、保护的权利和义务。

【案件分析】

在感情破裂认定的问题上,本案中双方虽也建立了一定的感情,但近年来,双方在共同生活中因经济、生活等问题而产生矛盾并发生吵打,之后双方未能进一步交流、沟通,致使夫妻间的感情日益淡薄,双方的矛盾已激化。经一审法院调解未果,现王某某坚决要求离婚,综合王某某的起诉理由及李某某的抗辩意见,一审法院确认双方的夫妻感情已破裂,因此,应准予王某某、李某某双方离婚。但王某某提出李某某实施家庭暴力,因没有充分的证据证明,一审法院不予采纳。二审法院认为,上诉人李某某与被上诉人王某某系重组家庭,婚后夫妻感情发生了变化,在共同生活中因经济、生活等问题产生矛盾并发生吵打,夫妻长期分居两地,导致夫妻感情破裂。婚姻关系的维系需要夫妻双方共同努力,缺少了任何一方都不能完成,捆绑不能成为夫妻。所以,虽然李某某不同意离婚,而王某某坚决要求离婚,一审法院判决准予离婚并无不当,因此予以维持。

对于双方所生女儿李某璇的抚养权问题,本案中王某某、李某某均要求抚养双方所生女儿。因李某璇一直跟随王某某共同生活,现随王某某居住在北京并在北京上小学。从其所习惯的生活环境、学习环境等来看,如果改变生活环境,对孩子的健康成长不利。因此,可确定孩子由王某某抚养为宜。本案庭审结束后,王某某明确表示放弃向李某某主张孩子抚养费。一审法院认为,王某某放弃主张抚养费是王某某的真实意思表示,予以准许,但并不影响孩子今后向父母主张抚养费的权利。离婚只是父母之间解除婚姻关系,对于双方的婚生子女而言,父母子女关系并不因为父母离婚而发生改变,离婚后,不直接抚养子女的一方,有探望子女的权利,另一方有协助的义务。父母双方应该为子女的健康成长提供条件,并给予子女应有的父爱和母爱。二审庭审中,双方就探望权的问题达成了一致意见,王某某认为李某某是李某璇的父亲,其有权利、有义务关心和看望其女儿,婚后双方共同生育的女儿李某璇由王某某抚养,李某某随时可以到北京探望。对此,李某某当庭表示同意。因此,二审对于李某某提出的探望权请求也予以支持。

有关财产相关问题,诉讼中王某某、李某某双方对王某某名下的公司及房产等是否属夫妻共同财产,各持己见。原《中华人民共和国婚姻法》(注:本案审理时,《中华人民共和国民法典》尚未出台)第十九条规定:"夫妻可以约定婚姻关系存续期间所得的财产以及婚前财产归各自所有、共同所有或部分各自所有、部分共同所有。约定应当采用书面形式。没有约定或约定不明确的,适用本法第十七条、第十八条的规定。夫妻对婚姻关系存续期间所得的财产以及婚前财产的约定,对双方具有约束力。夫妻对婚姻关系存续期间所得的财产约定归各自所有的,夫或妻一方对外所负的债务,第三人知道该约定的,以夫或妻一方所有的财产清偿。"本案中,王某某、李某某双方于2010年1月28日订立了《夫妻财产确定协议书》,证明双方对婚姻关系存续期间所得的财产以及婚前财产的归属进行了约定。从财产约定的内容来看,约定的内容没有超出夫妻财产的范围,不损害国家、集体或他人的利益,不违背社会公共利益,是双方真实的意思表示,对双方具有约束力。根据协议的约定,男方李某某与女方王某某婚前、婚后各自所有的财产归各自所有;结婚登记后,各自管理使用和经营所得归各自所有,各人都对自己所有的财产享有占有、使用、收益、处分的权利,男女双方互不干涉和侵占。李某某提出的该协议是附条件的,即签订协议的目的是使双方和好,现双方没有和好,协议生效的条件不具备,故该协议不生效的抗辩意见,因协议中并未将双方和好作为协议生效的条件,故不予采纳。综上,王某某、李某某双方婚姻关系存续期间订立的《夫妻财产确定协议书》,合法有效,对双方具有约束力,双方按照约定享有财产所有权以及管理权等权利,并承担相应的义务。王某某的该项主张成立,予以支持。

此外,李某某以《入股协议书》为据要求确认其为曲靖市×××有限责任公司的股东并享有51%的股权。根据《最高人民法院关于适用〈中华人民共和国公司法〉若干问题的规定(三)》第二十一条规定:"当事人向人民法院起诉请求确认其股东资格的,应当以公司为被告,与案件争议股权有利害关系的人作为第三人参加诉讼。"李某某如果要求确认其在曲靖市×××有限责任公司中的股东资格及股权,应以曲靖×××有限责任公司为被告另行提起诉讼。据二审对于曲靖市某有限责任公司及其下属公司之间的历史沿革与双方当事人的关系问题的考量,可见根据双方提供的工商登记材料可以看出,曲靖市×××有限责任公司变更为曲靖市某有限责任公司,公司股东的变更、增资均有工商登记为依据,下属公司的设立及其股东变更也有相关的工商登记。根据公司法等有关法律的规定,公司股东的权利变更、注册资本金的投入应以工商登记的资料为据。李某某主张对公司的投资享有权利,必须对其投入的资金及股权变更举证证明。虽然李某某主张《入股协议书》证明其对曲靖市×××有限责任公司享有51%的股权,但没有提供其享有51%股权的变更的相关证据,且与该公司之前的工商登记不符。李某某的该项上诉主张没有法律依据,法院不予支持。

【类案总结】

在分析相关诉讼离婚案件时,我们必须以"感情确已破裂"为切入口。一般情况下的小摩擦、闹情绪均不能成为认定"感情确已破裂"的依据。

首先,对于夫妻感情破裂的考量,需从感情基础、婚姻生活状态、情感状况变化等各方面标准入手,进行全面翔实的判断。感情破裂的表现,应当与《中华人民共和国民法典》第一千零七十九条具体列举的五种情形,即"重婚或者与他人同居;实施家庭暴力或者虐待、遗弃家庭成员;有赌博、吸毒等恶习屡教不改;因感情不和分居满二年;其他导致夫妻感情破裂的情形"等具有类似的性质。当然,在法院判决不准离婚后,如果双方未能和好,根据《中华人民共和国民法典》第一千零七十九条规定,双方又分居满一年的,一方再次提起离婚诉讼,法院应当准予离婚。

其次,由于双方感情破裂,对于离婚案件中的子女抚养问题的处理常常涉及很多复杂的因素。比如,双方的收入、工作稳定性、家庭条件等都会影响到子女的生活和成长。同时,双方对子女的爱护程度、子女的意愿等因素也需要被考虑。最为首要的,是需要考虑子女的利益。子女的健康和成长问题是父母在协商抚养问题时的根本出发点。与此同时,也需要考虑父母的抚养能力,因为父母的收入、工作稳定性、家庭条件、健康状况等都是影响子女生活的重要因素。除此之外,还需要考虑双方对子女的爱护程度和关心程度。最后,需要尊重子女的意愿。如果子女已经达到了一定的年龄和心理成熟度,他们对自己的生活和成长也有着自己的期望和想法,那么就应该尊重其想法。总之,离婚案件中的子女抚养问题是一个复杂的问题,需要从多个方面进行综合分析和判断,最终达成一个符合子女利益、父母抚养能力和双方意愿的方案。

最后,关于离婚案件中的财产分割问题,需要明确认定结婚前的个人财产、离婚前已存在的共同财产、离婚期间共同增值的财产等财产的分割问题。

社会倡导夫妻之间相互理解、相互帮助,共同支撑其和睦、稳定的家庭。这不仅有利于孩子的健康成长,更有利于社会的和谐稳定。人生不易,夫妻双方应正确对待困难,彼此换位思考,相互支持,齐心协力,创造美好生活。

第三章

继承赡养纠纷

第一节 继承纠纷

案例十二

遗赠扶养关系的认定：周某华、周某芬与云南省昆明市西山区陆家社区居民委员会某某村居民小组遗赠扶养协议、继承纠纷申请案

【案例导读】

遗赠扶养协议区别于遗嘱。遗赠扶养协议是自然人（遗赠人、受扶养人）和继承人以外的组织或者个人（扶养人）签订的，由扶养人负责受扶养人的生养死葬，并享有受遗赠权利的协议。根据《中华人民共和国民法典》第一千一百五十八条的规定，自然人可以与继承人以外的组织或者个人签订遗赠扶养协议。按照协议，该组织或者个人承担该自然人生养死葬的义务，享有受遗赠的权利。遗赠扶养协议的效力优先于遗嘱和法定继承。

【案件基本信息和事实梳理】

李某云（周某华、周某芬之母）于 1964 年离婚后一直未婚，一人独居在昆明市西山区某某村 32 号。1997 年 7 月 4 日，李某云出具了一份关于"本生产队社员李某云现年已 68 周岁，本人所住房屋多年失修无人管理，生产队领导给予关心，已给修过两次，经过多方考虑，若我死后房屋归生产队所有，子孙无享受权"的"申请"，并且交由一审被告某某村居民小组保管。后来因为某某村 32 号房屋无法居住，某某村居民小组于 2001 年安排李某云在公房居住。李某云于 2006 年 5 月 3 日因病去世，某某村居民小组为其办理了丧葬后事。一审原告周某华和周某芬认为"申请"形式上是代书遗嘱，但却没有达成代书遗嘱的有效要件，以及一审被告某某村居民小组没有在两个月内表示接受遗赠应当视为放弃遗赠为再审理由，认为一、二审法院认定代书遗嘱有效错误及一审被告没有在知道受遗赠后两个月内做出接受表示视为已经放弃接受遗赠，向法院申请再审。

【诉讼请求和争议焦点】

（一）再审申请人的诉讼请求

1. 本案"申请"不符合代书遗嘱的有效要件，一、二审认定代书遗嘱有效错误。

2. 被申请人没有在知道受遗赠后两个月内做出接受表示，应当视为已经放弃接受遗赠。一、二审对被申请人接受遗赠的时间不做认定违反法律规定。再审申请人依据《中华人民共和国民事诉讼法》第二百零七条第二项、第六项的规定申请再审。

（二）本案的争议焦点

李某云出具的"申请"是代书遗嘱还是遗赠扶养协议？

【裁判结果】

驳回周某华、周某芬的再审申请。

【相关法律规定】

《中华人民共和国民法典》第一千一百三十五条：代书遗嘱应当有两个以上见证人在场见证，其中一人代书，并由遗嘱人、代书人和其他见证人签名，注明年、月、日。

《中华人民共和国民法典》第一千一百五十八条：自然人可以与继承人以外的组织或者个人签订遗赠扶养协议。按照协议，该组织或者个人承担该自然人生养死葬的义务，享有受遗赠的权利。

《中华人民共和国民法典》第一千一百四十四条：遗嘱继承或者遗赠附有义务的，继承人或者受遗赠人应当履行义务。没有正当理由不履行义务的，经利害关系人或者有关组织请求，人民法院可以取消其接受附义务部分遗产的权利。

《中华人民共和国民法典》第一千一百三十六条：打印遗嘱应当有两个以上见证人在场见证。遗嘱人和见证人应当在遗嘱每一页签名,注明年、月、日。

《中华人民共和国民法典》第一千一百三十七条：以录音录像形式立的遗嘱,应当有两个以上见证人在场见证。遗嘱人和见证人应当在录音录像中记录其姓名或者肖像,以及年、月、日。

《中华人民共和国民法典》第一千一百三十八条：遗嘱人在危急情况下,可以立口头遗嘱。口头遗嘱应当有两个以上见证人在场见证。危急情况消除后,遗嘱人能够以书面或者录音录像形式立遗嘱的,所立的口头遗嘱无效。

【案件分析】

遗赠扶养协议是遗赠人和扶养人为明确相互之间遗赠和扶养的权利义务关系所订立的协议。一方面,该协议规定了遗赠人的遗赠财产的具体内容,另一方面,该协议还规定扶养人的扶养义务的具体内容。而遗嘱是遗赠人生前以遗嘱的方式将其财产遗赠给国家、集体或个人的行为,其只包括遗赠财产的内容,且不以受遗赠人为其尽扶养义务为条件。李某云出具的"申请"表明某某村居民小组对于李某云具有一定的扶养义务,该"申请"并不是仅仅只包括遗赠财产的内容,因此,该"申请"属于遗赠扶养协议,李某云与某某村居民小组之间形成了遗赠扶养关系。此外,某某村居民小组在李某云去世后为其办理了丧葬后事,已经实际履行了生养死葬的义务,因此,某某村居民小组可以享受遗赠扶养关系赋予其的权利,即某某村32号房屋的所有权。

因为"申请"载明了李某云与某某村居民小组之间形成遗赠扶养关系,"申请"并不是李某云的单方遗赠行为,所以申请人周某华、周某芬提出的关于"申请"为代书遗嘱以及被申请人某某村居民小组没有在两个月内表示接受遗赠应当视为放弃遗赠的再审理由不符合本案的客观事实,不应当予以支持。此外,一、二审审理程序也没有不当之处。

因此,周某华、周某芬的再审申请不符合《中华人民共和国民事诉讼法》第二百零七条第二项、第六项规定的情形,应当依照《中华人民共和国民事诉讼法》第二百一十一条第一款的规定,裁定驳回周某华、周某芬的再审申请。

【类案总结】

遗赠扶养协议区别于遗嘱。遗赠扶养协议不仅包括遗赠财产的内容,还包括扶养的内容。遗赠扶养协议属于双方法律行为，只有在遗赠方和扶养方双方自愿协商一致的基础上才能够成立。原则上，只要不违反国家法律规定、不损害公共利益，遗赠扶养协议一旦成立即具有法律约束力。任何一方都不能随意变更或解除遗赠扶养协议，如果一方当事人要变更或解除遗赠扶养协议，其必须取得另一方当事人的同意。

而遗嘱只包括遗赠财产的内容，并不包括扶养的内容。遗嘱属于单方法律行为，遗嘱人不仅可以单方面订立遗嘱，而且还可以随时变更、撤销遗嘱。

此外，遗赠扶养协议不仅对签订遗赠扶养协议的双方具有约束力，还对遗赠方的继承人、其他受遗赠人有拘束力。遗赠方的遗嘱不能与遗赠扶养协议的内容相抵触，如果相抵触，则应当执行遗赠扶养协议的内容。遗赠扶养协议的效力优先于遗嘱和法定继承。根据《中华人民共和国民法典》第一千一百二十三条的规定：继承开始后，按照法定继承办理；有遗嘱的，按照遗嘱继承或者遗赠办理；有遗赠扶养协议的，按照协议办理。

案例十三

继承人的认定：文甲、文乙与文某杰继承纠纷案

【案例导读】

被继承人在妻子怀有其他男子的孩子的情况下与妻子结婚，被继承人明知该孩子不是其亲生孩子，仍然与该孩子以父子身份共同生活，并对该孩子进行抚养教育，在被继承人患病后，该孩子对被继承人进行了照顾，并且以儿子的身份为被继承人办理了丧事。该孩子与被继承人是具有扶养关系的继父子关系。在被继承人没有作出解除继父子关系的意思表示的情况下，该孩子是被继承人的第一顺序继承人，对被继承人的遗产享有继承权。

【案件基本信息和事实梳理】

母亲（文某芳）在怀有某男子的孩子（被告人文某杰）的情况下，与被继承人文丙结为夫妻，被继承人文丙明知孩子（被告人文某杰）不是其亲生的，但是在孩子（被告人文某杰）出生后仍然与孩子（被告人文某杰）以父子身份共同生活，对

孩子进行抚养教育,后文某芳与被继承人文丙经调解离婚。被继承人父文某浩、母白某某均在文丙生前离世,大哥文丁和二弟文已也已离世,只有原告三弟文甲和妹妹文乙在世。

被继承人文丙与被告文某杰的母亲文某芳于1985年1月登记结婚,于1988年8月办理了协议离婚手续,于1993年2月25日办理复婚登记手续。1993年10月28日,文某芳生育文某杰,文某杰从出生至2012年文丙、文某芳离婚纠纷案件一审时,均由文丙、文某芳共同抚养。2012年6月20日,文某芳到法院起诉文丙离婚,昆明市官渡区人民法院于2012年9月10日判决不准予离婚,文某芳对判决不服提出上诉,经昆明市中级人民法院调解并于2012年12月25日出具民事调解书,调解协议确认:文丙、文某芳自愿离婚。2013年4月17日,文丙以文某芳为被告向昆明市官渡区人民法院提起离婚后损害责任纠纷诉讼,认为文某芳欺诈了自己,对文某杰的生父是谁的问题进行了刻意的隐瞒,自己养育了文某芳和其他男人所生的孩子19年,而自己毫不知情,因此要求文某芳赔偿19年来自己付出的抚养费和精神损失费,并要求确认其与文某杰不存在亲子关系,该案经昆明市官渡区人民法院审判,判决驳回了文丙的诉讼请求,后昆明市中级人民法院维持了一审判决。上述案件确认了文丙没有生育能力,文丙与文某杰之间不存在亲子关系。

在文丙与文某芳离婚诉讼之前,文丙和文某杰一直都是以父子的名义共同居住、生活,文丙也一直抚养着文某杰。在文丙与文某芳离婚后,2015年7月22日文丙在办理退休手续时,向单位提交的呈批表中填写的子女情况仍然有文某杰。在2017年文丙患病后,文某杰在填写医院的相关材料时仍然是以亲属(儿子)身份填写的,在文丙去世后,文丙的殡葬事宜也是文某杰办理的。此外,没有证据、也没有人披露表明被继承人文丙留有遗嘱或者是与他人订立过遗赠扶养协议。

被继承人文丙于2017年6月26日因病离世,其留下的遗产包括位于昆明市吴某路×号×小区×幢×单元×号房屋、位于昆明市呈贡区×小区×幢×单元×室房屋,以及30多万元抚恤金、丧葬费等。

【诉讼请求和争议焦点】

(一)原告文甲、文乙的诉讼请求

1. 请求判令被告文某杰对被继承人文丙生前的遗产不享有继承权。
2. 请求判令被继承人文丙生前的位于昆明市吴某路×号×小区×幢×单

元×号房屋(房产证号为昆明市房权证字第××号、面积：84.33平方米、价值70万元)，位于昆明市呈贡区×小区×幢×单元×室房屋(房产证号为呈房权证2010字第××号、面积：168.58平方米、价值120万元)，以及被继承人生前留下的30多万元抚恤金、丧葬费等遗产由两位原告继承(以上遗产价值共计220万元)。

3. 请求判令被告承担本案诉讼费用。

(二)本案争议焦点

1. 被告文某杰是否与文丙形成父子关系？
2. 被告文某杰能否作为文丙的第一顺序继承人继承文丙的遗产？

【裁判结果】

云南省昆明市呈贡区人民法院于2018年7月16日作出(2017)云0114民初××号民事判决书，判决驳回原告文甲、文乙的全部诉讼请求。案件受理费24 400元、保全费5 000元，由原告文甲、文乙负担。

宣判后，原告文甲提出上诉。云南省昆明市中级人民法院于2019年3月5日作出(2018)云01民终××号民事判决书，认定了一审所确认的文某杰与文丙之间存在具有扶养关系的父子关系、文某杰是文丙第一顺序继承人的观点，并且认定一审判决适用法律正确，仅以一审判决没有考虑到本案的实际情况即"文甲身患多种疾病且不适宜工作，无生活来源。文甲系文丙的弟弟，文丙在生前对其给予了较多的扶养，故文甲虽然不是第一顺序继承人，也可分得适当的遗产"为由改判文某杰向文甲补偿继承款项30万元。

【相关法律规定】

《中华人民共和国民法典》第一千一百二十七条：遗产按照下列顺序继承：

(一)第一顺序：配偶、子女、父母。

(二)第二顺序：兄弟姐妹、祖父母、外祖父母。

继承开始后，由第一顺序继承人继承，第二顺序继承人不继承；没有第一顺序继承人继承的，由第二顺序继承人继承。

本编所称子女，包括婚生子女、非婚生子女、养子女和有扶养关系的继子女。

本编所称父母，包括生父母、养父母和有扶养关系的继父母。

本编所称兄弟姐妹，包括同父母的兄弟姐妹、同父异母或者同母异父的兄弟姐妹、养兄弟姐妹、有扶养关系的继兄弟姐妹。

【案件分析】

《中华人民共和国民法典》第一千一百二十七条的规定表明了我国法定继承的继承顺序。本案中，现有的证据并不能证明文丙曾订立过遗嘱或者与他人订立过遗赠扶养协议，因此，应当按照法定继承来处理文丙去世后其财产问题。二原告是文丙的兄弟姐妹，是文丙的第二顺序继承人，在文丙的父母已过世、文丙离异未再婚无配偶的情况下，二原告要继承遗产的前提条件是文丙没有符合法定继承条件的子女。所以被告文某杰是否与文丙形成父子关系以及文某杰能否作为文丙的第一顺序继承人继承文丙的遗产，是本案的两大争议焦点。

关于文丙与文某杰的关系问题，原告和被告的观点各不相同。原告认为文丙和文某杰是继父母子女关系，但是该关系因为文丙提起离婚后损害责任纠纷诉讼而解除。被告认为文丙和文某杰同时构成了婚生子女、非婚生子女、养子女和继子女四种关系。

本书认为，亲子关系又称父母子女关系，包括自然血亲和拟制血亲。在自然血亲关系中，还存在婚生子女与非婚生子女关系。婚生子女是指在婚姻关系存续期间受胎出生的子女，非婚生子女是指婚姻关系以外受胎所生的子女，例如未婚同居、通奸、强奸所生的子女，上述两种关系都是基于子女出生事实而构成具有自然血亲关系的父母子女关系。虽然文丙与文某芳在文某杰出生时是夫妻关系，但是文丙本身不具有生育能力，无法生育子女，所以，文丙与文某杰之间不具有自然血亲关系，不构成婚生和非婚生的父子关系。

此外，《中华人民共和国民法典》还规定了法律拟制的父母子女关系，也就是基于法律的认可而人为地设定养父母子女关系和继父母与受其抚养教育的继子女关系，没有抚养关系的继父母继子女之间不产生父母子女关系。养子女是指由于法律的拟制，使得原本没有亲子关系的人基于收养行为而成为收养人的子女，根据《中华人民共和国民法典》的相关规定，收养行为是一种民事法律行为，要成立收养行为需要具有收养的合意并且办理收养登记手续，而本案明显不符合收养关系的情形。最后，继子女关系是指配偶一方对另一方与前配偶或其他男子或女子所生的子女之间所形成的关系。继子女与继父母之间没有自然血亲关系，并且继子女关系的形成不需要经过特定的法定程序认定。在本案中，文某芳在怀有其他男子的孩子的情况下与文丙结婚，文丙明知文某杰不是其亲生孩子，在文某杰出生后，文丙和文某杰以父子身份共同生活，文丙对文某杰进行抚养教育，在文丙患病后，文某杰也对文丙进行了照顾，并且以儿子的身份为文丙办理了丧事，因此，文丙和文某杰之间是具有扶养关系的继父子关系，文某杰对文丙的遗产享有继承权。

针对继父子关系是否解除的问题，虽然文甲、文乙以离婚后损害责任纠纷诉讼为由主张继父子关系已经解除，但是该纠纷是文丙与文某杰母亲文某芳之间的诉讼，文某杰不是该案的当事人，所以离婚后损害责任纠纷诉讼并不能直接得出文丙有解除继父子关系的意思表示。而且在该案诉讼之后，文丙、文某杰的户口登记关系仍然为父子，文丙于2015年填写的《干部退休呈批表》子女情况写的是文某杰，文丙并没有作出否认双方父子关系的意思表示。尤其是在文丙患病后，文某杰以儿子身份签署手术同意书、输血同意书等，在文丙过世后以儿子身份办理丧葬事宜，都是在尽为人子女的义务。因此，文丙与文某杰之间的继父子关系没有解除。

并且，虽然事实上文丙与文某杰不具备亲子关系，但是文某杰作为文丙前妻文某芳的儿子与文丙以父子身份及名义共同居住生活到成年，即便在文某芳与文丙离婚后，双方的父子关系并没有自然终结。如果文丙想要解除双方之间的继父子关系，其是有时间和条件作出相关意思表示的，但是文丙一直都没有作出相关的意思表示，所以文丙与文某杰之间的继父子关系没有解除。此外，在文丙患病以及过世之后，文某杰履行了为人子女的义务，这也与我国《中华人民共和国民法典》继承编关于继子女仅在具有扶养关系时才享有继承权的规定和精神具有一致性。

综合以上，文某杰作为与文丙有扶养关系的继子，是文丙的第一顺序继承人，有权继承被继承人文丙的遗产。文甲、文乙无权继承文丙的遗产。

【类案总结】

根据《中华人民共和国民法典》第一千一百二十七条的规定，子女是其父母的第一顺序继承人。这里的子女不仅包括具有自然血亲关系的婚生子女、非婚生子女，还包括没有自然血亲关系的养子女和有扶养关系的继子女。继子女关系是指配偶一方对另一方与前配偶或其他男子或女子所生的子女之间所形成的关系。当继父母与继子女具有扶养关系时，继子女才对继父母的遗产享有继承权，若继父母与继子女间没有扶养关系，则继子女对继父母的遗产不享有继承权。

此外，《中华人民共和国民法典》明确规定了法定继承的顺序，只有在没有前一顺序的继承人继承时，后一顺序的继承人才能够继承遗产。

案例十四

夫妻共同财产的遗赠：赵某乙、陈某乙与段某继承纠纷案

【案例导读】

根据《中华人民共和国民法典》第一千零六十二条的规定，男子与前妻离婚后又结婚的，男子在后一婚姻关系存续期间使用自己的工龄购买的单位公有住房属于男子与后一任妻子双方的夫妻共同财产，前妻对该房屋不享有所有权。对于夫妻共同所有的房屋，夫妻任一方有权将自己所占份额赠与另一方。

【案件基本信息和事实梳理】

赵某甲与前妻陈某甲共同生育原告赵某乙、陈某乙。陈某甲于1996年6月12日去世。赵某甲与被告段某于××年××月××日登记结婚。2004年12月30日，也就是赵某甲与段某婚姻关系存续期间，赵某甲出钱购买了位于昆明市五华区的单位公有住房一套，在购买房屋时，赵某甲使用了自己三十六年的工龄，并于购房当日与售房单位昆明理工大学签订了《云南省省直机关事业单位存量公有住房售购协议》。2005年1月26日，赵某甲支付了该房屋房款。2015年10月14日，赵某甲与被告段某签订《夫妻财产约定协议》，约定该房屋是夫妻共同财产，以赵某甲、段某二人共同登记权属，二人按份共有上述房屋，各占百分之五十产权份额。2015年10月14日，赵某甲和被告段某对上述《夫妻财产约定协议》进行了公证。2018年11月26日，赵某甲与被告段某又另行签订了一份《夫妻财产约定》，约定将原先按份共有的位于昆明市五华区的单位公有住房变更为段某单独所有。2018年11月29日，上述房屋过户登记到了段某名下，单独所有。2018年12月20日，赵某甲委托律师代书遗嘱，遗嘱载明该房屋为段某单独所有。赵某甲于2019年3月24日去世。

赵某乙、陈某乙认为涉案房屋属于其父母赵某甲和陈某甲的夫妻共同财产，

因此提起诉讼。一审法院经过审理,驳回了原告赵某乙、陈某乙的全部诉讼请求,并判决案件受理费由原告赵某乙、陈某乙承担。赵某乙、陈某乙不服一审判决,因此提起上诉。

【诉讼请求和争议焦点】

(一)上诉人赵某乙、陈某乙的诉讼请求

1. 依法确认两原告各拥有坐落在云南省昆明市五华区的房屋的份额。
2. 本案所有诉讼费由被告承担。

(二)本案的争议焦点

1. 涉案房屋是否属于赵某甲和前妻陈某甲的夫妻共同财产?
2. 赵某甲将自己的房屋份额赠与段某,该赠与行为是否有效?

【裁判结果】

驳回上诉,维持原判(驳回原告赵某乙、陈某乙的全部诉讼请求)。二审案件受理费由上诉人赵某乙、陈某乙负担。本判决为终审判决。

【相关法律规定】

《中华人民共和国民法典》第一千零六十二条:夫妻在婚姻关系存续期间所得的下列财产,为夫妻的共同财产,归夫妻共同所有:

(一)工资、奖金、劳务报酬。

(二)生产、经营、投资的收益。

(三)知识产权的收益。

(四)继承或者受赠的财产,但是本法第一千零六十三条第三项规定的除外。

(五)其他应当归共同所有的财产。

夫妻对共同财产,有平等的处理权。

《中华人民共和国民法典》第一千零六十五条:男女双方可以约定婚姻关系存续期间所得的财产以及婚前财产归各自所有、共同所有或者部分各自所有、部分共同所有。约定应当采用书面形式。没有约定或者约定不明确的,适用本法第一千零六十二条、第一千零六十三条的规定。

夫妻对婚姻关系存续期间所得的财产以及婚前财产的约定,对双方具有法律约束力。

夫妻对婚姻关系存续期间所得的财产约定归各自所有,夫或者妻一方对外所负的债务,相对人知道该约定的,以夫或者妻一方的个人财产清偿。

《中华人民共和国民法典》第六百五十七条:赠与合同是赠与人将自己的财产无偿给予受赠人,受赠人表示接受赠与的合同。

《中华人民共和国民法典》第六百六十三条:受赠人有下列情形之一的,赠与人可以撤销赠与:

(一)严重侵害赠与人或者赠与人近亲属的合法权益。

(二)对赠与人有扶养义务而不履行。

(三)不履行赠与合同约定的义务。

赠与人的撤销权,自知道或者应当知道撤销事由之日起一年内行使。

《中华人民共和国民法典》第一千一百二十二条:遗产是自然人死亡时遗留的个人合法财产。

依照法律规定或者根据其性质不得继承的遗产,不得继承。

【案件分析】

根据《中华人民共和国民法典》第一千零六十二条的规定,夫妻在婚姻关系存续期间所取得的财产,归夫妻共同所有。《中华人民共和国民法典》第六百五十七条规定,赠与合同是赠与人将自己的财产无偿赠与受赠人,受赠人表示接受赠与的合同。在本案中,赵某甲和被告段某婚后购买了昆明市五华区的单位公有住房一套,该房屋属于赵某甲和段某双方的夫妻共同财产,并且当时双方也约定了各占50%的份额。后来赵某甲将自己50%的份额赠与被告段某,根据《中华人民共和国民法典》第六百六十三条的规定,只有在受赠人严重侵害赠与人或者赠与人近亲属的合法权益、受赠人对赠与人有扶养义务而不履行以及受赠人不履行赠与合同约定的义务的情形时,赠与人才可以撤销赠与,但是在本案中,原告并没有举证证实被告接受赠与后实施了可撤销赠与的违法行为,因此赵某甲的赠与行为合法有效。

此外,赵某甲已经完成了房屋过户登记,房屋100%的产权已经全部登记在段某名下,因此,该房屋属于被告段某单独所有,并不是赵某甲和陈某甲的遗产,赵某乙、陈某乙对该房屋不享有继承权。

原告认为赵某甲在购买房屋时使用了赵某甲自己三十六年的工龄,因此该房屋属于赵某甲和前妻陈某甲的夫妻共同财产,本书认为这一观点没有法律依据。根据《中华人民共和国民法典》的规定，赵某甲的三十六年工龄不属于赵某甲和前妻陈某甲的夫妻共同财产，因此，在赵某甲与前妻离婚后用自己三十六年工龄购买的房屋更不属于赵某甲与前妻陈某甲的夫妻共同财产。赵某甲享有将自己占有的50%的房屋份额赠与段某的权利。

【类案总结】

夫妻在婚姻关系存续期间所取得的财产，归夫妻共同所有。对于夫妻共同财产，夫妻任一方都享有平等的处理权，例如可以将自己所享有的财产份额赠与他人。在婚姻关系结束后，前夫或前妻对于另一方新取得的财产不享有所有权。

我国法律允许夫妻用协议的方式对夫妻在婚前和婚姻关系存续期间所得财产的所有权的归属、管理、使用、收益、处分等事项作出约定。夫妻双方可以约定婚姻关系存续期间所得的财产以及婚前财产归各自所有、共同所有或者部分各自所有、部分共同所有。夫妻对婚姻关系存续期间所得的财产以及婚前财产的约定，对双方具有法律约束力。只有在夫妻双方没有就夫妻财产作出约定或约定不明确的情形下才适用夫妻法定财产制，即适用《中华人民共和国民法典》第一千零六十二条、第一千零六十三条的规定。

案例十五

公务员死亡抚恤金的处分：罗某某与黄某、云南省某某人民政府办公室继承纠纷案

【案例导读】

公务员的死亡抚恤金及丧葬费不属于个人遗产，公务员的死亡抚恤金应当由其亲属享受。即使被继承人生前留有有效遗嘱，对抚恤金及丧葬费进行了处分，其处分行为也是无效的。

【案件基本信息和案件事实】

一审被告黄某某系云南省某某人民政府办公室退休干部，其父母都已经去世，一审原告黄某是其唯一的子女。黄某某于2001年1月16日与一审第三人

罗某某结婚,罗某某于 2010 年 1 月 18 日向法院起诉,要求离婚,后双方经法院判决离婚。黄某某于 2013 年 1 月 15 日去世,云南省某某人民政府办公室出具黄某某抚恤费及丧葬费的情况说明,死亡抚恤金为人民币 123 730 元、丧葬费为人民币 1 200 元。由罗某某出具的黄某某所写的遗嘱的内容载明,黄某某死后单位发放的抚恤费和丧葬费由罗某某继承。经过鉴定部门鉴定,确定该份遗嘱是黄某某生前本人所写。由于黄某某父母已经去世,黄某是黄某某唯一的子女,因此,黄某是黄某某唯一的第一顺序继承人。

【诉讼请求和争议焦点】

(一)上诉人罗某某的诉讼请求

1. 确认罗某某为死者黄某某唯一的第一顺序继承人,将抚恤金 123 730 元全部判归上诉人所有。

2. 剥夺被上诉人黄某第一顺序继承人的资格。

3. 诉讼费由被上诉人黄某承担。

(二)本案的争议焦点

1. 罗某某是否可以基于遗嘱领取抚恤金及丧葬费?

2. 黄某是否具有第一顺序继承人的资格?

【裁判结果】

驳回上诉,维持原判,即云南省某某人民政府办公室于本判决生效之日起三十日内需支付黄某其父亲黄某某的一次性抚恤金人民币 123 730 元及丧葬费补助人民币 1 200 元。二审诉讼费免交,本判决为终审判决。

【相关法律规定】

《中华人民共和国公务员法》第八十三条第二款:公务员因公牺牲或者病故的,其亲属享受国家规定的抚恤和优待。

《最高人民法院关于适用〈中华人民共和国民事诉讼法〉的解释》第九十条:当事人对自己提出的诉讼请求所依据的事实或者反驳对方诉讼请求所依据的事实,应当提供证据加以证明,但法律另有规定的除外。

在作出判决前,当事人未能提供证据或者证据不足以证明其事实主张的,由负有举证证明责任的当事人承担不利的后果。

【案件分析】

根据《中华人民共和国公务员法》第八十三条第二款（注：本案审理时为2017年版第七十七条第二款）的规定，公务员因公牺牲或者病故的，其亲属享受国家规定的抚恤和优待。本案中，黄某某是云南省某某人民政府办公室的一名退休干部，其去世后，其亲属可以享受国家规定的抚恤和优待。依据本案的事实来看，罗某某在黄某某去世前与其办理了离婚手续，虽然罗某某称与黄某某离婚不是本意，其与黄某某离婚以后仍然以夫妻相称，互相履行夫妻义务，但是在法律上，罗某某已经与黄某某离婚了，因此罗某某已经丧失了作为黄某某亲属的身份。罗某某要求被确认为黄某某唯一的第一顺序继承人的请求没有事实依据与法律依据。

黄某某写的遗嘱虽然内容真实，且是黄某某生前真实的意思表示，但是抚恤金及丧葬费等费用是在公务员死后对其亲属的抚恤和帮助，抚恤金及丧葬费等费用并不属于黄某某可以自行处分的遗产范围，所以黄某某在生前即通过遗嘱的方式处分其亲属应获得的抚恤金及丧葬费的行为，不符合法律的相关规定，属于无处分权人行使处分权的行为，该遗嘱处分无效。

黄某某的抚恤金应当依照《中华人民共和国公务员法》的规定处理，由其亲属享受。在罗某某和黄某要求发放的费用中，丧葬费为黄某某死后亲属因办理丧葬事宜所得到的帮助，而罗某某并没有证据证明其在黄某某死后为黄某某办理了丧葬事宜。因此，对于罗某某提出的继承抚恤金及丧葬费的主张不应予以支持。

此外，《中华人民共和国公务员法》中虽然没有明确规定公务员的亲属的范围，但是从立法的意图来看，超出我国法律规范中第一顺序继承人范围的亲属要想主张继承的权利，应当以死者的父母去世、无配偶及子女作为前提。黄某作为黄某某的女儿，作为黄某某的第一顺序继承人，其有权领取抚恤金及丧葬费。罗某某不属于黄某某的亲属，无权领取抚恤金及丧葬费。

关于罗某某要求剥夺黄某第一顺序继承人的资格的问题，《最高人民法院关于民事诉讼证据的若干规定》第二条规定，当事人对自己提出的诉讼请求所依据的事实或者反驳对方诉讼请求所依据的事实有责任提供证据加以证明。没有证据或者证据不足以证明当事人的事实主张的，由负有举证责任的当事人承担不利后果。本案中，罗某某并没有充分证据证实黄某符合被剥夺继承权的情形。

虽然罗某某提交了相关的证明材料，想要证明死者黄某某一直在为黄某付出，黄某对其父亲不管不问以及黄某某与黄某的关系一直不好，而罗某某与黄某某的关系很亲密。但是，罗某某提交的证据的真实性无法确认，而且与本案无关，罗某某提交的证据并不能证实黄某某与黄某的关系一直不好，黄某对黄某某不管不问。因此，黄某仍然具有黄某某第一顺序继承人的资格。

【类案总结】

第一，公务员因公牺牲、因公死亡或者病故的，其亲属享受国家规定的抚恤和优待。公务员的死亡抚恤金及丧葬费不属于个人遗产，公务员的死亡抚恤金应当由其亲属享受。即使被继承人生前留有有效遗嘱，对抚恤金及丧葬费进行了处分，其处分行为也是无效的。虽然《中华人民共和国公务员法》没有明确亲属的范围，但是在适用《中华人民共和国公务员法》时也应当遵守相关的继承法律规范。

第二，在当事人没有证据证明自己的主张，或者证据不足以证明自己的主张时，应当由负有举证责任的当事人承担不利后果。

第三，在处理继承纠纷时，应当在遵守法律的前提下尊重遗嘱人的真实意愿，弘扬社会主义核心价值观。

第二节　赡养纠纷

案例十六

赡养义务的认定：蔡某甲与蔡某乙等赡养纠纷案

【案例导读】

根据《中华人民共和国老年人权益保障法》第十四条的规定，每个成年子女都应当依法履行赡养父母的法定义务，该义务不会因为性别的差异而有所不同，该义务也不应当附加任何的条件。父母和子女之间可以订立赡养协议，只要该赡养协议并不违反法律的禁止性规定。

【案件基本信息和事实梳理】

蔡某乙(1948年1月27日生)与刘某(1961年7月24日生)夫妻共生育蔡某甲、蔡某丙、蔡某丁三个子女。蔡某丁结婚后在通海县××街道××村社区生活。2019年5月18日,蔡某乙、刘某与蔡某甲、蔡某丙因为赡养问题,经过通海县杨广镇落凤村村民委员会人民调解委员会调解,最终签订了《人民调解协议书》(下文也称为赡养协议),协议如下:一、由蔡某甲每年给蔡某乙290斤大米,蔡某丙每年给刘某290斤大米,蔡某乙、刘某共同居住,住房由两个儿子共同承担,每家住半年;二、以后蔡某乙生病住院、护理费用由蔡某甲来承担,直至百年归宗所需的费用;刘某生病住院、护理费用由蔡某丙承担,直至百年归宗所需费用;三、由蔡某甲每年给蔡某乙生活费2 000元,蔡某丙每年给刘某生活费2 000元,蔡某乙、刘某生病100元以上的由儿子承担,100元以下自行承担。四、蔡某乙出租土地于2019年年底收回后归蔡某甲使用;五、自2019年6月1日起,蔡某甲、蔡某丙每家提供住房半年。

达成协议后,蔡某甲在村组干部的陪同下,送给蔡某乙生活费2 000元、大米三袋,但是,蔡某乙、刘某到蔡某甲家居住五六天后,双方因为蔡某乙生病和生活费等问题发生争议,于是,蔡某乙、刘某便搬到蔡某丙家居住至今。而且蔡某乙出租的土地也没有按照约定收回交由蔡某甲使用。

此外,刘某因右肱骨近端骨折,于2018年5月13日至5月27日,在云南通海骨伤医院住院治疗14天,统筹外自付医药费7 458.9元;于2019年3月4日至3月14日,住院治疗10天,统筹外自付医药费1 237.41元(此时刘某未年满60周岁),共计8 696.31元。蔡某乙于2019年5月19日至2019年12月21日因病支出的医药费共计4 811.84元(此时蔡某乙已年满六十周岁)。

蔡某乙和刘某表示二人的生活来源为在蔡某丙的土地上栽种蔬菜以供自己食用,如果有野菜的话就拿到街上去变卖,并且国家对于超过60周岁的老人每月会补助100元,平时生活所需米、油由蔡某丙提供,生病时由蔡某丙送其去医院进行治疗并照管。蔡某甲表示自己种植六七亩蔬菜,年收入四五万元。蔡某丙表示其在外打工,月收入四五千元。

2022年5月6日,蔡某乙、刘某表示蔡某甲没有按照协议履行义务,要求解除赡养协议,由于蔡某丙已经垫付了刘某产生的医疗费,所以不再要求蔡某丙支付该费用。2022年5月7日,蔡某丙同意解除协议,对蔡某乙和刘某的请求没有异议。

蔡某乙、刘某向一审法院起诉，其诉讼请求为：一、判令蔡某甲、蔡某丙每人每月向其支付赡养费500元；二、判令蔡某甲、蔡某丙支付其2018年5月至2021年12月期间的医疗费13 471.38元；三、判令蔡某甲、蔡某丙共同承担其今后因生病治疗产生的医疗费（包括门诊费），并由蔡某甲、蔡某丙、蔡某丁轮流护理。后期，诉讼中增加一项诉讼请求为：依法解除《人民调解协议书》。

一审法院的判决如下："一、原告蔡某乙、刘某与被告蔡某甲、蔡某丙签订的《人民调解协议书》于2022年5月7日解除；二、由被告蔡某甲、蔡某丙自2022年4月1日起每月分别支付原告蔡某乙、刘某生活费250元（其中，截至2022年12月31日前的生活费4 500元，于判决生效后三日内支付；2023年之后的生活费于当年的1月30日前支付）；三、由被告蔡某甲、蔡某丙于判决生效后三日内分别支付原告蔡某乙已经产生的医药费的50%即2 387.54元，并承担今后原告蔡某乙、刘某经新农合医疗保险报销后医疗费用的50%，门诊单据按季度于每季度末月的15日前结算，住院费于出院后三日结算；四、原告蔡某乙、刘某生病住院期间需人护理的，由被告蔡某甲、蔡某丁、蔡某丙依次轮流护理；五、驳回原告刘某的其余诉讼请求。案件受理费100元，减半收取50元，由被告蔡某甲负担。"蔡某甲不服一审判决，提起上诉。

【诉讼请求和争议焦点】

（一）上诉人蔡某甲的诉讼请求

1. 依法撤销（2022）云0423民初××号民事判决，驳回蔡某乙、刘某的诉讼请求。

2. 依法明确本案双方当事人按2019年5月18日通海县杨广镇落凤村村民委员会人民调解委员会调解时达成的《人民调解协议书》履行义务。

（二）本案的争议焦点

蔡某甲是否应当对刘某履行赡养义务？

【裁判结果】

驳回上诉，维持原判。二审案件受理费由上诉人蔡某甲负担。本判决为终审判决。

【相关法律规定】

《中华人民共和国老年人权益保障法》第十四条：赡养人应当履行对老年人

经济上供养、生活上照料和精神上慰藉的义务,照顾老年人的特殊需要。

赡养人是指老年人的子女以及其他依法负有赡养义务的人。

赡养人的配偶应当协助赡养人履行赡养义务。

《中华人民共和国老年人权益保障法》第十五条：赡养人应当使患病的老年人及时得到治疗和护理；对经济困难的老年人,应当提供医疗费用。

对生活不能自理的老年人,赡养人应当承担照料责任；不能亲自照料的,可以按照老年人的意愿委托他人或者养老机构等照料。

《中华人民共和国老年人权益保障法》第十九条：赡养人不得以放弃继承权或者其他理由,拒绝履行赡养义务。

赡养人不履行赡养义务,老年人有要求赡养人付给赡养费等权利。

赡养人不得要求老年人承担力不能及的劳动。

《中华人民共和国民法典》第一千零六十七条：父母不履行抚养义务的,未成年子女或者不能独立生活的成年子女,有要求父母给付抚养费的权利。

成年子女不履行赡养义务的,缺乏劳动能力或者生活困难的父母,有要求成年子女给付赡养费的权利。

《中华人民共和国民法典》第一百四十三条：具备下列条件的民事法律行为有效：

（一）行为人具有相应的民事行为能力。

（二）意思表示真实。

（三）不违反法律、行政法规的强制性规定,不违背公序良俗。

《中华人民共和国民法典》第二十六条第二款：成年子女对父母负有赡养、扶助和保护的义务。

【案件分析】

每个成年子女都应当依法履行赡养父母的法定义务,该义务不会因为性别的差异而有所不同,该义务也不应当附加任何的条件。蔡某乙、刘某已经年满60周岁,缺乏劳动能力,没有固定的经济来源,蔡某甲、蔡某丙、蔡某丁作为蔡某乙和刘某的子女,负有赡养老人的义务。蔡某甲、蔡某丙对蔡某乙、刘某不要求蔡某丁支付生活费和医药费的主张没有异议,这是当事人对自己的民事权利的自由处分,是被法律允许的。

关于本案争议的蔡某甲是否应当对刘某履行赡养义务的问题。蔡某乙、刘某先前已经与被告蔡某甲、蔡某丙达成了赡养协议,并且该赡养协议没有违反法律的禁止性规定,因此该协议已经生效,协议双方当事人应当执行该赡养协议。但是在协议实际执行的过程中,主要因为蔡某乙与蔡某甲关系不融洽,在蔡某乙按协议开始居住生活在蔡某甲家的时候,双方就产生了冲突,加之蔡某乙和蔡某甲都没有全面地履行协议,致使不能实现赡养协议的目的,因此,到蔡某乙、刘某提起诉讼时,赡养协议已经不具备继续履行的条件了。

蔡某乙、刘某提起本案诉讼的目的是为了解决其赡养问题,重新调整赡养方式,其实质是想要解除原先的赡养协议。蔡某甲没有按照协议履行赡养义务,其行为已经构成了违约,涉及蔡某甲的部分已经具备了法定解除的条件,而涉及蔡某丙的部分也已经构成了协议解除,因此,赡养协议于2022年5月7日解除。赡养协议解除后,蔡某甲、蔡某丙应当共同对蔡某乙、刘某履行赡养义务。

关于赡养费的数额,应当依据当地的生活水平、被赡养人的实际需求和实际经济状况、赡养人的负担能力来确定。蔡某乙、刘某要求蔡某甲、蔡某丙自2022年4月1日起每人每月分别给付生活费250元,共计500元,并没有超出当地的生活水平和赡养人的给付能力。

关于医疗费和护理的纠纷问题。《中华人民共和国老年人权益保障法》第十五条规定:"赡养人应当使患病的老年人及时得到治疗和护理;对经济困难的老年人,应当提供医疗费用。生活不能自理的老年人,赡养人应当承担照料责任;不能亲自照料的,可以按照老年人的意愿委托他人或者养老机构等照料。"蔡某乙实际产生医药费4 811.84元,按照其主张的4 775.07元计算,蔡某乙要求蔡某甲、蔡某丙分别承担二分之一,即2 387.54元,这并没有超出蔡某甲应当承担的部分,蔡某丙也没有表示异议,所以,对于蔡某乙的该项主张应当予以支持。而对于刘某的医药费,由于该医药费产生于2018年至2019年之间,当时刘某未年满60周岁,刘某也没有举证证明当时其存在经济困难、需要子女提供医疗费用的情形,所以对其要求蔡某甲承担该费用二分之一的主张,不予支持。刘某放弃对蔡某丙承担该费用的请求,符合本案的实际,应当予以准许。此外,蔡某乙、刘某提出今后生病住院的费用由蔡某甲、蔡某丙各承担二分之一,生病住院期间需人护理时,由蔡某甲、蔡某丙、蔡某丁轮流护理的主张也完全符合本案的实际情形与法律的相关规定。

蔡某甲上诉时提出的理由有以下三点:第一,一审法院认定事实不清,从而导致判决错误。赡养父母是每个成年子女应尽的义务,蔡某甲按照2019年的调解协议履行赡养义务，并没有不履行该调解协议书。蔡某甲分四次按照协议在村组人员的陪同下将大米、生活费送给父亲，在最后一次送去时，蔡某甲与父亲商量，因为最近田地的活计特别多，每天早出晚归，回来时已经深夜了，所以下次的大米让父亲来家里拿，当时父亲也同意了，但是后来没有来拿。之后，父亲组织了蔡某甲的兄弟、老表、舅舅等人来蔡某甲家，对蔡某甲和妻子进行殴打。双方关系闹僵后，父亲也就没有提过赡养的问题，也不好意思来拿大米。因此一审法院认定蔡某甲没有履行调解协议书，构成违约是错误的。第二，蔡某甲并没有违约，而是蔡某乙违约。按照调解协议的约定，父亲是由蔡某甲赡养，虽然协议中没有明确约定父亲的土地使用权归蔡某甲耕种，但是调解时是明确了父亲名下的土地由蔡某甲耕种。如果由蔡某甲赡养父亲，其名下的土地又交给蔡某丙使用，是不合情理的。因此，上诉人并没有违约，而是被上诉人违约。父亲把土地转租出去的租金按理是应当由蔡某甲收取，但是却被蔡某丙收取使用，所以该笔租金应当属于蔡某甲赡养父亲的费用。第三，蔡某甲也去医院照管、看望住院期间的父母，不存在不赡养的问题。虽然父亲曾组织蔡某甲的兄弟、老表、舅舅等来蔡某甲家殴打蔡某甲和妻子，但在父亲生病时，蔡某甲照样去医院照顾、看望他，但每次去时蔡某丙就要与蔡某甲争吵，甚至有动手的可能，为了避免不必要的争吵和一切损害后果，后来蔡某甲才没有去医院。所以一审法院认定蔡某甲没有按照协议履行赡养义务是错误的。

针对蔡某甲上诉提出的三个理由，本书认为，第一，蔡某甲没有履行提供住房的义务，没有全面履行给付生活费的义务，没有履行到医院护理住院老人的义务，已经构成违约。第二，虽然蔡某乙没有按照协议约定收回土地交由蔡某甲使用属于违约行为，但是赡养父母不能以父母移交土地使用权为条件，而且案涉土地使用权问题并不属于人民法院调整的范围。第三，蔡某甲认为一审判决认定其没有按照协议约定到医院照顾住院的蔡某乙，属于认定事实错误。根据蔡某甲的描述，因为他每次去医院的时候，他弟弟蔡某丙就要与他争吵，甚至有动手的可能，所以他才没有到医院。本书认为，从其陈述足以说明蔡某甲没有妥善化解矛盾，没有实际护理老人，应当认定蔡某甲没有到医院照顾老人。

综上所述，因为《人民调解协议书》已经不具备继续履行的条件，蔡某甲的三个上诉理由均不能成立，所以，对蔡某甲的上诉请求应当予以驳回。

【类案总结】

第一，每个成年子女都应当依法履行赡养父母的法定义务，该义务不会因为性别的差异而有所不同，该义务也不应当附加任何的条件。

第二，赡养费的数额应当依据当地的生活水平、被赡养人的实际需求和实际经济状况、赡养人的负担能力来确定。

第三，赡养人应当使患病的老年人及时得到治疗和护理；对经济困难的老年人，应当提供医疗费用。生活不能自理的老年人，赡养人应当承担照料责任；不能亲自照料的，可以按照老年人的意愿委托他人或者养老机构等照料。当父母未年满60周岁，并且无法举证证明其就医时存在经济困难、需要子女提供医疗费用的情形时，父母要求子女为其承担医疗费的主张无法得到法院支持。

案例十七

承担赡养义务子女的追偿权：褚某甲等诉张某某等赡养费案

【案例导读】

追索赡养费的权利是一种专属权，具有不可让与的性质，享有该权利的主体是特定的，因此，该权利会随着权利人的死亡归于消灭。承担了赡养义务的子女无权向其他子女就赡养费进行追偿。

【案件基本信息和事实梳理】

死者褚某丁与被告张某某是夫妻，两人共生育了三个子女，大女儿褚某甲、二女儿褚某乙、长子褚某丙，三个子女现均已成年。在褚某丁去世后，原告褚某甲和褚某乙向法院起诉，称在褚某丁因病住院期间，两被告张某某、褚某丙将褚某丁的工资本拿走了，并且两被告张某某、褚某丙也没有履行其应尽的赡养义务。因此两原告起诉两被告，请求法院判令被告给付原告垫付的赡养费，共计65 079.5元。

2013年6月，褚某丁的头部因跌倒而受伤，又出现了头痛、呕吐、尿失禁等情况，后被送至昆明延安医院住院治疗，但是却未见好转，于是又被转至云南省第二人民医院进行住院治疗，最终，褚某丁于2016年2月7日去世。褚某丁在住院期间，即2013年6月到2016年2月这一段时间，生活不能自理。褚某甲和褚某乙称在褚某丁住院的这一段时间内，张某某、褚某丙并没有依法履行相应的赡养义务，只有褚某甲和褚某乙在履行相应的赡养义务，并且，张某某、褚某丙在2014年2月还拿走了褚某丁的工资本。截至2016年2月7日，褚某甲和褚某乙为褚某丁住院期间支出的各种费用共计273 259元，扣除褚某甲和褚某乙持有褚某丁生前的工资143 100元后尚欠130 159元。张某某、褚某丙作为褚某丁的赡养义务人，其应当支付一半的赡养费。而张某某、褚某丙认为，只有褚某丁本人有权向其追索赡养费，因为追索赡养费的权利是一种专属权，是基于身份权所产生的专属权，该权利会随着权利人的死亡或放弃而归于消灭。此外，被告张某某与褚某丁是夫妻关系，因此，被告张某某不是褚某丁的赡养义务人。向褚某甲和褚某乙支付赡养费不是被告褚某丙所负担的义务，因为法律并没有明确规定多个子女的赡养义务是按份责任还是连带责任，法律也没有明确规定承担了赡养义务的一方当事人有权向其他子女进行追偿。此外，两被告张某某和褚某丙实际上也履行了赡养义务，照顾了褚某丁，并且在褚某丁住院期间，原告虽然为褚某丁支付过一部分医疗费，但是该笔费用不是原告垫付的，而是由褚某丁本人工资支付的。因为原告曾以理财为借口拿走了褚某丁和张某某的工资卡和积攒多年的养老钱，而这些钱足够支付褚某丁就医的全部费用。

【诉讼请求和争议焦点】

（一）原告褚某甲和褚某乙的诉讼请求

要求被告给付原告垫付的赡养费65 079.5元。

（二）本案的争议焦点

承担了赡养义务的子女是否有权向其他子女就赡养费进行追偿？

【裁判结果】

对原告要求被告给付原告垫付的赡养费65 079.5元的诉讼请求，不予支持。

【相关法律规定】

《中华人民共和国民法典》第二十六条：父母对未成年子女负有抚养、教育和保护的义务。

成年子女对父母负有赡养、扶助和保护的义务。

《中华人民共和国老年人权益保障法》第十三条：老年人养老以居家为基础，家庭成员应当尊重、关心和照料老年人。

《中华人民共和国老年人权益保障法》第十四条：赡养人应当履行对老年人经济上供养、生活上照料和精神上慰藉的义务，照顾老年人的特殊需要。

赡养人是指老年人的子女以及其他依法负有赡养义务的人。

赡养人的配偶应当协助赡养人履行赡养义务。

【案件分析】

对于父母，子女有赡养扶助的义务。本案中，原告褚某甲、褚某乙和被告褚某丙是褚某丁的子女，被告张某某是褚某丁的配偶。作为褚某丁的子女，褚某甲、褚某乙、褚某丙负有赡养褚某丁的法定义务，作为褚某丁的配偶，张某某应当协助赡养人履行赡养义务；在子女不履行赡养义务时，无劳动能力的或生活困难的父母享有要求子女向其给付赡养费的权利。目前，《中华人民共和国民法典》虽然明确规定了子女对父母有赡养的义务，但是，对于存在有多个赡养义务人的情况，法律并没有明确具体的规定各义务人应当如何具体承担赡养义务，并且赡养义务本身没有办法量化，其是一种较抽象的行为，不能仅仅以金钱支出作为衡量履行赡养义务的唯一依据，除了经济上的供应，对老人的赡养还包括对其进行生活上的照料和精神上的慰藉。褚某丁生前和两被告生活在一起，褚某丁生病住院以后，两被告也对褚某丁履行了关心和照顾的义务。

追索赡养费的权利是一种专属权，是基于身份权所产生的，具有不可让与的性质，享有该权利的主体是特定的，因此，该权利会随着权利人的死亡归于消灭。本案中，褚某丁已经去世，原告支付褚某丁生前生病住院所花费的各项费用的行为属于履行赡养义务的行为，因此原告所支付的费用不能向其他赡养义务人追索。

若原告认为其对父亲褚某丁尽了主要的赡养义务，可以在分配遗产时依据《中华人民共和国民法典》等相关法律规定请求多分配遗产。所以，原告要求被告给付原告垫付的赡养费 65 079.5 元的诉讼请求没有法律依据。

【类案总结】

成年子女对父母负有赡养、扶助和保护的义务。但是，对于存在有多个赡养义务人的情况，法律并没有明确规定各义务人应当如何具体承担赡养义务，并且赡养义务本身没有办法量化,不能仅仅以金钱支出作为衡量履行赡养义务的唯一依据。

追索赡养费的权利是一种专属权,具有不可让与的性质,享有该权利的主体是特定的,该权利会随着权利人的死亡归于消灭,因此,承担了赡养义务的子女无权向其他子女就赡养费进行追偿。

第四章

借贷纠纷

第一节 民间借贷纠纷

案例十八

借款利息认定：周某发与吴某贤民间借贷纠纷案

【案例导读】

在民间借贷纠纷中，利率计算可以根据以下规则：借贷合同成立于2020年8月20日之前，当事人请求适用当时的司法解释（借贷双方约定的利率未超过年利率24%，出借人请求借款人按照约定的利率支付利息的，人民法院应予支持。借贷双方约定的利率超过年利率36%，超过部分的利息约定无效）计算自合同成立到2020年8月19日的利息部分的，人民法院应予支持；对于自2020年8月20日到借款返还之日的利息部分，应按照如下标准：出借人请求借款人按照合同约定利率支付利息的，人民法院应予支持，但是双方约定的利率超过合同成立时一年期贷款市场报价利率四倍的除外。2020年8月20日以后成立的合同，应当按照"双方约定的利率超过合同成立时一年期贷款市场报价利率四倍的不予支持"的规则处理。

【案件基本信息和事实梳理】

2018年9月，被告吴某贤曾因资金周转窘迫而向原告周某发借款，原告周某发自身并无闲余资金可供出借，后经被告吴某贤多次请求，原告周某发同意协助被告借款。2018年9月3日，原告周某发向南华县华某龙宾馆借款500 000元后转手借给被告吴某贤,并要求南华县华某龙宾馆直接将借款转到被告吴某贤账户。借款当日,南华县华某龙宾馆将借款500 000元转到被告吴某贤的账户,还款期限届至,被告没有按期履行还本付息义务。经南华县华某龙宾馆催讨,原告周某发向南华县华某龙宾馆偿还借款本金500 000元,另支付利息252 500元。2020年1月3日,原、被告进行统一结算,被告吴某贤应向原告偿还共752 500元(含借款本金500 000元及向南华县华某龙宾馆支付的利息252 500元),结算后,被告吴某贤无力偿还借款,于结算当日向原告周某发出具记载"今向周某发借人民币752 500元的借条"一份,双方签订了书面的借款合同,并约定借款利息为2%的月息。直到双方约定的还款期限届满,被告吴某贤都未履行其对原告的清偿义务,原告周某发追讨,被告吴某贤以各种借口拖延,拒不履行还款义务。后原告周某发向人民法院提起诉讼,请求人民法院依法支持原告的诉讼请求。

法院查明以下事实:

原告周某发与被告吴某贤相熟,2018年9月,被告因资金窘迫向原告发起借款,双方口头约定借款金额为500 000元,借款期限为2个月,约定月利率5%。

2018年9月3日,原告向南华县华某龙宾馆借款500 000元,原告向南华县华某龙宾馆出具借条后,为向被告交付出借款,指定南华县华某龙宾馆将该款打入被告吴某贤的账户(账号为:×××99)。

被告向原告借款后,未能按约定向原告归还借款,于2018年10月4日至2019年10月9日间向原告支付利息150 000元。

2020年1月3日,原、被告经结算,扣减被告向原告支付的利息150 000元外,被告仍应付原告本息752 500元,当日,原告向被告出具借条,借条载明:"借条,今向周某发借人民币752 500元(大写:柒拾伍万贰仟伍佰元整)。借款人:吴某贤,2020年1月3日。"双方同时签订借款合同,约定月利率为2%。

【诉讼请求和争议焦点】

(一)原告周某发的诉讼请求

1. 请求法院依法判令被告偿还原告借款本金752 500元,同时支付利息251 084.17元(按年息15.4%计算2020年1月3日至2022年3月3日期间的利息),合计1 003 584.17元。

2. 请求法院依法判令被告承担以 752 500 元本金为标准计算 2022 年 3 月 4 日至借款还清之日止的利息。

3. 诉讼费用由被告承担。

(二) 本案的争议焦点

原告所主张的借款利率是否符合法律规定？

【裁判结果】

1. 由被告吴某贤在本判决书生效后 10 日内向原告周某发归还借款本金人民币 500 000 元(伍拾万元整)。

2. 由被告吴某贤在本判决书生效后 10 日内向原告周某发支付利息[以借款本金 500 000 元为基数，以年利率 24%(月利率 2%)计算支付从 2018 年 9 月 3 日至 2019 年 8 月 20 日(348 天)的利息 115 999.99 元，以年利率 15.4%(一年期贷款市场报价利率四倍)计算支付从 2019 年 8 月 21 日至 2022 年 1 月 20 日(514 天)的利息 109 938.89 元，以年利率 14.8%(一年期贷款市场报价利率四倍)计算支付从 2022 年 1 月 21 日至 2022 年 3 月 15 日(原告起诉之日，54 天)的利息 11 100 元，上述利息共计 237 038.88 元，应扣减被告已支付原告的 150 000 元]合计 87 038.88 元，并以年利率 14.8%(一年期贷款市场报价利率四倍)计算向原告支付从 2022 年 3 月 16 日起至还清欠款本金之日止的利息。

3. 案件受理费 13 832 元(原告已申请缓交至申请执行前)，由被告吴某贤承担。

【相关法律规定】

《中华人民共和国民法典》第六百七十四条：借款人应当按照约定的期限支付利息。对支付利息的期限没有约定或者约定不明确，依据本法第五百一十条的规定仍不能确定，借款期间不满一年的，应当在返还借款时一并支付；借款期间一年以上的，应当在每届满一年时支付，剩余期间不满一年的，应当在返还借款时一并支付。

《最高人民法院关于适用〈中华人民共和国民法典〉时间效力的若干规定》第二条：民法典施行前的法律事实引起的民事纠纷案件，当时的法律、司法解释有规定，适用当时的法律、司法解释的规定，但是适用民法典的规定更有利于保护民事主体合法权益,更有利于维护社会和经济秩序,更有利于弘扬社会主义核心价值观的除外。

《最高人民法院关于审理民间借贷案件适用法律若干问题的规定》(2015年版,现已无效,仅审理借款合同发生在2020年8月19日前的案件时有效)第二十六条:借贷双方约定的利率未超过年利率24%,出借人请求借款人按照约定的利率支付利息的,人民法院应予支持。借贷双方约定的利率超过年利率36%,超过部分的利息约定无效。借款人请求出借人返还已支付的超过年利率36%部分的利息的,人民法院应予支持。

《最高人民法院关于审理民间借贷案件适用法律若干问题的规定》(2020年12月23日修正版,现行有效)第二十五条:出借人请求借款人按照合同约定利率支付利息的,人民法院应予支持,但是双方约定的利率超过合同成立时一年期贷款市场报价利率四倍的除外。

前款所称"一年期贷款市场报价利率",是指中国人民银行授权全国银行间同业拆借中心自2019年8月20日起每月发布的一年期贷款市场报价利率。

《最高人民法院关于审理民间借贷案件适用法律若干问题的规定》(2020年12月23日修正版,现行有效)第三十一条:本规定施行后,人民法院新受理的一审民间借贷纠纷案件,适用本规定。

2020年8月20日之后新受理的一审民间借贷案件,借贷合同成立于2020年8月20日之前,当事人请求适用当时的司法解释计算自合同成立到2020年8月19日的利息部分的,人民法院应予支持;对于自2020年8月20日到借款返还之日的利息部分,适用起诉时本规定的利率保护标准计算。

本规定施行后,最高人民法院以前作出的相关司法解释与本规定不一致的,以本规定为准。

【案件分析】

原告周某发与被告吴某贤之间的借贷行为,符合法律规定,依法受法律保护。

在本案中,原告已向被告履行了给付借款的义务,相应地,被告应向原告履行偿还借款的义务,而被告未按合同约定履行偿还借款的义务,已然构成违约,因此原告请求被告偿还借款的理由成立。

借款时,原、被告双方约定的借款利率为每月利率5‰,2020年1月3日再次约定的利息为2%,其约定利率超过法律规定部分将不予支持。故被告现实际应向原告偿还借款本金500 000元;以借款本金为基础,以年利率24%(月利率2%)计算支付从2018年9月3日至2019年8月20日(348天)的利息115 999.99元,以年利率15.4%(一年期贷款市场报价利率四倍)计算支付从2019年8月21日至2022年1月20日(514天)的利息109 938.89元,以年利率14.8%(一年期贷款市场报价利率四倍)计算支付从2022年1月21日至2022年3月15日(原告起诉之日,54天)的利息11 100元,上述利息合计237 038.88元,扣减被告已支付原告的150 000元后被告还应付给原告87 038.88元,此外还应以一年期贷款市场报价利率的四倍计算向原告支付从2022年3月16日之日起至还清欠款本金之日止的利息。

【类案总结】

所谓民间借贷纠纷,就是指公民之间、公民与非金融机构企业之间的借款行为产生的纠纷。如今民间借贷盛行,如何合法合规地进行借贷活动,从而保障自身权益十分重要。由于我国民法典的颁布,相关的法律规定也进行了更新,如何保障自身债权利益得以实现,需要密切关注借款利率的最新变化,适时调整自己的行为,监督合同对方的行为。与此同时,我们在签订民间借贷合同时,应当将有关借贷利率的规定牢记于心,这不仅有利于我们在诉讼过程中获得法院的支持,也有利于保护自身的合法权益。

案例十九

追索借款:陈某强与郭某杰民间借贷纠纷案

【案例导读】

民间借贷纠纷中,当事人应当按照约定全面履行自己的义务。当事人一方不履行合同义务或者履行合同义务不符合约定的,应当承担继续履行、采取补救措施或者赔偿损失等违约责任。一旦发生诉讼,当事人对自己提出的主张,有责任提供证据。因此我们在发生借款时,应树立正确的证据意识,还应妥善保管出借方签发的收据与借条,以防止由于证据不足,影响后期的维权活动。人民法院应当按照法定程序,全面地、客观地审查核实证据。

【案件基本信息和事实梳理】

原告陈某强与被告郭某杰系普通朋友关系,2019年5月30日,被告郭某杰声称其急需生活费用而请求原告借款5 000元,原告同意借款,被告收到原告的转账4 000元、现金1 000元后向原告出具了借条一张及收条一张,约定还款日期为2019年6月29日。2019年6月12日被告再次向原告借款6 000元,被告收到转账5 000元、现金1 000元后向原告出具借条及收条各一份,约定还款期限2019年7月11日。两次借款共11 000元,还款期限届满,被告未向原告履行还款义务,后经原告数次索要,至今为止被告都以各种理由搪塞拒绝向原告履行还款义务。原告为维护自身的合法权益,特向人民法院提起了诉讼,请求人民法院支持其要求被告还款的诉讼请求。

经法院查明事实如下:

两次借款情形具体如下:原告陈某强、被告郭某杰系朋友,2019年5月30日,被告请求原告借款给他,被告向原告出具了一张借条和一张收条,借条约定和被告出具的收条金额为5 000元,约定还款时间为2019年6月29日,被告出具借条和收条后,原告就以微信转账方式实际向被告转款4 000元。

2019年6月12日,被告再次请求原告借款,被告同意借款,向原告出具了借条和收条,借条约定和被告出具的收条金额为6 000元,约定还款时间为2019年7月11日,被告出具借条和收条后,原告以微信转账方式实际向被告转款5 000元。

被告向原告借款后,于2019年6月18日以微信转账方式归还原告200元、于2019年6月29日以微信转账方式归还原告1 200元、于2019年7月11日以微信转账方式归还原告1 000元,此后剩余欠款6 600元至今未归还原告。

【诉讼请求和争议焦点】

(一)原告陈某强的诉讼请求

1. 请求法院依法判令被告归还原告借款本金11 000元及到期未归还借款的利息(按银行同期贷款利率计算)。

2. 诉讼费由被告承担。

（二）本案的争议焦点

被告是否应向原告偿还借款 11 000 元？

原告陈某强为支持其主张的事实，向法院提交了以下证据：1. 原、被告的身份证复印件各 1 份，欲证明原、被告的诉讼主体资格适格。2. 借条原件 2 份、收条原件 2 份，欲证明被告向原告借款共计 11 000 元的事实。3. 微信转账记录 1 份（2 张），欲证明原告向被告转款的事实。

经质证，被告对原告提出的第一项、第三项证据无异议；对第二项证据内容的真实性无异议，但对原告欲证事实不予认可，认为原告仅实际转款 9 000 元。

法院认为，原告提出的第一项、第三项证据经质证被告无异议，法院予以采信；原告提出的第二项证据符合有效证据的特征，但对原告欲证事实应结合其他证据及相关法律规定进行评定。

被告郭某杰针对辩称主张，向法院提举了微信转账记录 1 份（4 页），欲证明被告还过原告第一笔款，第一笔款只是 4 000 元，没有 1 000 元现金，还了第一笔，才向原告借第二笔 5 000 元。

经质证，原告对被告提举的上述证据不予认可。

【裁判结果】

1. 由被告郭某杰于本判决书生效后 10 日内偿还原告陈某强借款本金 6 600 元、利息 465 元，本息合计人民币 7 065 元。

2. 驳回原告陈某强的其他诉讼请求。

3. 如果未按本判决指定的期限履行给付金钱义务，应当依照《中华人民共和国民事诉讼法》第二百六十四条之规定，加倍支付迟延履行期间的债务利息。

4. 案件受理费人民币 76 元，本案适用简易程序审理，减半收取 38 元，由被告郭某杰承担。

【相关法律规定】

《中华人民共和国民法典》第四百六十五条：依法成立的合同，受法律保护。

依法成立的合同，仅对当事人具有法律约束力，但是法律另有规定的除外。

《中华人民共和国民法典》第五百零九条：当事人应当按照约定全面履行自己的义务。

当事人应当遵循诚信原则,根据合同的性质、目的和交易习惯履行通知、协助、保密等义务。

《中华人民共和国民法典》第五百七十七条:当事人一方不履行合同义务或者履行合同义务不符合约定的,应当承担继续履行、采取补救措施或者赔偿损失等违约责任。

《中华人民共和国民法典》第六百六十七条:借款合同是借款人向贷款人借款,到期返还借款并支付利息的合同。

《中华人民共和国民法典》第六百七十九条:自然人之间的借款合同,自贷款人提供借款时成立。

《中华人民共和国民事诉讼法》第六十七条:当事人对自己提出的主张,有责任提供证据。

当事人及其诉讼代理人因客观原因不能自行收集的证据,或者人民法院认为审理案件需要的证据,人民法院应当调查收集。

人民法院应当按照法定程序,全面地、客观地审查核实证据。

【案件分析】

原告陈某强与被告郭某杰之间的借贷行为,符合法律规定,依法受法律保护,其借款合同对双方具有约束力,双方应按合同约定履行。

在本案中,原告陈某强按合同约定已向被告郭某杰履行了给付借款的义务,被告应按照合同约定向原告履行偿还欠款的义务,而被告郭某杰至今都未按照约定完全履行还款义务,已构成违约,其应承担向原告还清所欠借款6 600元的义务。

被告郭某杰向原告借款时,借款期内双方未约定利息,但被告逾期后仍未归还本金,现原告主张被告支付利息,被告应按一年期贷款市场报价利率3.7%承担从借款逾期之日起至原告起诉之日止的利息465元(2019年7月12日至2022年6月8日共计686天,3.7%÷360天×686天×6 600元=465元)。

原告主张,被告两次借款的总计金额是11 000元,但其中2 000元原告未能提供确已交付被告的证据证明,对未能提供证据部分不应予支持。

被告主张,其已还清2019年5月30日向原告所借的4 000元,但被告仅能提供已向原告还款2 400元的证据,对被告的主张中未能提供证据部分,法院不予支持。

【类案总结】

当今社会借贷纠纷日益增多,案件中双方多基于人情关系进行借贷,因此忽视了证据的作用,导致了不利的诉讼结果。在诉讼阶段原告常常由于证据不足,导致诉讼请求难以得到法院支持。因此,我们应当树立正确的证据意识,在出借钱款时,应保留相关"留痕",例如:银行转账信息、微信转账记录、邀请借贷活动中的见证人,同时还应妥善保管出借方签发的收据与借条,以防止由于证据不足,影响后期的维权活动。

案例二十

高某与陈某强、陈某甲、陈某乙民间借贷纠纷案

【案例导读】

本案是有关合同保证的案例,法律上保证的方式分为一般保证和连带责任保证。当保证责任约定不明确的,应视为一般保证,保证期为主债务履行届满期限之日起六个月。一般保证的债权人未在保证期内对债务人提起诉讼或者申请仲裁的,保证人不再承担保证责任。

【案件基本信息和事实梳理】

被告陈某强是被告陈某甲与陈某乙的儿子。原告与被告陈某强系普通朋友关系,2018年5月6日,被告陈某强因购车资金窘迫请求原告借款10万元,原告同意借款并交付现金10万元给被告,被告陈某强向原告出具了一份借条,承诺于2019年5月6日还清借款,被告陈某甲与陈某乙以担保人的身份在借条上签字。后借款期限届满,三被告仅仅偿还了部分借款,原告借出去的钱款未被还清,原告为维护其合法权益,特提起诉讼。

法院查明事实如下:

原告高某与被告陈某强系朋友关系。2018年5月6日,被告陈某强因资金短缺向原告高某借款10万元,款项交付后,被告陈某强出具了借条,其父陈某甲、其母陈某乙在借条"担保人"处签名。双方在借条上明确约定:借款应于

2019年5月6日一次性还清；如不能按时归还，被告自愿承担所产生的一切费用和法律责任；借款人在还款日无法还款的，逾期按500元一天计算。

2018年6月6日、7月6日、9月6日、10月9日、11月6日、12月6日，2019年1月6日、2月7日、3月8日、4月10日，被告陈某强通过微信转账，分别归还了借款3 000元。

2020年1月22日，被告陈某强通过他人微信转账向原告归还了借款15 000元。2020年10月14日，被告陈某强与原告重新达成还款协议，书面约定尚欠借款为85 000元，承诺于2021年2月3日前归还50 000元，同年5月份前归还剩余35 000元，如未按期履行，则之前被告通过他人归还原告的15 000元当作2019年5月至2021年2月期间的利息。

2021年2月11日，被告陈某强通过微信转账向原告归还了借款本金20 000元；同年3月17日，被告陈某强通过微信转账向原告偿还了借款本金10 000元；同年8月6日，被告陈某强通过微信转账向原告偿还了借款本金10 000元；同年9月19日，被告陈某强通过微信转账向原告偿还了借款本金10 000元。

【诉讼请求和争议焦点】

（一）原告高某的诉讼请求

1. 请求人民法院依法判令被告偿还原告借款本金35 400元。

2. 诉讼费用由被告承担。庭审中，原告变更了第一项诉讼请求：要求被告归还借款本金50 000元。

（二）本案的争议焦点

1. 涉案尚欠的借款本金金额应当如何认定？

2. 被告陈某甲、陈某乙是否应当在本案中承担责任？

【裁判结果】

1. 由被告陈某强于本判决生效之日起20日内归还原告高某尚欠的借款本金人民币35 400元。

2. 被告陈某甲、陈某乙在本案中不承担责任。

3. 如果负有履行义务的当事人未按本判决指定的期间履行给付金钱义务，应当依照《中华人民共和国民事诉讼法》第二百六十条的规定，加倍支付迟延履行期间的债务利息。案件受理费676元，适用简易程序减半收取338元（原告已预缴），由被告陈某强负担。

【相关法律规定】

《最高人民法院关于审理民间借贷案件适用法律若干问题的规定》第二条：出借人向人民法院提起民间借贷诉讼时，应当提供借据、收据、欠条等债权凭证以及其他能够证明借贷法律关系存在的证据。

当事人持有的借据、收据、欠条等债权凭证没有载明债权人，持有债权凭证的当事人提起民间借贷诉讼的，人民法院应予受理。被告对原告的债权人资格提出有事实依据的抗辩，人民法院经审查认为原告不具有债权人资格的，裁定驳回起诉。

《最高人民法院关于审理民间借贷案件适用法律若干问题的规定》第九条：自然人之间的借款合同具有下列情形之一的，可以视为合同成立：

（一）以现金支付的，自借款人收到借款时。

（二）以银行转账、网上电子汇款等形式支付的，自资金到达借款人账户时。

（三）以票据交付的，自借款人依法取得票据权利时。

（四）出借人将特定资金账户支配权授权给借款人的，自借款人取得对该账户实际支配权时。

（五）出借人以与借款人约定的其他方式提供借款并实际履行完成时。

《最高人民法院关于审理民间借贷案件适用法律若干问题的规定》第二十七条：借贷双方对前期借款本息结算后将利息计入后期借款本金并重新出具债权凭证，如果前期利率没有超过合同成立时一年期贷款市场报价利率四倍，重新出具的债权凭证载明的金额可认定为后期借款本金。超过部分的利息，不应认定为后期借款本金。

按前款计算，借款人在借款期间届满后应当支付的本息之和，超过以最初借款本金与以最初借款本金为基数、以合同成立时一年期贷款市场报价利率四倍计算的整个借款期间的利息之和的，人民法院不予支持。

《最高人民法院关于适用〈中华人民共和国民事诉讼法〉的解释》第九十条：当事人对自己提出的诉讼请求所依据的事实或者反驳对方诉讼请求所依据的事实，应当提供证据加以证明，但法律另有规定的除外。

在作出判决前，当事人未能提供证据或者证据不足以证明其事实主张的，由负有举证证明责任的当事人承担不利的后果。

【案件分析】

关于焦点 1：借贷双方对前期借款本息结算后，将利息计入后期借款本金并重新出具债权凭证，如果前期利率没有超过合同成立时一年期贷款市场报价利率四倍，重新出具的债权凭证载明的金额可认定为后期借款本金；超过部分的利息，不应认定为后期借款本金；按前款计算，借款人在借款期间届满后应当支付的本息之和，超过以最初借款本金与以最初借款本金为基数、以合同成立时一年期贷款市场报价利率四倍计算的整个借款期间的利息之和的，人民法院不予支持。本案中，涉案借款关系发生后，双方于 2020 年 10 月 14 日重新达成了还款协议，将尚欠的借款本金计为 85 000 元的约定，实质是将被告陈某强在约定借期一年内已归还的 30 000 元全部充作借期利息，部分已超过了银行同期贷款市场报价利率四倍 15.4%，应对超过部分依法不予支持，故截至 2019 年 4 月 30 日，尚欠借款本金应为 85 400 元[100 000 元—(30 000 元—100 000×15.4%)]；而还款协议中关于如被告陈某强未按还款协议重新确定的还款期限内履行，则将 2020 年 1 月 22 日归还的 15 000 元充作 2019 年 5 月至 2021 年 2 月期间的利息的约定，即约定的因违约承担借款年利率为 10%(15 000 元÷85 400 元÷21 个月×12)，未超过银行同期贷款市场报价利率的四倍，法院对此依法予以支持，故截至 2021 年 2 月 28 日，尚欠借款本金仍为 85 400 元；根据原告庭审陈述，被告于 2021 年 2 月至 9 月期间归还的 50 000 元性质系本金，故截至 2021 年 9 月 30 日，尚欠借款本金应为 35 400 元(85 400 元—50 000 元)；因原告未要求被告支付 2021 年 10 月 1 日至诉前产生的逾期利息，视为自愿放弃该部分权益。据此，法院依法认定，截至诉前，被告陈某强尚欠原告高某的借款本金为人民币 35 400 元。

综上所述，结合双方重新达成的还款协议以及被告实际归还借款情况，原告提出请求被告偿还借款本金 35 400 元的诉讼请求有事实和法律依据支持，法院依法予以支持其诉讼请求；超过上述范围的诉讼请求，法院依法不予支持。被告提出已还清全部借款的辩解，因与在卷证据相矛盾，法院依法不予采纳。

关于焦点 2：保证方式可分为一般保证和连带责任保证，保证责任约定不明确的，为一般保证，保证期间为主债务履行届满期限之日起六个月。一般保证的债权人未在保证期间内对债务人提起诉讼或者申请仲裁的，保证人不再承担保证责任。本案中，原告认可涉案借款的借款人和实际使用人是被告陈某强，被告陈某甲、陈某乙系担保人，但未书面明确约定保证性质，依法应视为该二人提供的担保为一般保证；另原告与被告陈某强书面约定的借款期限至2019年5月6日，则被告陈某甲、陈某乙的保证期间为2019年5月6日至2019年11月6日，而上述保证期间内，原告未对借款人被告陈某强提起诉讼或申请仲裁，故被告陈某甲、陈某乙不再承担保证责任。另外，涉案还款协议未经被告陈某甲、陈某乙签字确认，原告未提交证据证实该二人愿意继续承担还款责任，原告对此应承担举证不利的后果。据此，被告陈某甲、陈某乙在本案中不承担任何责任。

【类案总结】

《中华人民共和国民法典》实施后，相较之前，关于合同保证方式没有约定或约定不明时的裁判规则发生了变化。借贷合同中涉及保证人的情形时需注意：法律上保证的方式分为一般保证和连带责任保证。当保证责任约定不明确的，应视为一般保证，保证期间为主债务履行届满期限之日起六个月。一般保证的债权人未在保证期间内对债务人提起诉讼或者申请仲裁的，保证人不再承担保证责任。因此我们在债务履行期内应积极地请求借款人偿还债务，也应当注意保证人的保证期间，以免利益受到损害。

第二节　金融借款纠纷

案例二十一

南华某某银行有限责任公司与张某某、李某某、何某某、赵某等金融借款合同纠纷案

【案例导读】

依法成立的合同，对当事人具有法律约束力，当事人应当按照约定履行自己的义务。依法成立的合同，受法律保护。若一方当事人不履行相应的义务或者履行义务不符合合同的约定，则该行为构成违约行为，另一方当事人可以起诉违

约方并请求其承担相应的违约责任。

【案件基本信息和事实梳理】

2018年4月20日,原告南华某某银行有限责任公司与被告张某某、李某某签订了《个人借款合同》。同日,被告何某某、赵某与原告南华某某银行有限责任公司订立了《保证合同》,为上述《个人借款合同》提供担保。合同订立之后,原告按照合同约定发放贷款,而被告张某某、李某某没有按约定及时、足额向原告偿还贷款本金及利息。因此,原告向法院提起诉讼。

法院查明事实如下:

被告张某某、李某某夫妻于2018年4月1日以生产经营需要资金为由向原告申请贷款25万元,签署并提交了贷款申请表等文件资料。2018年4月20日,被告张某某、李某某与原告签订《个人借款合同》,合同约定如下:被告张某某和李某某向原告申请贷款,贷款金额为25万元,贷款期限为2018年4月20日至2021年3月20日,月利率为9‰,还款方式为分期归还本金、等额本息。《个人借款合同》还约定,若被告张某某、李某某没能按照合同约定的期限归还贷款,罚息将在实际贷款利率上加收30%。如果借款人连续三个还款期或累计六个月没有按时偿还贷款本息,则视为借款人违约。发生违约的情形,贷款人有权宣布该合同或当事人之间尚未偿还的贷款部分或全部立即到期,贷款人有权提前收回贷款,解除或者终止该合同;借款人还应当赔偿贷款本金、利息、罚息及诉讼费、律师费等因其违约给贷款人造成的实现债权的费用。被告何某某、赵某夫妻自愿为该笔借款提供连带责任保证,并与原告南华某某银行有限责任公司订立了《保证合同》,保证期间为主合同约定的债务人履行期限届满之日起两年;担保的范围包括债务人和债权人之间签订的主合同的债务本金、利息、逾期利息、罚息、复利、手续费、违约金、损害赔偿金、实现债权的费用。其中,实现债权的费用包括但不限于诉讼费、执行费、保全费、鉴定费、律师代理费、差旅费。在签订《个人借款合同》和《保证合同》之后,原告按照合同约定于2018年4月20日将25万元贷款转入被告张某某的账户内。原告依约发放贷款后,被告张某某、李某某没有按照合同约定向原告及时、足额履行还款义务,并且被告已经连续超过三个还款期没有及时、足额偿还贷款本金及利息;被告何某某、赵某也没有按照《保证合同》的约定为张某某、李某某的债务承担连带保证责任。

截至2020年4月30日,被告未归还给原告贷款本金人民币138 328.65元,利息 8 750.71 元,复利 27.48 元,罚息 196.56 元,本息合计 147 303.40 元。

【诉讼请求和争议焦点】

(一)原告南华某某银行有限责任公司的诉讼请求

1. 判令被告张某某、李某某一次性偿还贷款本金 138 328.65 元及暂计算至 2020 年 4 月 30 日的利息 8 750.71 元,复利 27.48 元,罚息 196.56 元,合计 147 303.40 元。

2. 判令被告张某某、李某某一次性支付按月利息 9‰,计算自 2020 年 5 月 1 日起直至本金还清之日止的利息及按实际贷款利率上加收 30% 计算的罚息,利随本清。

3. 判令被告张某某、李某某向原告支付本案律师代理费 2 500 元。以上暂合计 149 803.40 元。

4. 判令被告何某某、赵某对上述款项承担连带偿还责任。

5. 判令被告张某某、李某某、何某某、赵某承担本案的诉讼费用。

(二)本案的争议焦点

1. 被告张某某、李某某是否应当承担还款义务?

2. 被告何某某、赵某是否需要承担连带偿还责任?

【裁判结果】

被告张某某、李某某应向原告归还贷款的本金、利息、复利、罚息,并且由被告向原告支付本案的律师代理费。被告何某某、赵某对上述款项承担连带偿还责任。本案的案件受理费由被告负担。

【相关法律规定】

《中华人民共和国民法典》第四百六十五条:依法成立的合同,受法律保护。依法成立的合同,仅对当事人具有法律约束力,但是法律另有规定的除外。

《中华人民共和国民法典》第五百零九条:当事人应当按照约定全面履行自己的义务。

《中华人民共和国民法典》第六百六十七条:借款合同是借款人向贷款人借款,到期返还借款并支付利息的合同。

《中华人民共和国民法典》第六百七十六条:借款人未按照约定的期限返还借款的,应当按照约定或者国家有关规定支付逾期利息。

《中华人民共和国民法典》第三百八十九条：担保物权的担保范围包括主债权及其利息、违约金、损害赔偿金、保管担保财产和实现担保物权的费用。当事人另有约定的，按照其约定。

【案件分析】

合同具有相对性，当事人之间依法成立的合同，对当事人具有法律约束力；当事人应当依约履行自己的义务，不可以擅自变更或者解除合同。如果一方当事人不履行合同义务或履行合同义务不符合约定的，应当承担继续履行、采取补救措施或者赔偿损失等违约责任。本案中，被告张某某、李某某夫妻共同向原告南华某某银行有限责任公司申请贷款，被告何某某、赵某为该笔借款提供了连带责任保证，且借款方、贷款方、担保方对相关事项进行了约定，并依约定订立了书面合同。由于当事人之间签订的借款合同和担保合同并不具有违法事由，两个合同都是合法有效的，因此各方当事人都应当依约履行相应的合同义务。但是被告张某某、李某某在获得原告发放的贷款之后没有按照合同的约定履行自己偿还本息的义务，被告何某某、赵某也没有依约履行自己的担保义务，故被告张某某、李某某、何某某、赵某都构成违约。

因此，原告南华某某银行有限责任公司要求被告张某某、李某某偿还贷款的本金和利息，要求被告何某某、赵某承担连带保证责任，符合法律的规定。

【类案总结】

借款合同是借款人和贷款人之间签订的合同，借款合同成立生效后，双方当事人均应当依照合同的约定履行相应的义务，即一方当事人应当依约承担提供借款的义务，另一方当事人应当依约承担还款的义务。如果一方当事人不履行相应的义务或者履行义务不符合合同的约定，则该行为构成违约行为，另一方当事人可以起诉违约方并请求其承担相应的违约责任。

保证合同是为了保障债权的实现，保证人和债权人之间签订的合同。保证合同成立生效后，保证人需要按照保证合同的约定承担相应的保证责任。保证分为一般保证和连带责任保证。若当事人在合同保证中对保证方式没有约定或约定不明确的，保证人按一般保证承担保证责任。一般保证的保证人享有先诉抗辩权(也称为检索抗辩权或先索抗辩权，是担保法中的一项重要权利，主要适用于一般保证中。其核心含义在于，当主债权人要求保证人承担保证责任时，保证人有权要求主债权人先就债务人的财产进行强制执行)。除此之外,若债权人没有在保证期间要求保证人承担保证责任,保证人不再承担保证责任。如果保证人不依约履行保证责任,则该行为构成违约行为,债权人可以起诉保证人并请求其承担相应的违约责任。

案例二十二

云南 A 农村商业银行股份有限公司诉南华县 B 购物中心有限责任公司、彭某某、夏某某、曾某某、周某某、周某、杨某某、唐某某、贾某某、欧阳某某金融借款合同纠纷案

【案例导读】

第三人单方以书面形式向债权人出具担保书,债权人接受且未提出异议的,保证合同成立。当事人在保证合同中约定保证人与债务人对债务承担连带责任的,为连带责任保证。连带责任保证的债务人在主合同规定的债务履行期届满没有履行债务的,债权人可以要求债务人履行债务,也可以要求保证人在其保证范围内承担保证责任。

【案件基本信息和事实梳理】

2018 年 2 月 10 日,原告云南 A 农村商业银行股份有限公司(简称 A 农商行)与被告南华县 B 购物中心有限责任公司(简称南华 B 公司)签订了《流动资金借款合同》。借款合同约定"借款金额为人民币 20 000 000 元"。为保证债权的实现,被告南华 B 公司将位于南华县且登记在公司名下的××房地产为该笔借款提供抵押担保。2018 年 1 月 24 日,被告彭某某、夏某某、曾某某、周某某、周某、杨某某、唐某某、贾某某、欧阳某某向原告 A 农商行出具《南华县 B 购物中心有限责任公司股东同意承担连带还款责任保证书》。后被告南华 B 公司没有按分期还款计划归还借款本金,故原告 A 农商行提起诉讼。

法院查明事实如下:

2018 年 1 月 24 日,被告彭某某、夏某某、曾某某、周某某、周某、杨某某、唐某某、贾某某、欧阳某某向原告 A 农商行出具《南华县 B 购物中心有限责任公司

股东同意承担连带还款责任保证书》,承诺"同意承担借款人南华B公司向A农商行申请授信流动资金贷款20 000 000元的连带还款责任保证……如南华B公司不按合同约定归还借款本息时,我愿意承担无限连带责任,用我合法拥有并可以处置变现的一切财产归还借款本息,直至该笔贷款本金及利息清偿完毕为止"。2018年2月10日,被告南华B公司与原告A农商行签订《流动资金借款合同》。该合同约定"借款金额为人民币20 000 000元,借款期限为36个月,自2018年2月10日起至2021年2月10日止,以实际借款凭证记载的借款期限、利率、用途为准,单笔借款的最终到期期限不得超过合同规定的贷款期限届满日,借款凭证作为借款合同不可分割的一部分,与借款合同具有同等的法律效力。借款利率根据基准利率加浮动幅度确定,其中基准利率为合同生效日与约定的借款期限相对应档次的中国人民银行基准贷款利率,浮动幅度为上浮70%,并按年进行调整;结息方式为按月结算利息,付息日为每月20日,超过借款期限,利随本清,分次还本。在本合同项下义务未完全履行完毕前,借款人承诺承担贷款人为实现债权和相关从权利而产生的费用。关于违约责任的约定,若借款人未按照合同的约定偿还借款本息,则借款人的行为构成违约,贷款人有权宣布部分或全部贷款立即到期,立即收回未偿还的借款;借款到期(包括被宣布立即到期)借款人没有按照合同约定偿还本息的,贷款人有权对逾期借款自逾期之日起收取合同利率加收50%利率的罚息,并对未支付的利息依据合同利率加收50%的利率收取复利"。为担保债权的履行,被告南华B公司将登记在公司名下的位于南华县的××的房地产为该笔借款提供抵押担保。2018年2月10日,被告南华B公司与原告A农商行签订《抵押合同》,抵押合同约定"被担保的主债权为原告A农商行依据其与被告南华B公司签订的借款合同而享有的对债务人的债权;抵押担保范围包括:主债权本金、利息、逾期利息、罚息、复利、违约金、损害赔偿金、贷款人为实现债权和相关从权利而发生的费用;主债权期限届满(包括按约定被宣布提前到期),债务人没有依约清偿债务,债权人有权实现或提前实现抵押权"。抵押合同签订后,原告A农商行办理了抵押登记。2018年2月11日,原告A农商行向被告南华B公司发放借款20 000 000元,借款借据载明"借款年利率为8.075%,计息方式为按月计息,还款方式为分期还款,借款到期日为2021年2月10日"。被告南华B公司自2019年8月起未按《流动资金借款合同》约定的分期还款计划归还本金。现被告南华B公司的利息已支付至2019年11月20日止。

【诉讼请求和争议焦点】

（一）原告 A 农商行的诉讼请求

1. 由被告南华 B 公司偿还原告 A 农商行借款本金 19 500 000 元，并按《流动资金借款合同》约定的利率标准支付自 2019 年 11 月 21 日至借款本息还清之日期间的借款利息、罚息、复利。

2. 由被告南华 B 公司在其提供的抵押房地产价值范围内承担担保责任，原告 A 农商行对被告南华 B 公司所有的位于南华县的××房地产折价或拍卖、变卖所得价款享有优先受偿权。

3. 由被告彭某某、夏某某、曾某某、周某某、周某、杨某某、唐某某、贾某某、欧阳某某对南华 B 公司的借款本金、借款利息、罚息、复利以及原告 A 农商行实现债权的费用承担连带保证责任。

4. 由被告南华 B 公司、彭某某、夏某某、曾某某、周某某、周某、杨某某、唐某某、贾某某、欧阳某某承担本案的诉讼费用。

（二）本案的争议焦点

1. 被告彭某某、夏某某、曾某某、周某某、周某、杨某某、唐某某、贾某某、欧阳某某对被告南华 B 公司尚欠的借款本息是否应该承担连带清偿责任？

2. 本案的案件受理费应该由谁来承担？

【裁判结果】

1. 由被告南华 B 公司偿还原告 A 农商行借款本金 19 500 000 元，且根据全国银行间同业拆借中心公布的贷款市场报价利率按《流动资金借款合同》约定的利率计算方式确定的利率标准支付自 2019 年 11 月 21 日起直至借款本息全部还清之日止的借款利息、罚息、复利。

2. 由被告南华 B 公司在其提供的抵押房地产价值范围内承担抵押担保责任，原告 A 农商行对登记在被告南华 B 公司名下的位于南华县的××房地产折价或拍卖、变卖后的所得价款享有优先受偿权。

3. 如抵押物折价、拍卖、变卖后仍然不能完全清偿被告 B 公司欠原告 A 农商行的借款本息，则由被告彭某某、夏某某、曾某某、周某某、周某、杨某某、唐某某、贾某某、欧阳某某对不能清偿的部分承担连带清偿责任；被告彭某某、夏某某、曾某某、周某某、周某、杨某某、唐某某、贾某某、欧阳某某承担连带保证责任后有权向被告南华 B 公司追偿。

【相关法律规定】

《中华人民共和国民法典》第六百七十四条：借款人应当按照约定的期限支付利息。对支付利息的期限没有约定或者约定不明确，依据本法第五百一十条的规定仍不能确定，借款期间不满一年的，应当在返还借款时一并支付；借款期间一年以上的，应当在每届满一年时支付，剩余期间不满一年的，应当在返还借款时一并支付。

《中华人民共和国民法典》第六百七十五条：借款人应当按照约定的期限返还借款。对借款期限没有约定或者约定不明确，依据本法第五百一十条的规定仍不能确定的，借款人可以随时返还；贷款人可以催告借款人在合理期限内返还。

《中华人民共和国民法典》第六百七十六条：借款人未按照约定的期限返还借款的，应当按照约定或者国家有关规定支付逾期利息。

《中华人民共和国民法典》第三百九十二条：被担保的债权既有物的担保又有人的担保的，债务人不履行到期债务或者发生当事人约定的实现担保物权的情形，债权人应当按照约定实现债权；没有约定或者约定不明确，债务人自己提供物的担保的，债权人应当先就该物的担保实现债权；第三人提供物的担保的，债权人可以就物的担保实现债权，也可以请求保证人承担保证责任。提供担保的第三人承担担保责任后，有权向债务人追偿。

《中华人民共和国民法典》第三百九十四条：为担保债务的履行，债务人或者第三人不转移财产的占有，将该财产抵押给债权人的，债务人不履行到期债务或者发生当事人约定的实现抵押权的情形，债权人有权就该财产优先受偿。

《中华人民共和国民法典》第六百八十八条：当事人在保证合同中约定保证人和债务人对债务承担连带责任的，为连带责任保证。

连带责任保证的债务人不履行到期债务或者发生当事人约定的情形时，债权人可以请求债务人履行债务，也可以请求保证人在其保证范围内承担保证责任。

《中华人民共和国民法典》第六百八十五条：保证合同可以是单独订立的书面合同，也可以是主债权债务合同中的保证条款。第三人单方以书面形式向债权人做出保证，债权人接收且未提出异议的，保证合同成立。

第三人单方以书面形式向债权人作出保证,债权人接收且未提出异议的,保证合同成立。

【案件分析】

1. 本案中,被告彭某某、夏某某、曾某某、周某某、周某、杨某某、唐某某、贾某某、欧阳某某曾于2018年1月24日自愿分别向原告A农商行出具了《南华县B购物中心有限责任公司股东同意承担连带还款责任保证书》,原告接受且没有提出异议,根据《民法典》第六百八十五条第二款"第三人单方以书面形式向债权人出具担保书,债权人接受且未提出异议的,保证合同成立"的规定,被告彭某某、夏某某、曾某某、周某某、周某、杨某某、唐某某、贾某某、欧阳某某与原告A农商行之间的保证合同成立,应当对被告南华B公司尚欠原告A农商行的借款本息承担保证责任。被告南华B公司没有在《流动资金借款合同》约定的期限内偿还原告A农商行的借款本金,因此被告彭某某、夏某某、曾某某、周某某、周某、杨某某、唐某某、贾某某、欧阳某某应根据《南华县B购物中心有限责任公司股东同意承担连带还款责任保证书》的约定对南华B公司尚欠原告A农商行的借款本息承担连带清偿责任,即原告A农商行既可以要求被告南华B公司还款,也可以要求被告彭某某、夏某某、曾某某、周某某、周某、杨某某、唐某某、贾某某、欧阳某某还款。被告彭某某、夏某某、曾某某、周某某、周某、杨某某、唐某某、贾某某、欧阳某某所称的"南华B公司是股份有限公司,股东不应该承担连带担保责任"的抗辩是不成立的。

又根据《中华人民共和国民法典》第三百九十二条"被担保的债权既有物的担保又有人的担保的,债务人不履行到期债务或者发生当事人约定的实现担保物权的情形,债权人应当按照约定实现债权;没有约定或者约定不明确,债务人自己提供物的担保的,债权人应当先就该物的担保实现债权……"的规定,由于原告A农商行与被告彭某某、夏某某、曾某某、周某某、周某、杨某某、唐某某、贾某某、欧阳某某之间没有约定清偿债务的先后顺序,并且债务人被告南华B公司自己提供了物的担保(即抵押的房产),所以原告A农商行应当先就抵押物的担保实现债权,即对抵押物折价、拍卖、变卖后的价款享有优先受偿权。如果抵押物折价、拍卖、变卖的价款仍然无法清偿全部债务,那么对于不能得到清偿的部分应当由被告彭某某、夏某某、曾某某、周某某、周某、杨某某、唐某某、贾某某、欧阳某某承担连带清偿责任。

2. 案件的受理费 140 225 元应当由被告南华 B 公司承担。因为根据双方当事人南华 B 公司和 A 农商行在《流动资金借款合同》中的约定,"在本合同项下义务未完全履行完毕前,借款人承诺负担贷款人为实现债权和相关从权利而产生的费用",而本案的情况属于被告南华 B 公司没有按照《流动资金借款合同》的约定向原告 A 农商行偿还借款,因此,根据意思自治原则,被告南华 B 公司应承担原告 A 农商行为实现债权而发生的费用,即本案的案件受理费 140 225 元应该由被告南华 B 公司来承担。

【类案总结】

第一,第三人单方以书面形式向债权人出具担保书,债权人接受并且没有提出异议的,保证合同成立,第三人就应当对债务承担担保责任。在《中华人民共和国民法典》颁布实施以前,若第三人与债权人之间明确约定了保证方式,则按照约定,若当事人对于保证方式没有约定或者约定不明确,则第三人承担连带责任保证责任。但是在《中华人民共和国民法典》实施之后,即 2021 年 1 月 1 日以后,若第三人与债权人之间没有约定或没有明确约定保证方式,则第三人按照一般保证承担保证责任,即只有债务人不能履行债务时,才由保证人承担保证责任。请务必分清两者区别。

第二,被担保的债权既有物的担保又有人的担保的,债务人不履行到期债务或者发生当事人约定的实现担保物权的情形,债权人应当按照约定实现债权;没有约定或者约定不明确,债务人自己提供物的担保的,债权人应当先就该物的担保实现债权。第三人提供物的担保的,债权人可以就物的担保实现债权,也可以要求保证人承担保证责任。提供担保的第三人承担担保责任后,有权向债务人追偿。

第三,贷款人为实现债权和相关从权利而发生的费用包括当事人起诉后的案件受理费,根据意思自治原则,当事人可以提前在合同中约定由哪一方当事人承担实现债权的费用。

第五章

劳动争议纠纷

第一节 追索劳动报酬纠纷

案例二十三

原告罗某甲诉被告罗某乙追索劳动报酬纠纷案

【案例导读】

追索劳动报酬以双方形成劳动关系为前提。劳动关系的认定以书面劳动合同为准,但法律也承认事实上的劳动关系。本案系劳动关系双方在原协议之外约定了附条件的超额报酬,在条件达成时,用人单位应当支付额外劳动报酬。

【案件基本信息和事实梳理】

2019年罗某乙承包建设施工L市Y县自筹农网改造工程,其与罗某甲商定,以每公里38 000元承包给罗某甲负责组织施工。其间对罗某甲及其共同施工工人进行管理,并发放施工证。该工程设计公里数3.77公里,实际验收公里数3.5公里,项目部考虑到施工困难,以设计数3.77公里结算施工费用143 260元,罗某乙项目部为罗某甲支付工人工资合计162 034元。

2020年3月9日,罗某乙同罗某甲及与罗某甲共同施工的工人周某某在L市协商,由于罗某甲工程超支,项目部本着人道考虑再支付给罗某甲劳动报酬20 000元,并约定其中4 000元属于罗某甲,16 000元属于周某某,此次支付后项目部及罗某乙不再与罗某甲有任何债务关系。但是,考虑到罗某甲在当地拖欠工人工资是未知数,决定暂不支付给罗某甲,待罗某甲将拖欠的工人工资结算清楚后,再进行支付,时间定于 2020 年 5 月 10 日前解决,若罗某甲 5 月 10 日前不进行解决,项目部将扣回 20 000 元。现付款期限届满,罗某甲已按时支付其余拖欠劳务费,但是罗某乙拒不按承诺履行付款义务。

2020 年 7 月 1 日罗某甲向法院提起诉讼。

【诉讼请求和争议焦点】

(一)原告罗某甲诉讼请求

1. 请求法院判令被告支付原告劳动报酬 20 000 元及支付原告催要劳动报酬支出的必要费用 3 000 元,合计 23 000 元。

2. 判令被告支付原告为本案诉讼支出的油费 924 元、过路费 424 元、住宿费 500 元、餐费 730 元,合计 2 578 元。

3. 本案诉讼费由被告承担。

(二)被告罗某乙辩称

1. 其与罗某甲并不存在劳动关系,不应承担 20 000 元额外劳动报酬。

2. 即便存在劳动关系,现仍有一些工人的劳务费未支付:

(1) 欠装载机机主 2 400 元。

(2) 欠修门的工人工资 560 元(沙钱、水泥钱)。

(3) 欠他人的运输费,因未与原告算清楚,所以金额不确定。

3. 20 000 元中原告罗某甲只占 4 000 元,其余 16 000 元是周某某的,被告无需向罗某甲支付。

【相关法律规定】

《中华人民共和国民法典》第一百一十八条:民事主体依法享有债权。

债权是因合同、侵权行为、无因管理、不当得利以及法律的其他规定,权利人请求特定义务人为或者不为一定行为的权利。

《中华人民共和国民法典》第一百七十六条:民事主体依照法律规定或者按照当事人约定,履行民事义务,承担民事责任。

《中华人民共和国民法典》第一百五十八条:民事法律行为可以附条件,但是根据其性质不得附条件的除外。附生效条件的民事法律行为,自条件成就时生效。附解除条件的民事法律行为,自条件成就时失效。

《中华人民共和国劳动合同法》第七条:用人单位自用工之日起即与劳动者

建立劳动关系。用人单位应当建立职工名册备查。

《关于贯彻执行〈中华人民共和国劳动法〉若干问题的意见》：2.中国境内的企业、个体经济组织与劳动者之间，只要形成劳动关系，即劳动者事实上已成为企业、个体经济组织的成员，并为其提供有偿劳动，适用劳动法。

【案件分析】

2019年被告罗某乙承建L市Y县自筹农网改造工程后，其将该工程发包给原告罗某甲负责组织施工，虽然发包行为本身并不形成劳动关系，但依据发包人向承包人支付劳动报酬、发放工作证、组织施工等事实，发包人和承包人之间形成了事实上的劳动关系。因此，对于被告罗某乙认为双方不存在劳动关系的辩解并不成立。

工程结束验收后，考虑到罗某甲工程款超支，被告罗某乙同意额外支付罗某甲和周某某共计20 000元劳动报酬，前提是罗某甲按期支付拖欠工资，双方形成了书面约定。由于这一约定并不存在无效或可撤销的情形，且罗某甲按期支付了拖欠工资，完成了合同义务，故被告罗某乙应按约定履行给付义务。因此，对于被告罗某乙以原告罗某甲未结清工程在施工中的工人工资为由不同意给付该20 000元的主张，理由不充分，依法不应支持。

至于原告罗某甲要求被告罗某乙给付20 000元劳动报酬的主张，因20 000元劳动报酬中有16 000元属周某某，而周某某并未参与诉讼，故依法不应支持。属原告罗某甲份额的4 000元的部分，依法予以支持。

【类案总结】

追索劳务报酬的前提是存在劳务关系，根据《中华人民共和国劳动合同法》第十条之规定，存在劳动关系的最佳证据是书面劳务合同。但是，书面合同并非证明劳动关系的唯一证据。劳动和社会保障部《关于确立劳动关系有关事项的通知》第二条规定，认定双方存在劳动关系时，可以参照用人单位发放的工作证、服务证等能够证明身份的证件。

在工程发包问题的处理中，发包行为本身并不排斥劳动关系的存在。双方是否存在劳动关系仍应根据具体情况具体判断。在认定存在劳动关系的情况下，应当按照《中华人民共和国劳动法》《中华人民共和国劳动合同法》及有关规定处理。

第二节　请求经济补偿纠纷

案例二十四

请求经济补偿金：楚雄××保安服务有限公司与杨某劳动争议案

【案例导读】

用人单位为劳动者全面缴纳社会保险是法定义务，如果用人单位未依法为劳动者缴纳社会保险，劳动者可以解除劳动合同，并要求单位支付经济补偿金

【案件基本信息和事实梳理】

被告杨某于2015年××月××日自愿到原告楚雄××保安服务有限公司工作，双方订立了《云南省劳动合同书》，合同约定该公司将杨某安排至南华县××信用社从事大堂保安工作，每月工资不低于1 070元、不低于楚雄州南华县最低工资标准，实际上杨某的基本工资每月均为2 000元，考核、绩效工资另发。该份合同到期后，原告楚雄××保安服务有限公司与杨某又续签了合同，合同中明确约定原告为杨某缴纳各种社会保险，属于杨某个人缴纳的部分，由原告从被告杨某工资中代扣代缴。但在合同履行过程中，原告从未为被告缴纳社会保险，也未对被告应承担的部分进行代扣代缴。2021年××月××日，双方续签的合同到期后，杨某向原告楚雄××保安服务有限公司递交了辞职申请，未再到原告公司上班。同日，被告杨某以原告未缴纳社会保险费、违反法律的规定为由，向南华县劳动争议仲裁委员会申请仲裁，要求公司向自己支付经济补偿金和社会保险费，南华县劳动争议仲裁委员会支持了被告杨某的部分请求。原告对南华县劳动争议仲裁委员会的仲裁裁决书不服，向法院起诉。

【诉讼请求和争议焦点】

（一）原告楚雄××保安服务有限公司的诉讼请求

1. 判令原告无需向被告支付经济补偿金12 000元（2 000元×6个月）。

2. 本案诉讼费用由被告承担。

(二)本案的争议焦点

原告楚雄××保安服务有限公司是否应给予被告杨某经济补偿？如果应给予补偿，如何计算补偿数额？

【裁判结果】

原告楚雄××保安服务有限公司于判决生效之日起 30 日内支付被告杨某经济补偿金人民币 12 000 元。如果未按本判决指定的期间履行给付金钱义务，应当依照《中华人民共和国民事诉讼法》第二百六十四条之规定，加倍支付迟延履行期间的债务利息。案件受理费 10 元，由原告负担。

【相关法律规定】

《中华人民共和国劳动合同法》第三十八条：用人单位有下列情形之一的，劳动者可以解除劳动合同：

(一)未按照劳动合同约定提供劳动保护或者劳动条件的。

(二)未及时足额支付劳动报酬的。

(三)未依法为劳动者缴纳社会保险费的。

(四)用人单位的规章制度违反法律、法规的规定，损害劳动者权益的。

(五)因本法第二十六条第一款规定的情形致使劳动合同无效的。

(六)法律、行政法规规定劳动者可以解除劳动合同的其他情形。

《中华人民共和国劳动合同法》第四十六条：有下列情形之一的，用人单位应当向劳动者支付经济补偿：

(一)劳动者依照本法第三十八条规定解除劳动合同的。

(二)用人单位依照本法第三十六条规定向劳动者提出解除劳动合同并与劳动者协商一致解除劳动合同的。

(三)用人单位依照本法第四十条规定解除劳动合同的。

(四)用人单位依照本法第四十一条第一款规定解除劳动合同的。

(五)除用人单位维持或者提高劳动合同约定条件续订劳动合同，劳动者不同意续订的情形外，依照本法第四十四条第一项规定终止固定期限劳动合同的。

(六)依照本法第四十四条第四项、第五项规定终止劳动合同的。

(七)法律、行政法规规定的其他情形。

《中华人民共和国劳动合同法》第四十七条：经济补偿按劳动者在本单位工作的年限，每满一年支付一个月工资的标准向劳动者支付。六个月以上不满一年的，按一年计算；不满六个月的，向劳动者支付半个月工资的经济补偿。

劳动者月工资高于用人单位所在直辖市、设区的市级人民政府公布的本地区上年度职工月平均工资三倍的，向其支付经济补偿的标准按职工月平均工资三倍的数额支付，向其支付经济补偿的年限最高不超过十二年。

本条所称月工资是指劳动者在劳动合同解除或者终止前十二个月的平均工资。

【案件分析】

根据《中华人民共和国劳动合同法》相关规定，用人单位为劳动者全面缴纳社会保险是法定义务，体现了法律对劳动者合法权益的全面保障。如果用人单位未依法为劳动者缴纳社会保险，劳动者可以解除劳动合同，并要求单位支付经济补偿金。并且原被告双方订立的《云南省劳动合同书》均约定原告为杨某缴纳各种社会保险。本案中，被告自 2015 年××月××日至 2021 年××月××日在原告处工作期间，原告从未为被告缴纳社会保险，也未对被告应承担的部分进行代扣代缴，故原告应依法向被告支付经济补偿金。根据《中华人民共和国劳动合同法》第四十七条，原告经济补偿金的标准为每工作满一年计一个月工资，即 6 年×2 000 元/年，共计 12 000 元。

【类案总结】

在法律上，用人单位必须为员工缴纳养老、工伤、生育、失业、医疗五种保险，这五种保险是强制缴纳的。这五种保险也涵盖了劳动者最重要的五大需求，分别是养老的问题、工伤的问题、生孩子的问题、保障就业的问题、医疗的问题，这五大问题解决了，劳动者的基本生活就能得到保障。可以说，社会保险具有重要的社会功能，对稳定社会秩序、实现社会公平和保证劳动力再生产都有着重大的现实意义。此外，劳动关系中，用人单位处于优势地位，对劳动者有一定程度上的支配力，用人单位很可能会利用自己的优势地位采取各种办法规避自身风险，减少用人成本，所以必须对用人单位的行为进行法律规制，以维护相对弱势的劳动者的基本权益。用人单位未依法为劳动者缴纳社会保险费的，直接损害到劳动者的社会保险和福利待遇，因此，劳动者可以解除劳动合同，并且可以要求单位支付经济补偿金。

同时,依法缴纳社会保险费既是用人单位和劳动者的法定义务,也是劳动者的权利,当事人可以对其权利进行处分或者放弃。劳动者出于自身情况考虑,也可以要求不购买社会保险,这样相应地就失去了经济补偿金请求权。

案例二十五

请求失业保险金:高某诉云南××酒业集团楚雄有限公司劳动争议纠纷案

【案例导读】

劳动者失业后,依法享受社会保险待遇。劳动者享受社会保险待遇的条件和标准由劳动法等法律、法规规定。

【案件基本信息和事实梳理】

2003年11月××日,原告高某进入被告云南××酒业集团楚雄有限公司工作,双方签订了劳动合同,合同约定被告公司为原告高某缴纳劳动保险。合同签订后,被告按合同约定为原告缴纳了2003年11月××日至2012年11月××日的失业保险费(包括代扣代缴原告应承担的部分)。但近年来,被告公司资金周转困难,所以经常停业,长期拖欠原告工资。自2012年12月起被告公司就一直欠缴公司方应承担的失业保险费,对于原告高某应承担的部分,被告已从原告的工资中代扣,但未向社保部门缴纳。2016年12月××日,原、被告协商解除劳动合同,被告公司于同日出具解除劳动合同关系证明。由于被告公司自2012年12月起一直欠缴失业保险费,导致原告失业后不能领取失业保险金,遂诉至法院。

【诉讼请求和争议焦点】

(一)原告高某的诉讼请求

1. 请求判令被告赔偿失业保险金15 598元。

2. 本案诉讼费用由被告承担。

（二）本案的争议焦点

被告是否应给予原告失业保险金？如果应给予，如何计算数额？

【裁判结果】

被告云南××酒业集团楚雄有限公司于判决生效后 10 日内赔偿原告高某经济损失 15 598 元。如果负有履行义务的当事人未按本判决指定的期间履行给付金钱义务，应当依照《中华人民共和国民事诉讼法》第二百六十四条的规定，加倍支付迟延履行期间的债务利息。案件受理费 10 元由被告云南××酒业集团楚雄有限公司承担。

【相关法律规定】

《中华人民共和国劳动法》第七十三条：劳动者在下列情形下，依法享受社会保险待遇：

（一）退休。

（二）患病、负伤。

（三）因工伤残或者患职业病。

（四）失业。

（五）生育。

劳动者死亡后，其遗属依法享受遗属津贴。

劳动者享受社会保险待遇的条件和标准由法律、法规规定。

劳动者享受的社会保险金必须按时足额支付。

《云南省失业保险条例》第二十条：领取失业保险金的期限，依据失业人员失业前累计足额缴费时间计算。累计足额缴费时间满 1 年的，领取 2 个月的失业保险金；满 2 年的，领取 4 个月的失业保险金；满 3 年的，领取 7 个月的失业保险金；满 4 年的，领取 10 个月的失业保险金；满 5 年的，领取 13 个月的失业保险金；满 6 年的，领取 15 个月的失业保险金；以后每满 1 年的，增加领取 1 个月的失业保险金，但领取期限最长不得超过 24 个月。

【案件分析】

《中华人民共和国劳动法》第七十三条第一款规定：劳动者失业后，依法享受社会保险待遇。本案中，原告已参加失业保险，有权在其失业后依法享受失业保险待遇。但由于2012年12月起被告公司就一直欠缴公司方应承担的失业保险费,致使原告失业后不能享受相应的社会保险待遇,被告的行为已损害了原告的合法权益。因此,原告要求被告赔偿造成的相应损失,符合相关法律规定,应当予以支持。根据《云南省失业保险条例》第二十条,原告累计工作时间13年,可领取失业保险金22个月。按照2017年楚雄州失业保险金发放标准,每个月709元,22个月×709元/月,失业保险金合计为15 598元。

【类案总结】

失业保险金是为保障失业人员的基本生活需要而产生的,由失业保险经办机构依法支付给符合条件的失业人员一些基本生活费用,作为对失业人员在失业期间失去工资收入的一种临时补偿。

根据相关法律规定,失业人员符合下列条件的,从失业保险基金中领取失业保险金:(一)按照规定参加失业保险,失业前用人单位和本人已经缴纳失业保险费满一年的。(二)非因本人意愿中断就业的。(三)已经进行失业登记,并有求职要求的。失业保险金领取前提是用人单位及劳动者缴纳失业保险满一年期限,而是否可以申领失业保险金最重要的条件之一就是,非因本人意愿中断就业。那么如何理解非因本人意愿中断就业呢?

根据《中华人民共和国劳动合同法》规定,首先是劳动合同的法定终止的情况,主要包括劳动合同期满、用人单位被依法宣告破产以及用人单位被吊销营业执照、责令关闭、撤销或者用人单位决定提前解散等情形。其次是用人单位解除劳动合同的情况,主要包括用人单位依照《中华人民共和国劳动合同法》第三十九条、第四十条、第四十一条规定解除劳动合同的,即用人单位过失性辞退、无过失性辞退、经济性裁员、经用人单位提出并与劳动者协商一致解除劳动合同以及由用人单位提出解除聘用合同或者被用人单位辞退、除名、开除。最后,因用人单位存在过错,劳动者可以单方解除劳动合同的情况。如未按照劳动合同约定提供劳动保护或者劳动条件的;未及时足额支付劳动报酬的;未依法为劳动者缴纳社会保险费的;用人单位的规章制度违反法律、法规的规定,损害劳动者权益的;等等。如果符合以上情形解除劳动关系的,一般认定属于"非本人意愿中断就业",由单位出具解除劳动关系的证明,并为员工办理失业保险金申领手续,劳动者即可依规定领取失业金。故劳动者主动辞职是否可以申领失业保险金,主要参考依据为单位是否存在过错,或者劳动者是否因本人意愿中断就业,也就是上述第三种情况,如果是因为用人单位存在过错,导致劳动者不得不提出解除劳动合同的,属于劳动者被迫解除劳动合同,即非因本人意愿中断就业,符合申领失业保险金的情况。但如果公司没有违反劳动法规的情形,完全是劳动者出于本人主观意愿辞职或者跳槽的,即本人自愿主动辞职的,不符合"非因本人意愿中断就业"的条件,是不能申领失业保险金的。

根据《社会保险法》第四十六条、《失业保险条例》第十七条相关规定,失业人员失业前所在单位和本人按照规定累计缴费时间满1年不足5年的,领取失业保险金的期限最长为12个月;累计缴费时间满5年不足10年的,领取失业保险金的期限最长为18个月;累计缴费时间10年以上的,领取失业保险金的期限最长为24个月。重新就业后,再次失业的,缴费时间重新计算,领取失业保险金的期限可以与前次失业应领取而尚未领取的失业保险金的期限合并计算,但是最长不得超过24个月。失业保险金的标准,按照低于当地最低工资标准、高于城市居民最低生活保障标准的水平,由省、自治区、直辖市人民政府确定。

随着信息网络的发展,失业保险金的申请越来越方便。符合申领条件的公民,手机实名登录国家社会保险公共服务平台上的全国统一入口申领,网址是si.12333.gov.cn,或者通过电子社保卡、掌上12333等人力资源社会保障部官方渠道申领,也可以到各地人力资源社会保障部门的网站、公众号申领。填写基本信息和材料证明后,即可在线提交领取失业保险金的申请。审核通过后,由经办机构直接发放至失业人员社保卡或银行账户,无需本人到现场领取。

案例二十六

请求补助金:胡某某诉南华县××有限责任公司工伤保险待遇纠纷案

【案例导读】

在单位工作期间受伤,应当认定为工伤。如发生工伤,应当由当地(本案为楚雄州)劳动能力鉴定委员会评定工伤等级,劳动者可根据工伤鉴定申请相应待遇。

【案件基本信息和事实梳理】

原告胡某某于2011年10月起在被告南华县××有限责任公司工作,2013年5月1日起签订书面劳动合同,约定合同期限自2013年5月1日至2015年5月1日,具体工作为井下采掘,每月平均工资5 000余元。2013年7月××日,原告胡某某在井下作业期间腰部被煤块砸伤,之后两次入院治疗。2015年10月××日经楚雄州劳动能力鉴定委员会评定,原告胡某某的伤残等级为九级。受伤至今,被告除支付医疗费外共计支付胡某某人民币28 000元,其余停工留薪及工伤待遇被告没有支付。2016年1月××日,原告向南华县劳动人事争议仲裁委员会提出仲裁申请,请求仲裁:"1. 裁决与被申请人解除劳动合同。2. 裁决被申请人支付停工留薪工资、一次性伤残补助金、一次性工伤医疗补助金、一次性伤残就业补助金。3. 支付解除劳动合同后的经济补偿金。"南华县劳动人事争议仲裁委员会后作出了南劳人裁(2016)02号裁决书:"一、被申请人南华县××有限责任公司与申请人胡某某在本裁决书生效之日起十五日内为申请人胡某某办理解除劳动合同相关手续;二、被申请人支付申请人停工留薪工资12个月×3 854元(2014年楚雄州社会平均工资3 854元)=46 248元;三、被申请人支付申请人一次性伤残就业补助金13个月×3 854元(2014年楚雄州社会平均工资3 854元)=50 102元;四、被申请人支付申请人经济补偿金(2015年10月至2016年3月)4.5个月×3 854元(2014年楚雄州社会平均工资3 854元)=17 343元;五、驳回申请人胡某某的其他请求。"

原告胡某某不服南劳人裁(2016)02号裁决书,以南华县劳动人事争议仲裁委员会漏裁一次性伤残补助金、一次性工伤医疗补助金为由,向法院提起诉讼。

【诉讼请求和争议焦点】

(一)原告胡某某的诉讼请求

1. 由被告支付原告一次性伤残补助金34 686元(9月×3 854元/月)。
2. 由被告支付原告一次性工伤医疗补助金11 562元(3月×3 854元/月)。
3. 诉讼费由被告承担。

(二)本案的争议焦点

被告是否应支付原告一次性伤残补助金、一次性工伤医疗补助金?

【裁判结果】

由被告南华县××有限责任公司给付原告胡某某人民币 46 248 元（限判决生效后三十日内付清）。案件受理费 10 元由原告胡某某承担。如果负有履行义务的当事人未按本判决指定的期间履行给付金钱义务，应当依照《中华人民共和国民事诉讼法》第二百六十四条的规定，加倍支付迟延履行期间的债务利息。

【相关法律规定】

《工伤保险条例》第十条第一款：用人单位应当按时缴纳工伤保险费，职工个人不缴纳工伤保险费。

《工伤保险条例》第三十七条：职工因工致残被鉴定为七级至十级伤残的，享受以下待遇：

（一）从工伤保险基金按伤残等级支付一次性伤残补助金，标准为：七级伤残为 13 个月的本人工资，八级伤残为 11 个月的本人工资，九级伤残为 9 个月的本人工资，十级伤残为 7 个月的本人工资。

（二）劳动、聘用合同期满终止，或者职工本人提出解除劳动、聘用合同的，由工伤保险基金支付一次性工伤医疗补助金，由用人单位支付一次性伤残就业补助金。一次性工伤医疗补助金和一次性伤残就业补助金的具体标准由省、自治区、直辖市人民政府规定。

《工伤保险条例》第六十二条第二款：依照本条例规定应当参加工伤保险而未参加工伤保险的用人单位职工发生工伤的，由该用人单位按照本条例规定的工伤保险待遇项目和标准支付费用。

《云南省实施〈工伤保险条例〉办法》第三十七条：七级至十级伤残职工，劳动合同期满终止或者职工本人提出解除劳动合同的，用人单位可以与其解除或者终止劳动关系。

由用人单位按照解除或者终止劳动关系时，统筹地区上年度职工月平均工资为基数支付一次性伤残就业补助金。标准为：七级 22 个月、八级 18 个月、九级 13 个月、十级 7 个月。

由工伤保险基金按照解除或者终止劳动关系时，统筹地区上年度职工月平均工资为基数支付一次性工伤医疗补助金。标准为：七级 8 个月、八级 6 个月、九级 3 个月、十级 2 个月。患职业病的工伤职工，一次性工伤医疗补助金在上述标准的基础上增发 30%。

【案件分析】

原告与被告签订了劳动合同,双方的劳动关系应受法律保护。原告在被告单位工作期间受伤,应当认定为工伤。经楚雄州劳动能力鉴定委员会评定,原告的伤残等级为九级,原告依法应享受工伤待遇。根据《工伤保险条例》第十条第一款"用人单位应当按时缴纳工伤保险费,职工个人不缴纳工伤保险费"及《云南省实施〈工伤保险条例〉办法》的相关规定,按工伤鉴定结论享有工伤保险待遇,未为职工缴纳工伤保险的,职工依法享有的工伤保险待遇由用人单位承担。故原告要求被告一次性支付伤残补助金 9 个月×3 854 元(2014 年楚雄州社会平均工资 3 854 元)=34 686 元、支付一次性工伤医疗补助金 3 个月×3 854 元(2014 年楚雄州社会平均工资 3 854 元)=11 562 元,二项共 46 248 元的请求符合法律规定。

【类案总结】

工伤保险是社会保险制度的一个组成部分,劳动者在生产经营活动中或在规定的特殊情况下,所遭受意外伤害或患职业病,导致暂时或永久丧失劳动能力以及死亡时,劳动者或其供养亲属(遗属)能够从国家和社会得到必要的补偿。工伤保险是国家通过立法强制实施的,有利于促进安全生产,保护和发展社会生产力,保障受伤害职工的合法权益,妥善处理事故和恢复生产,维护正常的生产、生活秩序,维护社会安定。缴纳工伤保险是用人单位对劳动者应当履行的义务,也是劳动者应该享受的基本权利,职工不缴纳工伤保险费,工伤保险也不能被商业保险所代替。

根据《工伤保险条例》第十四条的规定,职工有下列情形之一的,应当认定为工伤:

(一)在工作时间和工作场所内,因工作原因受到事故伤害的。

(二)工作时间前后在工作场所内,从事与工作有关的预备性或者收尾性工作受到事故伤害的。

(三)在工作时间和工作场所内,因履行工作职责受到暴力等意外伤害的。

(四)患职业病的。

(五)因工外出期间,由于工作原因受到伤害或者发生事故下落不明的。

（六）在上下班途中,受到非本人主要责任的交通事故或者城市轨道交通、客运轮渡、火车事故伤害的。

（七）法律、行政法规规定应当认定为工伤的其他情形。

同时,根据本条例第十五条的规定,职工有下列情形之一的,视同工伤:

（一）在工作时间和工作岗位,突发疾病死亡或者在48小时之内经抢救无效死亡的。

（二）在抢险救灾等维护国家利益、公共利益活动中受到伤害的。

（三）职工原在军队服役,因战、因公负伤致残,已取得革命伤残军人证,到用人单位后旧伤复发的。

根据《社会保险法》第三十八条的规定,参加工伤保险的用人单位其职工发生工伤,经劳动保障行政部门认定工伤或作出劳动能力鉴定,以下项目符合规定的从工伤保险基金中支付:

（一）治疗工伤的医疗费用和康复费用。

（二）住院伙食补助费。

（三）到统筹地区以外就医的交通食宿费。

（四）安装配置伤残辅助器具所需费用。

（五）生活不能自理的,经劳动能力鉴定委员会确认的生活护理费。

（六）一次性伤残补助金和一至四级伤残职工按月领取的伤残津贴。

（七）终止或者解除劳动合同时,应当享受的一次性工伤医疗补助金。

（八）因工死亡的,其遗属领取的丧葬补助金、供养亲属抚恤金和因工死亡补助金。

（九）劳动能力鉴定费。

根据《工伤保险条例》第十六条的规定,职工虽然符合《工伤保险条例》规定的应当认定为工伤或者视同工伤的情形,但是有下列情形之一的,不得认定为工伤或者视同工伤:

（一）故意犯罪的。

（二）醉酒或者吸毒的。

（三）自残或者自杀的。

如果发生工伤,工伤治疗应当在签订服务协议的医疗机构进行,情况紧急时可以先到就近的医疗机构急救。用人单位应当自事故伤害发生之日或者被诊断、鉴定为职业病之日起30日内,工伤职工或者其近亲属、工会组织应在事故伤害发生之日或者被诊断、鉴定为职业病之日起1年内,向参保地社会保险行政部门提出工伤认定申请,并按照《工伤保险条例》第十八条规定,提交相关申请材料。具体包括:工伤认定申请表,与用人单位存在劳动关系(包括事实劳动关系)的证明材料,医疗诊断证明或者职业病诊断证明书(或者职业病诊断鉴定书)等。经治疗伤情相对稳定后存在残疾、影响劳动能力的,应当进行劳动能力鉴定。劳动能力鉴定由用人单位、工伤职工或者其近亲属向设区的市级劳动能力鉴定委员会提出申请,并提供工伤认定决定和职工工伤医疗的有关资料。最后,参加工伤保险的职工受到事故伤害或者被诊断、鉴定为职业病经认定为工伤后,按照《工伤保险条例》规定享受各项工伤保险待遇。

为切实推进农民工的参保工作,2004年6月,劳动和社会保障部发出了《关于农民工参加工伤保险有关问题的通知》(劳社部发〔2004〕18号),提出了切实有效的政策措施:优先解决农民工工伤保险问题,对用人单位为农民工先行办理工伤保险的,各地经办机构应予办理;用人单位注册地与生产经营地不在同一统筹地区的,可在生产经营地为农民工参保;农民工受到事故伤害或患职业病后,在参保地进行工伤认定、劳动能力鉴定,并按照参保地的规定依法享受工伤保险待遇;用人单位在注册地和生产经营地均未参加工伤保险的,农民工受到事故伤害或者患职业病后,在生产经营地进行工伤认定、劳动能力鉴定,并按照生产经营地的规定依法由用人单位支付工伤保险待遇;对跨地区流动就业的农民工,工伤后的长期待遇可试行一次性支付和长期支付两种方式,供农民工选择,实现农民工工伤保险待遇领取便捷化,进一步方便农民工领取和享受工伤待遇。

第三节 确认劳动关系纠纷

案例二十七

南华县××木材加工厂与邓某劳动争议案

【案例导读】

被告从事劳务过程不接受原告的管理,人身自由没有受到原告的支配,也无需服从原告的具体安排,双方之间成立的是加工木材的劳务承包关系,而不是由劳动法所调整的事实劳动关系。

【案件基本信息和事实梳理】

2019年6月××日,原告南华县××木材厂与被告邓某通过协商,由被告方承包原告方所有旋切木材工作事宜,双方就具体事项达成了一致协议。双方就达成的协议订立了一份《个人承包协议》,协议对期限、工作要求、承包单价(80元每立方米)、费用支付及其他事项进行了约定;协议中,原告南华县××木材厂为甲方,被告邓某为乙方;协议"第五条第一项:乙方自行聘请人员,自行负责生产安全,严格按照甲方要求实施工作,确保产品质量……第二项:在双方约定的时间内,乙方的工作人员应服从甲方安排进行工作,必须遵守甲方的各项规章制度……第三项:甲方为乙方工作人员购买工伤保险,工作期满一年以上,保险费用由甲方承担,工作期不满一年,保险费由乙方承担。如发生工伤事故,以保险公司实际赔付款为准,超出部分由乙方自行承担,甲方不承担经济责任……"

协议签订后,由原告南华县××木材厂提供机器设备、原木材等给被告旋切木材加工,所需助理工人由被告邓某负责确定(一般需要三人组合),工资按合同约定,被告邓某的工资由原告南华县××木材厂按完成木材的方量按月结算,被告所找劳动人员的工资,由被告从所领取的承包金中支付。在工作期间,原告南华县××木材厂收购到原木入厂后,给出要加工的尺寸、规格,交给被告邓某进行加工,被告邓某及所领的工人加工完成后,按实际加工出来的合格木材依协议,按80元每立方米逐月结算,原告南华县××木材厂把加工的木材出售给客户。在生活上,原告只提供住房,吃由被告邓某和加工木材的工人自行解决。

2019年10月××日,由于被告在检修机器时发生事故,造成被告邓某身体受到损伤,故双方中止了协议的履行。后被告向南华县人力资源和社会保障局申请仲裁,要求确认自己与南华县××木材厂之间存在事实劳动关系。

2020年××月××日,南华县劳动人事争议仲裁委员会进行仲裁,作出了南劳人仲案字第(2020)7号裁决书,确认邓某与南华县××木材加工厂之间存在事实劳动关系。

2020年7月2日,原告南华县××木材加工厂对该仲裁结果不服,向法院提起诉讼。

【诉讼请求和争议焦点】

（一）原告南华县××木材加工厂的诉讼请求

1. 撤销南华县劳动人事争议仲裁委员会作出的南劳人仲案字第（2020）7号裁决书，判令被告邓某与原告南华县××木材加工厂之间不存在事实劳动关系。

2. 诉讼费由被告承担。

（二）本案的争议焦点

原、被告之间是否存在事实劳动关系？

【裁判结果】

原告南华县××木材加工厂与被告邓某之间不存在事实劳动关系。驳回原告南华县××木材加工厂的其他诉讼请求。案件受理费20元，适用简易程序审理减半收取10元，由被告邓某承担。

【相关法律规定】

《中华人民共和国劳动合同法》第二条：中华人民共和国境内的企业、个体经济组织、民办非企业单位等组织（以下称用人单位）与劳动者建立劳动关系，订立、履行、变更、解除或者终止劳动合同，适用本法。

国家机关、事业单位、社会团体和与其建立劳动关系的劳动者，订立、履行、变更、解除或者终止劳动合同，依照本法执行。

【案件分析】

劳动关系是指用人单位招用劳动者为其成员，劳动者在用人单位的管理、指挥与监督下提供有报酬的劳动而产生的权利义务关系。而事实劳动关系是指无书面劳动合同而存在劳动关系的一种客观状态，即只要客观上存在劳动关系，就可以认定为事实劳动关系。认定是否存在劳动关系的凭证为：1.工资支付凭证或记录（职工工资发放花名册）、缴纳各项社会保险费的记录。2.用人单位向劳动者发放的工作证、服务证等能够证明身份的证件。3.劳动者填写的用人单位招工招聘登记表、报名表等招用记录。4.考勤记录。5.其他劳动者的证言等。以上凭证都可以作为参考。

成立劳动合同关系，需用人单位与劳动者之间订立劳动合同；如未订立劳动合同,则事实劳动关系的确认应当符合劳动关系的相关特征。根据劳动和社会保障部《关于确立劳动关系有关事项的通知》规定,"用人单位招用劳动者未订立书面劳动合同,但同时具备下列情形的,劳动关系成立。(一)用人单位和劳动者符合法律、法规规定的主体资格。(二)用人单位依法制定的各项劳动规章制度适用于劳动者,劳动者受用人单位的劳动管理,从事用人单位安排的有报酬的劳动。(三)劳动者提供的劳动是用人单位业务的组成部分。"也就是说,从成立事实劳动关系的内容上,用人单位与劳动者应属于隶属关系,劳动者进行特定的生产工作,将人身自由在一定时空范围内归用人单位支配,服从劳动分工和工作安排,遵守劳动纪律和规章制度,接受用人单位的管理和监督,并从用人单位处获得劳动报酬和有关福利待遇;并且,在一定时期内,劳动者从属于用人单位,两者形成一种稳定的管理与被管理关系。

本案中,被告邓某到原告厂内从事木材加工作业是双方通过协商,订立了《个人承包协议》,协议明确约定了承包单价,被告与原告结算承包费用也是按照双方签订的协议单价及实际施工方量计算,并不是支付雇佣工资。从该协议所反映的内容上已明确,除木材的尺寸、规格受原告的指示外,从事劳务过程不接受原告的管理,人身自由没有受到原告的支配,也无需服从原告的具体安排,被告所从事的工作是独立进行的,双方之间成立的是一个加工木材的劳务承包关系,即原告与被告之间形成的是民事合同关系,而不是由劳动法所调整的事实劳动关系。

【类案总结】

劳动关系和劳务承包关系是两种不同的法律关系,主要区别体现在法律性质、权利义务、适用法律及责任承担等方面。以下是具体的对比分析:

1. 两者法律性质不同

劳动关系

定义:劳动者与用人单位之间形成的是从属性雇佣关系,劳动者受用人单位管理,从事有偿劳动。

特点:双方存在人身依附性,劳动者需遵守用人单位的规章制度(如考勤、工作安排等)。

法律依据:《劳动法》《劳动合同法》等。

劳务承包关系

定义:发包方将特定工作或项目承包给第三方(个人或单位),双方是平等的民事主体关系。

特点：承包方自主完成工作，不受发包方直接管理，仅需按合同约定交付成果。

法律依据：《民法典》中相关条款（原《合同法》的内容）。

2.两者权利义务不同

劳动关系

用人单位义务：支付工资、缴纳社保、提供劳动保护、承担工伤责任等。

劳动者权利：享有休息休假、获得报酬、解除合同补偿等法定权益。

解雇限制：用人单位不得随意解除劳动合同，需符合法定条件。

劳务承包关系

发包方义务：按合同约定支付报酬，不承担社保、福利等。

承包方义务：按约定交付成果，自行承担经营风险（如人员伤亡、设备损坏等）。

解除自由：双方可依合同约定解除关系，一般无需特殊理由。

3.两者法律责任不同

劳动关系

劳动者工作中受伤，适用工伤保险，用人单位承担无过错责任。

劳动争议需通过劳动仲裁前置程序解决。

劳务承包关系

承包方人员受伤，一般由承包方自行负责；若发包方存在过错（如提供危险设备），可能承担连带责任。

纠纷直接通过法院诉讼解决。

案例二十八

原告何某某与被告云南××有限公司确认劳动关系纠纷案

【案例导读】

虽然原告与被告公司未签订过劳动合同，但根据银行交易流水、代发工资协议、补贴协议的内容综合分析，足以认定原告与被告之间存在事实劳动关系。

【案件基本信息和事实梳理】

2015年11月,原被告之间签订了《楚雄州青山嘴水库扰动区治理工程施工合同》和《岔河特色民居安装工程说明》。之后,被告云南××有限公司为原告何某某安排了住宿和培训师傅进行技能培训,且原告何某某的考勤、请假、住宿福利及工资发放均需按照被告规定执行。原告何某某按照被告安排的工作完成工作任务后,由被告每月的12日左右通过农业银行户名为"鲁某某"(账号为:62×××08)、"代发工资过渡户"(账号为:18×××18)两个账户中任选一个向原告发放绩效工资。

2017年××月××日,原告何某某在从事安装工作过程中发生事故,受伤后被告负担了原告的医疗费,出院后被告虽然未安排原告何某某工作,但仍然向原告何某某发放基础工资1 400元。后原告何某某以与被告存在劳动关系为由向南华县劳动人事争议仲裁委员会申请仲裁,要求确认原告何某某与被告云南××有限公司之间存在事实劳动关系。南华县劳动人事争议仲裁委员会作出了裁决书,裁决何某某与云南××有限公司事实劳动关系不成立,认定为工程承包施工合同关系。

原告何某某在收到裁决书后,向法院提起诉讼,请求法院判决认定原告与被告云南××有限公司之间存在事实劳动关系。

【诉讼请求和争议焦点】

(一)原告何某某的诉讼请求
1. 认定原告何某某与被告云南××有限公司之间存在事实劳动关系。
2. 本案诉讼费由被告承担。
(二)本案的争议焦点
原、被告之间是否存在事实劳动关系?

【裁判结果】

确认原告何某某与被告云南××有限公司在原告何某某发生事故时,存在事实劳动关系。案件受理费10元由被告承担。

【相关法律规定】

《中华人民共和国劳动合同法》第二条:中华人民共和国境内的企业、个体经济组织、民办非企业单位等组织（以下称用人单位）与劳动者建立劳动关系，订立、履行、变更、解除或者终止劳动合同，适用本法。

国家机关、事业单位、社会团体和与其建立劳动关系的劳动者，订立、履行、变更、解除或者终止劳动合同，依照本法执行。

【案件分析】

劳动者进入用人单位工作，用人单位应当与其签订书面劳动合同，明确双方的权利义务关系，而在实际操作中，有些用人单位招用劳动者不签订劳动合同，发生劳动争议时因双方劳动关系难以确定，致使劳动者的合法权益难以得到保障。结合本案中查明的事实，虽然原告与被告未签订过劳动合同，但根据原告提交并得到被告认可的银行交易流水中"代发工资过渡户"的性质及所反映的交易情况，以及结合被告与云南××有限公司签订的代发工资、补贴协议的内容综合分析，足以认定原告与被告之间存在事实劳动关系。

【类案总结】

《中华人民共和国劳动法》和《中华人民共和国劳动合同法》（以下简称《劳动合同法》）分别在第二条中规定了各自的适用范围。但是这些规定都过于笼统，均未指明劳动关系的具体含义与判定标准，由此导致劳动关系判定出现许多含混之处，比如说，劳动关系与劳务关系、雇佣关系等概念常常混淆使用。

关于劳动关系与其他社会关系的界分，一般先看有没有签订劳动合同，是否成立劳动合同关系。如未订立劳动合同的，劳动关系的确认一般采用"从属性"的判断标准。这里的从属性以人格从属性与经济从属性为主。

所谓人格从属性是指"劳动者进行特定的生产工作，将人身自由在一定时空范围内归用人单位支配，服从劳动分工和工作安排，遵守劳动纪律和规章制度，接受用人单位的管理和监督"。人格从属性强调雇主的分派指挥权以及劳工处于被雇主所掌控的地位。此标准认为在一个典型的劳动关系中，控制权力的所有者为"用人单位"，对劳动者有分派、指挥、监督、检查的权力。而经济从属性"通常指劳工在经济实力上处于相对弱势，以至于必须从用人单位处获得劳动报酬和有关福利待遇以求生存，或寻求更多的收入，累积更多的财富"。此外，还应当综合考量以下因素：是否有权力选派为自己工作的个体；是否有权力解雇所雇人员；劳动力是否具有专属性与排他性；劳动力与报酬是否具有等价性；工资支付方式的定期性;工作环境、工具或设备的提供方;是否服从工作指令以及服从程度;劳作的义务是否来源于雇主;劳动者所做的工作是否属于公司的一般经营性业务;订立合同时双方所使用的词汇;双方是否具有订立劳动合同的意思表示;等等。

第六章

土地纠纷

第一节 土地征收、登记、确权纠纷

案例二十九

涉土地征收案件：吴某某与楚雄市人民政府房屋征收决定纠纷案

【案例导读】

1. 房地产价格评估机构由被征收人协商选定；协商不成的，通过多数决定、随机选定等方式确定，具体办法由省、自治区、直辖市制定。

2. 征收应该按照相关规定进行，政府在作出征收决定之前，未经过与原告协商或随机选择评估机构的程序，违反了征收规定，应当被撤销。

3. 由于涉及征收的房屋和设施已被拆除，无法撤销，因此必须确认违法。

【案件基本信息和事实梳理】

2013年5月30日，吴某某于楚雄市在一次公开拍卖中，用345万元（其中有320万元是用来购买国有资源的，还有25万元是土地出让金）购买了一块国有土地（名称为古德府邸）。同年10月12日，政府为其颁发了一张土地使用证书，载明此块土地的用途是"综合"使用，面积为134 533平方米。

2018年2月8日，为保护自然环境，政府成立专门办公室（市督改办）。同时，政府设立一个小组专门负责检查和整改自然保护区的问题。根据上级要求，市督改办通知要拆除古德府邸和另一个叫风云林的建筑，要求在2018年12月底之前完成，并且要整治环境，恢复植被。

2019年6月11日,市督改办通知吴某某参与了古德府邸的评估工作,还要求他在同年6月20日之前亲自把房子拆掉。后来,吴某某收到了一封通知,说他需要在6月20日上午11:00配合专门的公司进行房屋评估。

同时,市政府和一家叫杰明公司的机构签订了合同,让他们评估古德府邸的价值,包括房子、地上的东西,还有土地的价值。其间,吴某某多次收到评估公司发来的勘查报告和建筑面积计算报告。后来,政府决定由杰明公司评估古德府邸房屋的拆除和补偿价值,并把评估结果告诉了吴某某。

2019年10月29日,市政府根据上级环保督察的问题,决定拆除违规建筑古德府邸,然后恢复植被。政府依照法律规定,决定征收古德府邸房屋和附属设施。通知还说,如果吴某某不同意这个决定,可以在60天内向政府申请复议,或者在六个月内去法院提起诉讼。政府还通知吴某某,要求他在2019年10月31日前自己清空房子,并自己拆掉房子。如果时间超过了,政府会组织拆除,然后按照评估结果赔偿损失。政府把征收决定和通知一起送达给了吴某某。

2020年3月3日,吴某某不满政府的做法,向法院提起了行政诉讼,要求撤销政府的征收决定。

【诉讼请求和争议焦点】

(一)原告吴某某的诉讼请求

1. 撤销案涉征收决定。
2. 诉讼费由被告承担。

(二)本案的争议焦点

案涉征收决定是否合法。

【裁判结果】

裁判结果:确认楚雄市人民政府于2019年10月29日作出的关于对楚雄市清风山保护区古德府邸征收的决定违法。案件受理费50元,由楚雄市人民政府负担。

【相关法律规定】

《国有土地上房屋征收与补偿条例》第十九条第一款、第二款:对被征收房屋价值的补偿,不得低于房屋征收决定公告之日被征收房屋类似房地产的市场价格。被征收房屋的价值,由具有相应资质的房地产价格评估机构按照房屋征收评估办法评估确定。

对评估确定的被征收房屋价值有异议的,可以向房地产价格评估机构申请复核评估。对复核结果有异议的,可以向房地产价格评估专家委员会申请鉴定。

《国有土地上房屋征收与补偿条例》第二十条第一款:房地产价格评估机构由被征收人协商选定;协商不成的,通过多数决定、随机选定等方式确定,具体办法由省、自治区、直辖市制定。

【案件分析】

根据《国有土地上房屋征收与补偿条例》第十九条和第二十条的规定,被征收房屋的价值评估是征收补偿过程中至关重要的一环,因此法规规定必须由具备相应资质的房地产价格评估机构进行评估确认。评估机构的选定程序也受到法规严格的限制,要求通过被征收人协商选定,并在协商不成的情况下,通过多数决定或随机选定的方式确定。这样的规定不仅保障了被征收人的合法权益,也保证了评估结果的公正性和合理性。在评估过程中,评估机构应充分考虑房屋的地理位置、建筑结构、使用年限等因素,确保评估结果准确反映被征收房屋的实际价值。

在本案中,市政府为解决清风山生态环境保护问题,需要对原告房屋进行征收。征收应该按照相关规定进行,但市政府在作出征收决定之前,未经过与原告协商或随机选择评估机构的程序,因此违反了征收规定。根据法律,这个决定程序是非法的,必须被撤销。然而,由于涉及征收的房屋和设施已被拆除,无法撤销,因此必须确认违法。因此,原告吴某某的诉讼请求应被支持。

【类案总结】

本案中的房屋征收属于行政征收的一种,行政征收应当遵循正当程序原则。以征收集体土地为例,一般应当有以下程序:

(1)申请。即需要使用集体土地等财产的行政相对人依法向法定行政机关提出请求。这种请求应当以书面形式提出,并附相关的法定材料。如因学校扩建需要占用集体土地,学校可以向法定行政机关提出用地申请,请求启动行政征收程序。

(2)调查。行政机关在收到申请之后,应当对征收财产的有关情况进行核查；必要时，行政机关应当主动收集相关证据材料。

（3）听证。行政机关应当组织听证会，听取被征用人的意见。如果基于行政效率等正当事由，行政机关也可以采取其他听证方式。

（4）决定。经过调查听证后，行政机关需要核实各方当事人在听证会上发表的意见。如果认为所发表的意见是合理的，应当采纳；反之，则应当给出否定的理由。行政机关如认为符合行政征收要件的，可以作出行政征收的决定。

由此，如果行政机关在作出征收决定的过程中没有遵循行政征收程序，不服其决定的，都可以通过司法途径寻求救济，以保护自己的合法权益。

案例三十

涉房屋登记案件：宋某、杨某与禄丰县人民政府房屋登记纠纷案

【案例导读】

1. 不动产登记机构在受理不动产登记申请后，应当对权属是否清楚、界址是否清晰、面积是否准确等问题进行查验。

2. 行政机关作出行政行为时，未告知公民、法人或者其他组织起诉期限的，起诉期限从公民、法人或者其他组织知道或者应当知道起诉期限之日起计算，但从知道或者应当知道行政行为内容之日起最长不得超过一年。

【案件基本信息和事实梳理】

原告宋某、杨某与第三人周某某、宋某某系岳父母与女儿女婿关系。2008年1月15日、1月22日，第三人取得了坐落于禄丰××××街（西侧）的砖混结构三层房屋一幢（建筑面积330.43平方米）的房产证及土地使用证。2012年5月，为安享晚年及方便照顾第三人的小孩，经与第三人协商，原告将自己坐落在世纪街中段国土资源局住宿区内的2幢4楼的住房出售后，将售房款用于在第三人原房屋基础上增建第四、五层住房，第三人同意增建第四、五层房屋，建房款由原告投资，所有权归原告所有。2013年2月16日，原告与第三人签订了协议书，协议对增建房屋、投资款来源、所有权归属进行了明确约定。2014年2月27

日,双方申请对该协议书进行了公证。2014年6月,经禄丰县规划局批准,第三人对上述房屋扩建为5层,局部6层。房屋扩建完成后,第三人周某某于2014年8月4日向禄丰县房地产管理所申请该房屋产权登记,并提交了登记申请书、身份证明、结婚证、房产证、土地使用证、建筑工程规划许可证、民用建筑防空地下室易地建设许可证等材料,次日,被告向周某某颁发了禄房权证(2014)字第××号房屋所有权证书,该证载明:房屋所有权人为周某某,共有情况为第三人周某某、宋某某共同共有,规划用途为商住楼,房屋状况总层数为5层(建筑面积636平方米)。

另有证据查明,落款日期为2014年5月12日由原告杨某书写的申请载明:"2012年5月份,我出资在第三人周某某、宋某某所有的位于禄丰××××街(西侧)房屋上增建了四、五层,目前,第三人周某某准备把整幢房屋产权办为自己所有,因相互未能达成协议,请房管部门在第三人周某某来办理房产所有证时暂不办理。"落款日期为2014年11月6日由原告杨某书写的申请载明:"……因当时我与第三人周某某对房产有争议,申请暂不对该宗房产办理房屋产权证,现双方相互争议已经协商解决,无纠纷,请给予第三人周某某办理房产证。"上述两份申请及2014年2月27日公证书均在涉案房屋所有权登记卷宗内存档。

原告宋某、杨某不服被告禄丰县人民政府、第三人周某某、宋某某房屋登记一案,于2018年3月30日向楚雄市人民法院提起诉讼。

【诉讼请求和争议焦点】

(一)原告宋某、杨某的诉讼请求

1. 请求撤销被告向第三人颁发的禄房权证(2014)字第××号房屋所有权证。

2. 诉讼费由被告承担。

(二)本案的争议焦点

1. 本案是否超过起诉期限。

2. 被告将涉案房屋第四、五层登记在禄房权证(2014)字第××号房屋所有权证书中的行为是否事实清楚、证据充分。

【裁判结果】

裁判结果:撤销被告禄丰县人民政府于2014年8月5日向第三人周某某、

宋某某颁发的禄房权证(2014)字第××号房屋所有权证中载明房屋状况第四、五层的登记行为。案件受理费50元,由被告禄丰县人民政府承担。

【相关法律规定】

《最高人民法院关于适用〈中华人民共和国行政诉讼法〉的解释》第六十四条第一款:行政机关作出行政行为时,未告知公民、法人或者其他组织起诉期限的,起诉期限从公民、法人或者其他组织知道或者应当知道起诉期限之日起计算,但从知道或者应当知道行政行为内容之日起最长不得超过一年。

《不动产登记暂行条例实施细则》第十五条:不动产登记机构受理不动产登记申请后,还应当对下列内容进行查验:

(一)申请人、委托代理人身份证明材料以及授权委托书与申请主体是否一致。

(二)权属来源材料或者登记原因文件与申请登记的内容是否一致。

(三)不动产界址、空间界限、面积等权籍调查成果是否完备,权属是否清楚、界址是否清晰、面积是否准确。

(四)法律、行政法规规定的完税或者缴费凭证是否齐全。

【案件分析】

《最高人民法院关于适用〈中华人民共和国行政诉讼法〉的解释》第六十四条规定:行政机关作出行政行为时,未告知公民、法人或者其他组织起诉期限的,起诉期限从公民、法人或者其他组织知道或者应当知道起诉期限之日起计算,但从知道或者应当知道行政行为内容之日起最长不得超过一年。本案中,第三人周某某于2014年8月4日申请涉案房屋的产权登记,被告于2014年8月5日颁发了涉案房产证,被告并未告知起诉期限。在庭审中,原告明确其于2017年8月份知道涉案房屋产权登记行为,现被告未提交证据证实原告在2017年8月前就已知道或者应当知道涉案房屋的产权登记行为及其内容,因此,从原告于2017年8月份知道涉案房屋产权登记之日起至原告向法院提起行政诉讼之日并未超过一年,故本案并未超过起诉期限。

被告依法具有颁发辖区范围内房屋产权证的法定职责。在本案中,根据第三人周某某提交的房屋所有权人登记申请书、身份证明、结婚证、房产证、土地使用证、建筑工程规划许可证等材料,被告向第三人周某某、宋某某颁发了禄房权证(2014)字第××号房屋所有权证书,将涉案共计五层房屋登记为第三人周某某、宋某某共同共有。但根据被告提交的办理涉案房屋产权证收集在卷宗内的协议书、公证书及落款日期为 2014 年 5 月 12 日的申请,上述材料证实,原告与第三人系亲属关系,双方协议明确约定由原告出资在第三人所有的位于禄丰×××街(西侧)的砖混结构三层房屋一幢的基础上增建第四、五层,该两层房屋的所有权全部归原告所有,并对该协议书进行了公证,且原告已经向禄丰县房产管理所提出申请,请求暂时不能为第三人周某某办理涉案房屋产权登记。虽然在庭审中,被告认为原告书写的暂缓登记的申请是在 2014 年 8 月 22 日才收到,且在收到后在房屋登记系统中对涉案房屋进行了查封,并在收到原告于 2014 年 11 月 6 日书写的请求颁证的申请后进行了解封,但被告并未提交任何证据证实原告是在涉案房屋产权登记行为完成后才向房屋登记机构提交了上述协议书、公证书及申请。另外,现根据原告提交的生效民事判决书,该民事判决已经确认涉案房屋第四、五层为原告所有,因此,在办理涉案房屋产权变更登记行为中,被告未履行谨慎审查职责,将涉案房屋第四、五层登记在禄房权证(2014)字第××号房屋所有权证书中的登记行为事实不清,主要证据不足。

【类案总结】

诉讼时效可以理解为公民去法院起诉的时间限制,如果超过了诉讼时效,除特殊情况外,法院将驳回起诉或驳回诉讼请求。那么,如何判断行政纠纷中的诉讼时效呢?《行政诉讼法》已有相关规定,为了便于读者理解和判断,总结为下表。需要注意的是,诉讼时效的起算日期一般是以行政相对人收到或者知道行政决定之日起计算,比如,本案中被告于 2014 年 8 月 5 日颁发了房产证,原告 2018 年才向法院起诉,如果只是按照起诉期限 6 个月来看的话,早已超过了诉讼时效,正是因为原告主张自己 2017 年 8 月份才知道自己的权益受到了侵害,没有超过"知道或者应当知道行政行为内容之日起最长不得超过一年",法院才受理了本案并作出判决。

同时,还需要注意的是,行政机关作出的决定由于各种原因可能存在错误,有被纠正的可能。本案中,行政机关将本属于原告的房屋房产证颁发给第三人,显然损害了原告的合法权益,通过判决结果也可以看出是被告在颁发房产证时没有尽到审慎审查义务所导致。因此,作为公民,如果发现行政机关作出的决定损害了自身合法权益，就可以拿起法律武器解决纠纷，维护自身合法权益。

诉讼时效统计表

案件类型		起算日期	正常期限	较长期限	最长期限
经过复议		收到复议决定书或者复议期满之日	15 日	1 年	不适用
未经复议	行政处理决定	知道或者应当知道作出行政行为之日	6 个月	1 年	5 年/20 年
	行政不作为	行政机关接到申请之日起 2 个月（有例外）	6 个月		5 年/20 年
	行政赔偿	赔偿义务机关作出赔偿决定之日，或者接到赔偿请求之日起 2 个月	3 个月	2 年	不适用

案例三十一

土地确权纠纷：永仁县永兴乡拉姑村村民委员会与永仁县自然资源局资源行政管理纠纷案

【案例导读】

行政行为有下列情形之一的，人民法院判决撤销或者部分撤销，并可以判决被告重新作出行政行为：（一）主要证据不足的。（二）适用法律、法规错误的。（三）违反法定程序的。（四）超越职权的。（五）滥用职权的。（六）明显不当的。

【案件基本信息和事实梳理】

原告属于永仁县内的村民委员会，位于金沙江畔。由于历史原因，上世纪五十年代，因国家需要，加上交通不便，国家在原告处建立拉姑林业局，主要工作任务是将木材砍伐后沿江漂流到攀枝花后统一运输，于是在原告处建盖了本案争议的房屋，后拉姑林业局撤销，将房屋交给了当地村公所（即本案原告）至今。在此期间，一直由原告管理使用。其间，原告将该房主要用于赡养本地五保户，让他们一直在此居住,直到终老。第三人杨某某于1999年11月到原告处承包水库养鱼。在征得原告当时村集体允许后,第三人杨某某在本案争议房屋处居住。2019年下半年,原告处要投资开发光伏电站,光伏发电处地址正好要占用本案争议房屋,为了搞好光伏电站,利村利民,原告就将陈年已久的本案争议的房屋推掉一部分,在此期间第三人杨某某也没有阻拦干涉,但没过多久,原告接到永仁县人民法院的开庭传票,说第三人杨某某以物权纠纷将原告诉至永仁县人民法院,并向法院提交了永土国用(2000)字第×××号《国有土地使用证》的证据,欲证明该土地均归其使用和所有,原告推翻其房屋为侵权,要求原告对其进行赔偿。原告无法理解和接受此说法,即涉案土地和房屋什么时候变成了第三人杨某某的?原告向上几届村委会领导了解情况,都没有得到支持该说法的相关佐证。这就让原告非常费解,费解理由如下:第一,土地一直是原告的集体土地,什么时候变成国有土地并划拨给了第三人杨某某,而几届村委领导又不知情,从颁证程序上讲,是不合法的;第三人杨某某通过什么渠道取得上述两证没人知晓;第二,原告属于永仁县,但《房屋所有权证》又由永仁县永定镇颁发,即颁证主体不符;第三,第三人杨某某并非原告村集体成员,要取得村集体土地和地上附属物应征得村民同意,但经原告现任领导调查,整个村集体成员都不知晓,原告认为,颁证实体违法。

原告永仁县永兴乡拉姑村村民委员会(简称拉姑村委会)就被告永仁县自然资源局及第三人杨某某土地行政管理行政登记一案,于2020年3月30日向法院提起行政诉讼。

【诉讼请求与争议焦点】

(一)原告拉姑村委会的诉讼请求
1. 请求判令撤销被告颁发的永土国用(2000)字第×××号《国有土地使用证》。
2. 诉讼费由被告承担。
(二)案件争议焦点
1. 原告是不是适格主体?
2. 是否应当撤销该决定?

【裁判结果】

撤销被告永仁县自然资源局颁发的永土国用(2000)字第×××号《国有土

地使用证》,案件受理费 50 元,由被告永仁县自然资源局承担。

【相关法律规定】

《中华人民共和国行政诉讼法》第三十四条:被告对作出的行政行为负有举证责任,应当提供作出该行政行为的证据和所依据的规范性文件。

被告不提供或者无正当理由逾期提供证据,视为没有相应证据。但是,被诉行政行为涉及第三人合法权益,第三人提供证据的除外。

《中华人民共和国行政诉讼法》第四十六条:公民、法人或者其他组织直接向人民法院提起诉讼的,应当自知道或者应当知道作出行政行为之日起六个月内提出。法律另有规定的除外。

因不动产提起诉讼的案件自行政行为作出之日起超过二十年,其他案件自行政行为作出之日起超过五年提起诉讼的,人民法院不予受理。

《中华人民共和国行政诉讼法》第七十条:行政行为有下列情形之一的,人民法院判决撤销或者部分撤销,并可以判决被告重新作出行政行为:

(一)主要证据不足的。

(二)适用法律、法规错误的。

(三)违反法定程序的。

(四)超越职权的。

(五)滥用职权的。

(六)明显不当的。

【案件分析】

本案中,拉姑林业局撤销时,将其房屋、土地交回当地村委会,村委会即对交回的房屋、土地享有管理权,被告永仁县自然资源局于 2000 年 5 月颁发的永土国用(2000)字第×××号《国有土地使用证》与原告拉姑村委会具有利害关系,其具有原告主体资格;原告拉姑村委会于 2020 年 3 月 30 日向法院提起行政诉讼,其起诉未超过二十年。第三人杨某某提出原告拉姑村委会不是适格的原告及原告的起诉超过起诉期限的意见不符合法律规定,法院不予支持。被告永仁县自然资源局未提交其为第三人杨某某颁发永土国用(2000)字第×××号《国有土地使用证》的证据材料,第三人杨某某亦未提交其申请办理永土国用(2000)字第×××号《国有土地使用证》的相关资料,被告永仁县自然资源局为第三人杨某某的颁证行为应视为没有相应证据。

【类案总结】

土地确权是指在法律和政策的规定下,确认、确定土地所有权、土地使用权和他项权利,简称为确权。确权的核心意义在于明确土地权属关系和他项权利内容,从而加强物权保障。

土地确权对于农村土地承包经营权益的保障具有至关重要的作用。农村土地是农业生产的重要基础,也是农民的基本生存和生产资料。一旦完成确权,农民便成为土地承包经营权的物权权利人,能够依法享有土地承包权益。另外,土地确权有助于明确土地承包经营权的归属,并提供了强有力的原始依据,从而解决土地承包经营权纠纷,维护农民的各项合法权益。如果出现农村集体土地确权登记错误的情况,应及时予以纠正。

例如,若土地登记部门为国土部门和镇政府,土地物权权利人应向镇政府或国土部门申请更改登记。若镇政府和国土部门拒绝更改,则应向法院起诉,依法维权,控告其行政不作为,要求依法变更登记。

若因某些原因,农户确权条件符合的情形下,镇政府和国土部门仍未向其完成土地确权,则农户可以积极依法维权,起诉镇政府和国土部门的行政不作为,维护其合法权益。在登记颁证环节,确权成果通常由村镇上报至县级相关部门进行检查验收,合格后方可制作打印证书。由于此过程耗时较长,证书发放时间通常在确权工作完成后1—3个月。若超过该期限仍未收到证书,应向村委会或政府机关说明情况,要求尽快颁发证书。

本案的第二个启示是,在行政诉讼过程中,在特定情况下,法院可以要求被告方(即政府或行政机关)承担证明自己行为合法性的举证责任,而不是由原告方来证明被告方的行为违法或不当。具体而言,行政诉讼中被告承担举证责任的情形包括两种:

1. 法律规定的举证责任:某些法律对行政机关的某些行为规定了举证责任倒置。例如《行政诉讼法》第三十四条规定:被告对作出的行政行为负举证责任;《行政复议法》第四十四条规定:被申请人对其作出的行政行为的合法性、适当性负有举证责任。这就意味着,在行政复议案件中,行政机关要证明其所依据的事实是真实、合法的。

2. 法院自行决定的举证责任:在某些情况下,法院可以根据具体案情,决定要求被告方承担证明行政行为合法性的责任。例如,当原告方无法获取关键证据时,法院可以要求被告方提供证明;或者在某些行政行为明显违法的情况下,法院可以要求被告方证明其行为合法性。

被告行政机关肩负举证责任,是指在行政诉讼中,行政机关作为被告方需要提供相关证据以证明其行政行为的合法性和合理性。这种做法的意义在于,一方面可以促进行政机关的合法行政,防止滥用职权和违法行为的发生;另一方面可以保障行政相对方的合法权益,使其能够在行政机关滥用职权或违法行为时,通过举证获得实质有效的司法保护,不会受到无法举证的困扰。

具体来说,行政机关在承担举证责任时,需要提供相关的证据材料,包括行政文件、证明文件、调查取证材料等。这些证据材料需要真实、准确、完整地反映行政机关的行政行为和相关情况,以便法院进行审理和判决。

此外,被告行政机关在承担举证责任的同时,还可以通过合法行政和预防措施,防止职权滥用和违法行为的发生,进一步保障行政相对方的合法权益。例如,行政机关可以加强内部管理、规范行政行为、建立举报投诉机制等,以确保行政行为的合法性和合理性。

第二节　土地承包合同纠纷

周某某土地承包合同纠纷案

【案例导读】

农村土地承包是农村开展生产、发展经济的重要运作形式。土地承包合同在本质上是一种较为复杂的民事法律关系,在程序上牵扯多方面的民事诉讼举证责任规则,在实体方面则涉及土地承包经营权作为用益物权的保护问题。

【案件基本信息和事实梳理】

原告周某某,农民,住南华县龙川镇。

被告南华县龙川镇某村委会某村民小组(负责人周某汉,村民小组长)。

原告诉称,原告在正冲田有 1.5 亩的承包田,被告于 1984 年修建下丫坝时把原有的水沟修筑成坝埂,又在靠被告承包田下边新修了一条排水沟,由于新修的水沟沟底提高了 1.5 米,导致原告的承包田排水不畅,形成水淹田,不能正常耕种,造成粮食颗粒无收。原告曾多次要求被告解决,被告也曾派人清理过排水沟,但清理不彻底,造成原告的承包田至今无法耕种,无奈原告只好自行清理排水沟。为此起诉,请求法院判令被告:1. 赔偿原告粮食损失 15 750 元、清沟工时费 5 400 元,合计 21 150 元。2. 诉讼费用由被告承担。

被告辩称,1984 年集体修建下丫坝时,占用了一段排水沟的下埂,但并未占用排水沟,排水沟可能有时不畅,如 1997 年由周某某自行清理,小组还支付他 70 元清沟费。2000 年原告趁下丫坝灌溉农田水放干之际,私自将坝塘改作水稻田耕种了 10 余年,才放弃耕种自己的承包田,若无法排水,正冲田的绝大部分承包户怎么至今仍在耕种(除少数外出打工放弃耕种者外),请驳回原告的诉讼请求。

原告针对其诉讼主张,提供的证明材料有:1. 农村土地承包经营权证、土地承包合同书各 1 份,欲证明其对正冲田 1.5 亩土地具有经营权。2. 养鱼合同(原件)1 份,欲证明周某姬养鱼期间要保证沙沟畅通,若原告的承包田遭水淹,由小组和周某姬承担责任。3. 申请 1 份(3 页),欲证明沙沟被毁,小组无力解决。4. 徐营乡有偿出让集体荒山使用权合同 1 份(6 页),欲证明水沟毁损,造成水土流失。5. 改变荒山用途申请 1 份,欲证明必须逐年绿化,保持水土不流失。6. 现场照片 2 张,欲证明 2000 年至今没有耕种。7.(2014)南民初字第 175 号民事判决书,欲证明正冲田排水不畅。

经庭审质证,被告对原告提交的证据材料 1、7 的真实性无异议,对证据材料 2—6 均有异议,认为不能证明其主张的待证事实。其中,证据材料 3 中,除周某汉签名真实外,其他内容均不真实;其他证据材料与本案无关。

被告针对其答辩理由,提交的证据材料有:1. 周家村民小组情况说明 1 份,欲证明正冲田东、北边均有排水口。2. 周家队历年遗留问题记录 1 份,欲证明争议田块排水沟问题于 1997 年已经解决,并支付工时费给原告。

经庭审质证,原告对被告提交的证据材料的真实性和证明力均持异议,不承认小组支付其清沟工时费,称该费用是小组支付给养鱼户的。

针对原、被告的举证材料,法院作出了如下认证:原告提供的证据材料 1 能证明其对诉争的正冲田有承包经营权，予以采信；证据材料 2、4、5 与本案无关，不予采信；证据材料 3 中，正冲田排水不畅与生效裁判认定的事实吻合，对该部分内容予以采信；证据材料 6，来源真实，但不能证明待证事实，不予采信；证据材料 7，系生效判决，对该判决认定的与本案有关的事实应作为定案依据。被告提交的证明材料 1、2，不具备证据的形式和实质要件，不予采信。

根据双方在庭审中的陈述和法院认定的证据，法院对该案的法律事实作出了如下认定：1992 年，原告与村民周某旗调换得正冲田 1.5 亩承包田（即争议田块）耕种至 2002 年；1984 年被告修建下丫坝时占用沙沟（排水沟）下埂，原告以修坝导致正冲田排水不畅、影响正常耕种为由，分别于 1998 年、2000 年向村小组和村委会申请解决未果。2002 年以后，原告以自己承包田排水不畅无法耕种为由，放弃耕种自己的承包田，而在下丫坝范围内毁坝围田耕种至 2014 年 12 月（2012 年 12 月—2014 年 12 月出租给周某姬种烤烟）。2014 年，周家村民小组起诉要求周某某返还下丫坝，法院于 2014 年 6 月 5 日作出判决，判令周某某于 2014 年 12 月 15 日前将下丫坝的管理使用权交还给大屯周家村民小组。为此，周某某起诉，要求周家村民小组赔偿 1997 年至 1999 年承包田不能耕种造成的财产损失及清沟工时费。

【诉讼请求和争议焦点】

（一）原告周某某的诉讼请求

1. 赔偿原告粮食损失 15 750 元、清沟工时费 5 400 元，合计 21 150 元。
2. 诉讼费用由被告承担。

（二）本案的争议焦点

1. 正冲田的排水是否畅通。
2. 排水不畅是否导致粮食损失。

【裁判结果】

驳回原告周某某的诉讼请求。案件受理费 329 元，由原告周某某承担。

【相关法律规定】

《中华人民共和国农村土地承包法》第五十六条规定：任何组织和个人侵害土地承包经营权、土地经营权的，应当承担民事责任。

《中华人民共和国民事诉讼法》第六十七条规定：当事人对自己提出的主张，有责任提供证据。

当事人及其诉讼代理人因客观原因不能自行收集的证据，或者人民法院认为审理案件需要的证据，人民法院应当调查收集。

人民法院应当按照法定程序，全面地、客观地审查核实证据。

《最高人民法院关于适用〈中华人民共和国民事诉讼法〉的解释》第九十条规定：当事人对自己提出的诉讼请求所依据的事实或者反驳对方诉讼请求所依据的事实，应当提供证据加以证明，但法律另有规定的除外。

在作出判决前，当事人未能提供证据或者证据不足以证明其事实主张的，由负有举证证明责任的当事人承担不利的后果。

【案件分析】

总的来看，本案的基本逻辑在于：“任何组织和个人侵害土地承包经营权、土地经营权的，应承担民事责任。”具体来说，本案中，原告是正冲田 1.5 亩承包田的合法承包人，被告作为发包人有义务维护正冲田排水畅通。原告主张被告占用排水沟，致其承包田无法排水、不能耕种造成颗粒无收的诉讼请求，与庭审查明的事实不符（除少数外出打工的农户放弃耕种外，正冲田的其他承包户至今仍在耕种），且原告也认可正冲田是 2002 年以后才放弃耕种的，说明正冲田不存在无法排水、不能耕种的问题；再者，原告自 2002 年开始至 2014 年 12 月止，以承包田排水不畅、无法耕种为由放弃耕种自己的承包田后，又私自损毁并占用大屯周家集体所有的下丫坝种粮食或将下丫坝出租给他人，事实上已经获得了收益和补偿，不存在损失问题。原告主张清沟费，又称排水不畅、无法耕种，本身就前后矛盾，也未能提交相应的证据予以证实。因此，原告的诉讼请求，无事实依据，不予支持；根据谁主张、谁举证的原则，应当由原告承担举证不能的法律后果。

【类案总结】

（一）程序方面

在程序方面，本案十分典型地体现了民事诉讼举证责任分配问题，因而也启示我们，有必要从当事人角度，对民事诉讼的举证责任作较为体系、全面的把握和理解。

1. 民事诉讼举证责任的相关理论与原则

民事诉讼是维护公民、法人和其他组织合法权益的重要途径,而举证责任是民事诉讼的核心环节。在民事诉讼中,当事人需要通过举证来证明自己的主张,以便法院查明事实、分清是非,从而作出公正、合理的裁判。然而,在实际诉讼过程中,举证责任的分配往往成为当事人争议的焦点。为了规范民事诉讼举证责任分配,最高人民法院根据《中华人民共和国民事诉讼法》的规定,制定了相关司法解释。

举证责任,又称证明责任,是指当事人对自己提出的主张有收集或提供证据的义务,并有运用该证据证明主张的案件事实成立或有利于自己的主张的责任,否则将承担其主张不能成立的法律后果。我国民事诉讼中举证责任的分配原则主要有以下几个:

(1) 谁主张,谁举证。这一原则源于古罗马法,强调原告需要对其诉讼请求所依据的事实提供证据加以证明,被告则需对反驳对方诉讼请求所依据的事实提供证据。

(2) 举证责任分配的公平原则。在法律没有具体规定,依本规定及其他司法解释无法确定举证责任承担时,人民法院可以根据公平原则和诚实信用原则,综合当事人举证能力等因素确定举证责任的承担。

(3) 举证责任分配的特殊规定。在某些特殊情况下,法律对举证责任分配有特殊规定,如《最高人民法院关于适用〈中华人民共和国民事诉讼法〉的解释》第九十一条规定的举证责任分配原则。

2. 我国民事诉讼举证责任的体系架构

《最高人民法院关于适用〈中华人民共和国民事诉讼法〉的解释》第九十一条规定:"人民法院应当依照下列原则确定举证证明责任的承担,但法律另有规定的除外:(一)主张法律关系存在的当事人,应当对产生该法律关系的基本事实承担举证证明责任。(二)主张法律关系变更、消灭或者权利受到妨害的当事人,应当对该法律关系变更、消灭或者权利受到妨害的基本事实承担举证证明责任。"这一规定明确了举证责任分配的两个方向:一是主张法律关系存在的当事人承担举证责任;二是主张法律关系变更、消灭或者权利受到妨害的当事人承担举证责任。例如:甲与乙签订了一份房屋买卖合同,甲主张乙未按照合同约定支付房款,要求解除合同。乙主张已经支付了房款,合同应当继续履行。在这个案例中,根据第九十一条规定,甲需要证明合同签订和履行的基本事实,而乙需要证明房款支付的基本事实。如果甲能够充分证明合同签订和履行的事实，法院可能会支持其诉讼请求；如果乙能够充分证明房款支付的事实，法院可能会驳回甲的诉讼请求。

第九十一条规定的举证责任分配原则适用于各类民事诉讼案件，包括合同纠纷、侵权纠纷、物权纠纷等。在具体案件中，法院需要根据当事人的主张和诉讼请求，结合案件事实，按照该原则确定举证责任的承担。需要注意的是，如果法律对举证责任分配有特殊规定，应优先适用特殊规定。具体参照如下体系：

举证责任分配在合同纠纷案件中的应用——在合同纠纷案件中，举证责任分配原则的具体应用如下：

(1) 主张合同关系的一方需要提供证据证明合同的存在、合同的履行情况以及合同的终止情况等。

(2) 主张合同关系变更、消灭或者权利受到妨害的一方需要提供证据证明法律关系变更、消灭或者权利受到妨害的基本事实。

举证责任分配在侵权纠纷案件中的应用——在侵权纠纷案件中，举证责任分配原则的具体应用如下：

(1) 主张侵权行为存在的一方需要提供证据证明侵权行为的存在、侵权行为的性质以及侵权行为与损害后果之间的因果关系等。

(2) 主张侵权行为不存在或者侵权行为与损害后果之间不存在因果关系的一方需要提供证据加以证明。

举证责任分配在物权纠纷案件中的应用——在物权纠纷案件中，举证责任分配原则的具体应用如下：

(1) 主张物权存在的一方需要提供证据证明物权的存在、物权的范围以及物权的合法性等。

(2) 主张物权不存在或者物权受到侵犯的一方需要提供证据证明物权不存在或者物权受到侵犯的基本事实。

举证责任分配对于民事诉讼结果具有重要影响。在举证责任分配合理的情况下，法院能够更加准确地查明事实、分清是非，从而作出公正、合理的裁判。反之，如果举证责任分配不合理，可能导致法院事实认定错误，进而影响诉讼结果。《最高人民法院关于适用〈中华人民共和国民事诉讼法〉的解释》第九十一条规定了举证证明责任的承担原则，对于规范民事诉讼举证责任分配具有重要意义。在实际诉讼过程中，法院和当事人应当遵循该原则，合理分配举证责任，以确保诉讼结果的公正、合理。同时，当事人在诉讼中应当积极履行举证责任，充分保护自己的合法权益。

（二）实体方面

在与本案相似的一类案件中，权利人主张权益的正当性基础体现于《中华人民共和国农村土地承包法》第五十六条之规定："任何组织和个人侵害土地承包经营权、土地经营权的，应当承担民事责任。"亦即现行法律对侵害土地承包经营权、土地经营权民事责任的规定。当下，随着农村经济中新形式、新业态的出现与发展，对土地承包经营权、土地经营权的侵权问题变得更加复杂多样，我们需要对土地承包经营权、土地经营权的保护有一个更为周延、完整的认识。

首先应当明确的是，《土地承包法》第五十六条规定所称的"侵害"，是指违反民法上侵权责任的规定，因过错不法侵害他人财产权利、人身权利或其他合法权益，依法应当承担民事责任的行为。侵害行为包括直接侵害和间接侵害；直接侵害包括作为和不作为；间接侵害包括危险行为和事实行为。侵害土地承包经营权、土地经营权的行为，包括但不限于以下几种情况：非法占用、使用、改变土地的用途；强制占用、使用、改变土地的用途；强制转让土地承包经营权、土地经营权；强制收取土地承包经营权、土地经营权费用；强制改变土地承包经营权、土地经营权的流转方式；强制侵犯土地承包经营权、土地经营权的合法权益；其他侵害土地承包经营权、土地经营权的行为。任何组织和个人侵害土地承包经营权、土地经营权的，应当承担民事责任。具体来说，应当承担以下民事责任：停止侵害；排除妨碍；消除危险；返还财产；恢复原状；赔偿损失。

其次，在实践中，发包方的行为可能会对承包方的合法权益造成损害，例如干涉承包方的生产经营自主权，收回、调整承包地或者单方面解除承包合同等。此时，承包方可以向发包方提出赔偿要求，要求发包方承担相应的民事责任。落到法律依据来说，《土地承包法》第五十七条规定了发包方的民事责任，具体内容为：发包方有下列行为之一的，应当承担停止侵害、排除妨碍、消除危险、返还财产、恢复原状、赔偿损失等民事责任：（一）干涉承包方依法享有的生产经营自主权。（二）违反本法规定收回、调整承包地。（三）强迫或者阻碍承包方进行土地承包经营权的互换、转让或者土地经营权流转。（四）假借少数服从多数强迫承包方放弃或者变更土地承包经营权。（五）以划分"口粮田"和"责任田"等为由收回承包地搞招标承包。（六）将承包地收回抵顶欠款。（七）剥夺、侵害妇女依法享有的土地承包经营权。（八）其他侵害土地承包经营权的行为。该条规定了发包方的民事责任,旨在保护承包方的合法权益,规范土地承包经营权流转行为。值得注意的是,第五十七条第八项的兜底规定具有双重属性,既体现着为发包人的特殊侵权加以兜底的属性,又使其与第五十六条的一般主体侵权相接轨,体现了法制统一性和衔合性。

此外,《土地承包法》还专门指明了国家公权力对土地承包经营权的侵权责任问题,具体见于《土地承包法》第六十五条之规定:"国家机关及其工作人员有利用职权干涉农村土地承包经营,变更、解除承包经营合同,干涉承包经营当事人依法享有的生产经营自主权,强迫、阻碍承包经营当事人进行土地承包经营权互换、转让或者土地经营权流转等侵害土地承包经营权、土地经营权的行为,给承包经营当事人造成损失的,应当承担损害赔偿等责任;情节严重的,由上级机关或者所在单位给予直接责任人员处分;构成犯罪的,依法追究刑事责任。"

更为直观地看,农村土地承包纠纷作为农村最为常见的纠纷,双方极易在粮食收成情况这一重要因素上展开讨论。但需明确的是,影响粮食收成变化的因素很多,如若不是明显地由当地村集体(发包人)采取不当措施导致粮食收成减少时,农田土地承包人则无理由请求村集体赔偿粮食损失。从最为本源、基础的法律关系来看,村集体(发包人)只是将土地承包给农民,具体土地的粮食产值更多要靠承包的农民在复杂多样的实际环境中加以实现。

第七章

房屋纠纷

第一节 房屋租赁合同纠纷

案例三十三

张某与胡某房屋租赁合同纠纷案

【案例导读】

房屋租赁法律关系不以书面合同存在为要件。在现实生活中,有很多当事人之间基于信赖或其他各种原因,未签订书面房屋租赁合同,但真实存在房屋租赁法律关系的情形。就租金支付等某些问题,在双方产生争议时,往往因没有合同依据而最终诉诸法院。法院会通过双方举证的各类证据材料,综合判断租住事实、租金金额等问题。

【案件基本信息和事实梳理】

2020年1月,原告张某将在云南省楚雄州楚雄市的一处房屋出租给被告胡某,两人未签订书面的房屋租赁合同,但口头商定每月支付房租费350元,水电费另算。由于被告在承租房屋期间未支付任何费用,原告于2020年11月28日要求被告退租并支付房租及水电费,但被告因资金短缺,便向原告出具一份《欠条》并载明:欠张某房租费10个月,每月350元共3500元;水电费290元,合计欠款3790元。被告胡某承诺于2021年1月20日前付清房租费及水电费,但之后仍拒不向原告履行支付义务。为维护自身的合法权益,原告向南华县人民法院提起诉讼,被告未到庭应诉。

【诉讼请求和争议焦点】

（一）原告张某的诉讼请求

1. 请求法院依法判令被告支付拖欠原告的房租及水电费合计 3 790 元。
2. 诉讼费用由被告承担。

（二）本案的争议焦点

合同双方未签订书面合同时如何认定事实并判决案件？

【裁判结果】

由被告胡某于本判决生效后 90 日内支付原告张某房屋租赁费及水电费合计人民币 3 790 元。案件受理费人民币 50 元，适用简易程序审理，减半收取人民币 25 元，由被告负担。

【相关法律规定】

《中华人民共和国民法典》第五百七十九条：当事人一方未支付价款、报酬、租金、利息，或者不履行其他金钱债务的，对方可以请求其支付。

《中华人民共和国民事诉讼法》第一百四十七条：被告经传票传唤，无正当理由拒不到庭的，或者未经法庭许可中途退庭的，可以缺席判决。

【案件分析】

根据我国法律规定，民事主体之间的债权债务关系是依据法律直接成立或当事人合意而成立。债权债务关系是当事人之间的特定权利义务关系，债务人为清偿债务应当为一定给付。本案中，被告到原告家自建住房里租住了 2 居室住房，双方口头约定每月支付房租费 350 元，水电费另算，同时原告按照约定将房屋交付给被告使用。在此情形上，原被告之间虽未签订书面的房屋租赁合同，但双方已经通过口头约定的方式形成了房屋租赁合同关系，且不存在合同无效的情形，故房屋租赁合同真实有效。根据合同的约定，被告应当按照双方的该项约定，支付房屋租金给原告，并支付其租房期间实际发生的水电费。同时，双方当事人之间在本案中的行为，符合当地民间的交易习惯。

因此，原告的诉讼请求于法有据，人民法院依法应予以支持。

【类案总结】

当事人订立合同,可以采用书面形式、口头形式或者其他形式。口头形式订立的合同在法律效力上与书面形式无异,但因合同内容的证明较为困难,也容易产生纠纷。因此,针对此类案件重在预防,出租人与承租人应当就租赁房屋签订明确的书面合同,有利于防止纠纷发生后对合同内容产生疑点。

案例三十四

自某甲与自某乙房屋租赁合同纠纷案

【案例导读】

当事人不能履行合同义务,通常应当承担相应的法律责任。租赁合同能够完全履行固然是理想的状态,但正如本案中,承租方往往会由于自身经营不善等情况而无法继续履行合同,最终导致合同双方均发生相应的损失,承租方应当对该损失承担相应的法律责任。

【案件基本信息和事实梳理】

原告自某甲与被告自某乙于2018年11月30日签订房屋租赁合同,约定自某甲将位于南华县五顶山乡新街的2间商铺及商铺隔层上面的4间屋子出租给被告,租期为一年,租金为26 000元。2019年5月17日,自某乙因经营不善向原告提出提前解除租赁合同,双方商定实际支付租金为19 000元,但此后自某乙拖欠与自某甲商定的租金不予支付。为维护自身的合法权益,原告自某甲向人民法院起诉,要求被告支付房屋租金人民币19 000元。

【诉讼请求和争议焦点】

(一)原告自某甲的诉讼请求

1. 请求法院判令被告支付原告房屋租金19 000元。
2. 案件受理费由被告承担。

（二）本案的争议焦点

房屋租赁合同是否需要继续履行？违约责任如何承担？

【裁判结果】

被告自某乙给付原告自某甲房屋租金人民币 19 000 元，限判决生效后 30 日内履行支付相应款项的义务。如果负有履行义务的当事人，未按本判决指定的期间履行给付金钱义务，应当依照《中华人民共和国民事诉讼法（2017）》第二百五十三条［经修正，现为《中华人民共和国民事诉讼法（2023 年版）》第二百六十四条］的规定，加倍支付迟延履行期间的债务利息。案件受理费 274 元，适用简易程序审理，减半收取 137 元，由被告自某乙承担。

【相关法律规定】

《中华人民共和国民法典》第五百零九条第一、二款：当事人应当按照约定全面履行自己的义务。

当事人应当遵循诚信原则，根据合同的性质、目的和交易习惯履行通知、协助、保密等义务。

《中华人民共和国民法典》第七百二十一条：承租人应当按照约定的期限支付租金。对支付期限没有约定或者约定不明确，依照本法第六十一条的规定仍不能确定，租赁期限不满一年的，应当在租赁期限届满时支付；租赁期限一年以上的，应当在每届满一年时支付，剩余期限不满一年的，应当在租赁期限届满时支付。

《中华人民共和国民事诉讼法》第一百四十七条：被告经传票传唤，无正当理由拒不到庭的，或者未经法庭许可中途退庭的，可以缺席判决。

《中华人民共和国民事诉讼法》第二百六十四条：被执行人未按判决、裁定和其他法律文书指定的期间履行给付金钱义务的，应当加倍支付迟延履行期间的债务利息。被执行人未按判决、裁定和其他法律文书指定的期间履行其他义务的，应当支付迟延履行金。

【案件分析】

原告自某甲与被告自某乙以真实意思表示，共同签订的《房屋租赁合同》，系双方当事人的合意，且该合同未损害国家、集体、他人合法权益，亦没有违法国家法律、法规的强制性规定等其他合同无效情形,故该合同成立并有效。在合同成立并有效的情况下,原被告双方都应当依照合同约定向对方履行所负义务。

本案中被告未给付房屋租金,严重违反了合同约定的主给付义务,侵害了原告的合法权益,双方在解除合同时确定了被告对原告的债务具体数额,且结合合同约定租赁期限和已经租赁的时长等因素综合判断,该结算后的债务具体数额公平合理,故对原告要求被告支付房屋租金 19 000 元的请求,人民法院依法予以支持。

【类案总结】

在租赁合同无法履行时,合同双方当事人可以协商解除合同,并对已经发生的租金和费用进行清算和履行,对于双方当事人的损失,应当依据合同约定或法律规定予以合理分配和承担。

案例三十五

中国农业银行股份有限公司南华县支行与潘某某房屋租赁合同纠纷案

【案例导读】

合同一方或双方当事人出现死亡或者宣告破产、解散的,合同的权利义务并非必然终止,如出现存在权利义务的继受主体等可以继续合同的情形。本案系双方当事人在签订租赁合同后,出现一方当事人宣告破产、解散,另一方当事人对合同的效力是否继续存在,是否应当继续享受合同权利和履行合同义务存在异议。

【案件基本信息和事实梳理】

2014 年 2 月,纪某某将其所有的南华县北城综合农贸市场承包给潘某某经营,潘某某承包了该农贸市场后成立了有限责任公司——南华县某经营管理有限公司。因开展业务的需要,中国农业银行股份有限公司南华县支行于 2014 年 9 月 9 日与潘某某所成立的南华县某经营管理有限公司签订房屋租赁合同,合同约定:"房屋租期为五年,即自 2014 年 5 月 1 日至 2019 年 5 月 1 日止,租金按 45 元/平方米给付,每年租金合计 16 200 元,租期内房屋租金不变。"双方还约定了违约责任(约定:甲方违反本合同约定,提前收回房屋的,应按照合同总租金的10%向乙方支付违约金,若支付的违约金不足弥补乙方损失的,甲方还应该承担赔偿责任),合同签订后中国农业银行股份有限公司南华县支行对房屋进行了装修,安装了相关设备并投入使用。

2016年6月27日,潘某某成立的南华县某管理有限公司在南华县市场监督管理局登记注销。2016年7月18日,潘某某与纪某某解除了南华县北城综合农贸市场经营承包合同,纪某某又将南华县北城综合农贸市场内的房屋分配给部分村民管理,其中原告所使用的房屋被分配给了该小组村民殷某某管理使用,殷某某以该房屋由其管理使用为由多次到原告处主张房屋租金,影响了原告正常的工作秩序。但该房屋目前仍为原告在管理和使用。原告遂以被告的违约行为给其造成了较大的经济损失为由提起诉讼,请求解除与被告签订的房屋租赁合同并由被告按照约定支付违约金、赔偿损失。

【诉讼请求和争议焦点】

(一)原告中国农业银行股份有限公司南华县支行诉讼请求

1. 被告潘某某支付原告违约金8 100元、赔偿因被告的违约行为给原告造成的经济损失112 474.22元,并由第三人承担连带责任。

2. 解除原告与被告签订的房屋租赁合同。

3. 由被告承担本案的诉讼费。

(二)本案的争议焦点

被告潘某某是否存在违约行为?

【裁判结果】

驳回原告中国农业银行股份有限公司南华县支行的全部诉讼请求。案件受理费2 712元,由原告中国农业银行股份有限公司南华县支行承担。

【相关法律规定】

《最高人民法院关于适用〈中华人民共和国民法典〉时间效力的若干规定》第一条第二款:民法典施行前的法律事实引起的民事纠纷案件,适用当时的法律、司法解释的规定,但是法律、司法解释另有规定的除外。

《中华人民共和国民事诉讼法》第六十七条:当事人对自己提出的主张,有责任提供证据。

当事人及其诉讼代理人因客观原因不能自行收集的证据,或者人民法院认为审理案件需要的证据,人民法院应当调查收集。

人民法院应当按照法定程序,全面地、客观地审查核实证据。

【案件分析】

原告中国农业银行股份有限公司南华县支行与南华县某经营管理有限公司以真实意思表示签订的房屋租赁合同,不符合违反法律、行政法规的强制性规定等合同无效情形,故该合同成立并有效。该公司注销后,公司作为法律上的独立民事主体资格灭失,但公司在注销前已经订立的合同是成立有效的,并不因为合同一方主体消灭而无效,合同关系也并不会因为合同主体的灭失而绝对消亡,在公司注销后,其继受主体将继续承担其在注销前与原告所发生的权利义务。

本案中,被告潘某某系南华县某经营管理有限公司的股东,也系实际经营者,故应由其继续承担合同的权利义务。在合同签订后,被告将房屋交付原告使用,且至今原告仍在继续使用该房屋,原告未提供相关证据证明被告存在违约行为和符合合同解除的相应条件,故原告要求解除合同、赔偿损失及承担违约责任的请求,没有法律和事实依据,法院不予支持。

【类案总结】

一方当事人死亡或者宣告破产、解散,不是租赁合同绝对终止的情形。如果死亡或者宣告破产、解散的当事人的权利义务由继受主体承担,继受主体也应当继续履行合同义务。

案例三十六

何某诉楚雄州某有限责任公司房屋租赁合同纠纷案

【案例导读】

合同当事人应当积极履行义务以实现合同目的,因过错导致合同目的不能实现的应当承担相应责任。本案系承租方以经营为目的向出租方租赁商铺的常见情形，但是出租方所有的房屋可能存在瑕疵致使租赁合同目的不能实现，继而发生纠纷。

【案件基本信息和事实梳理】

2019年7月17日，原告何某与被告楚雄州某有限责任公司签订《记忆楚雄商铺租赁合同》，约定由被告将坐落于楚雄市鹿城南路的商铺（合计建筑面积478.2平方米）出租给原告经营使用，原告租赁该商铺只作为经营儿童娱乐使用，经营品牌名称为"卡某乐"。

双方在租赁合同中对租赁期限、房屋租金、物业管理费和违约责任等进行了约定。双方还在合同中约定，租赁期间，原告自行办理营业执照、税务登记证、卫生许可证等合法经营所需的全部证件。合同签订后，原告向被告支付房屋租金77 468.4元、物业管理费17 215.2元。合同签订后，原告取得个体工商户营业执照，并陆续投入资金进行场地装修、购买设备。

但原告在开业前才得知，被告出租的整幢房屋并未经住建部门验收，未办理整幢房屋的消防安全许可手续，也未取得相关房屋不动产权证书以及消防安全许可证。这直接导致原告无法办理"楚雄市鹿城镇卡某乐儿童乐园"的消防许可手续，也无法开业经营，且被告在经过交涉后仍未采取相应的补救措施，故原告向楚雄市人民法院提起诉讼。

【诉讼请求和争议焦点】

（一）原告何某的诉讼请求

1. 请求判决解除原、被告之间于2019年7月17日所签订的《记忆楚雄商铺租赁合同》。

2. 请求判决由被告向原告返还租金77 468.4元、物业管理费17 215.2元，合计94 683.6元。

3. 请求判决由被告向原告赔偿投资经济损失387 090.39元以及经营损失77 468.4元。

4. 请求判决由被告向原告支付本案律师代理费20 000元。

5. 本案诉讼费用由被告承担。

（二）本案的争议焦点

原告是否有权请求解除合同并请求被告承担违约责任、赔偿损失？

【裁判结果】

1. 解除原告何某与被告楚雄州某有限责任公司于 2019 年 7 月 17 日签订的《记忆楚雄商铺租赁合同》。

2. 原告何某在本判决生效后 30 日内,将坐落于楚雄市的房屋及房屋内的所有设施设备(含装修设施设备)交还(交付)被告楚雄州某有限责任公司。

3. 被告楚雄州某有限责任公司于本判决生效之日起 30 日内退还原告房屋租金 77 468.4 元、物业管理费 17 215.2 元,合计 94 683.6 元。

4. 被告楚雄州某有限责任公司于本判决生效之日起 30 日内赔偿原告何某损失 378 178.39 元。

5. 被告楚雄州某有限责任公司于本判决生效之日起 30 日内支付原告何某律师代理费 20 000 元。

6. 驳回原告何某的其他诉讼请求。

【相关法律规定】

《中华人民共和国民法典》第五百零二条第一款:依法成立的合同,自成立时生效,但是法律另有规定或者当事人另有约定的除外。

《中华人民共和国民法典》第五百零九条第一款:当事人应当按照约定全面履行自己的义务。

《中华人民共和国民法典》第五百六十六条第一、二款:合同解除后,尚未履行的,终止履行;已经履行的,根据履行情况和合同性质,当事人可以请求恢复原状或者采取其他补救措施,并有权请求赔偿损失。

合同因违约解除的,解除权人可以请求违约方承担违约责任,但是当事人另有约定的除外。

《中华人民共和国民法典》第五百七十七条:当事人一方不履行合同义务或者履行合同义务不符合约定的,应当承担继续履行、采取补救措施或者赔偿损失等违约责任。

《中华人民共和国民法典》第七百零三条:租赁合同是出租人将租赁物交付承租人使用、收益,承租人支付租金的合同。

《中华人民共和国民法典》第七百二十四条:有下列情形之一,非因承租人原因致使租赁物无法使用的,承租人可以解除合同:

（一）租赁物被司法机关或者行政机关依法查封、扣押。

（二）租赁物权属有争议。

（三）租赁物具有违反法律、行政法规关于使用条件的强制性规定情形。

《中华人民共和国消防法》第十三条：国务院住房和城乡建设主管部门规定应当申请消防验收的建设工程竣工，建设单位应当向住房和城乡建设主管部门申请消防验收。

前款规定以外的其他建设工程，建设单位在验收后应当报住房和城乡建设主管部门备案，住房和城乡建设主管部门应当进行抽查。

依法应当进行消防验收的建设工程，未经消防验收或者消防验收不合格的，禁止投入使用；其他建设工程经依法抽查不合格的，应当停止使用。

【案件分析】

本案中，原告与被告以真实意思表示签订的《记忆楚雄商铺租赁合同》不违反法律、行政法规的强制性规定，也不存在其他合同无效事由，故该合同合法有效。在有关合同的单方解除问题上，因原告承租的房屋存在民法典规定的承租人可以解除合同的法定情形（租赁房屋具有违反法律、行政法规关于使用条件的强制性规定情形），且双方在租赁合同第11.2、11.2.1条约定"甲方提供的商铺不符合本合同的约定，致使乙方不能实现租赁目的的，乙方有权单方面解除合同"，原告要求解除合同的诉讼请求，符合法律规定，人民法院予以准许。

本案中，原告已经交付的房屋租金77 468.4元及物业管理费17 215.2元，被告应当退还；双方在租赁合同中已经明确约定原告承租房屋用于经营儿童娱乐，且原告在租赁房屋后，根据房屋形状和卡某乐儿童乐园的要求，设计、规划、装修场所，定制儿童设施、设备，所有装修装饰及设施设备均专属特定场所，原告装修、购买设施设备等支付的费用共计378 178.39元，被告应当予以赔偿；合同解除后，原告应将所承租的房屋及屋内全部设施设备等交还（交付）给被告。

对原告主张的经营损失，因原告尚未经营，不存在经营损失。对原告主张因诉讼而支付的律师费，根据双方签订的《记忆楚雄商铺租赁合同》第16.6条的约定，因被告违约导致本案的产生，该项诉讼请求符合双方的约定，人民法院予以支持。

【类案总结】

当事人一方迟延履行或者有其他违约行为致使不能实现合同目的的，另一方当事人有权解除合同,并要求另一方当事人承担赔偿损失等民事责任。

合同解除后,合同中尚未履行的部分应当终止履行。已经履行的部分,当事人可以根据履行情况和合同性质,要求对方恢复原状或者采取其他补救措施,并有权请求赔偿。

案例三十七

李某诉关某房屋租赁合同纠纷案

【案例导读】

在双方当事人达成合意,形成法律关系时未签订书面合同,事后以其他书面的形式予以明确的,应当具有相应的法律效力。在现实生活中,有很多双方当事人系亲属的案件,此类案件通常具有未订立书面合同的情况。本案中,双方当事人在事实上的租赁关系存续一段时间后,才确认租赁关系的内容并达成书面协议。

【案件基本信息和事实梳理】

被告关某是原告李某的女婿,因被告在与原告的女儿结婚后没有生活来源,原告以每年 15 000 元的租金将其所有的房屋三间租赁给被告关某独自经营楚雄市某汽修汽配经营部,并于 2016 年 1 月 22 日正式开业经营。被告在经营过程中先后向原告借款,合计 135 000 元,且被告在承租原告的房屋后没有向原告支付过租金。2021 年 1 月 26 日,原告与被告商议确认房屋租赁事宜,并确认每年房屋租金为 15 000 元,2016 年至 2020 年房屋租金合计 60 000 元。2021 年 1 月,被告出具《借条》一份给原告,其上载明:被告借到原告 135 000 元,利息 15 000 元,合计 150 000 元整,2016 年至 2020 年每年按照 15 000 元计算四年房租 60 000 元,共欠原告 210 000 元。同时,被告承诺于 2021 年 3 月 26 日偿还 100 000 元,剩余 110 000 元于 2021 年 5 月 26 日还清。但截至原告提起诉讼,被告未依照承诺支付租金。

【诉讼请求和争议焦点】

(一)原告关某的诉讼请求

1. 请求判令被告支付原告自 2016 年 1 月 22 日至 2022 年 1 月 22 日止的房

屋租金 60 000 元。

2. 诉讼费用由被告承担。

（二）本案的争议焦点

原告与被告之间是否成立租赁关系？

【裁判结果】

由被告关某支付原告李某房屋租金 60 000 元，限判决书生效之日起 30 日内一次性付清。

【相关法律规定】

《中华人民共和国民法典》第七百零三条：租赁合同是出租人将租赁物交付承租人使用、收益，承租人支付租金的合同。

《中华人民共和国民法典》第七百零四条：租赁合同的内容一般包括租赁物的名称、数量、用途、租赁期限、租金及其支付期限和方式、租赁物维修等条款。

《中华人民共和国民法典》第七百零七条：租赁期限六个月以上的，应当采用书面形式。当事人未采用书面形式，无法确定租赁期限的，视为不定期租赁。

【案件分析】

本案中，原告李某于 2016 年将该涉案房屋交给被告夫妻使用，虽然双方当时未签订相应的房屋租赁合同，但 2021 年 1 月 26 日被告关某与原告协商确认房屋租赁事宜后，被告出具借条一份交原告收执，被告在案件审理过程中亦认可自 2016 年至 2020 年房租为 60 000 元。且被告关某于 2016 年经营汽修汽配经营部开始便使用该房屋至今，双方已经形成了事实上的租赁关系，故对于原告李某的诉请，人民法院应当予以支持。由于双方当事人没有约定该房屋租赁期限，所以自 2020 年起，法院无法确认双方的租赁关系是否延续，可由双方自行处理。

【类案总结】

民事主体在出租房屋或者承租他人房屋时，应当尽可能签订书面的租赁合同。虽然根据民法典的相关规定，我国的房屋租赁合同可以采用口头、书面等形式订立，但从以上房屋租赁合同纠纷的案件中我们可以看出，只有订立书面的租赁合同，并在合同中对双方的权利义务、违约责任等进行详细的约定，当事人才能在发生争议时更好地维护自己的合法权益。

民事主体在订立租赁合同或者形成事实上的租赁关系后,应当本着诚信原则,全面地履行自身的义务,如按照约定支付租金。在一方当事人不履行合同义务时,对方当事人有权请求其履行,并可以依照法律规定或按照合同约定,请求其承担违约责任、赔偿损失。

第二节　物业服务合同纠纷

案例三十八

南华县某物业管理服务有限公司与王某某物业服务合同纠纷案

【案例导读】

物业合同涉及业主委员会、业主和物业公司三方主体,在形成物业服务法律关系时可能出现分歧。本案系有业主认为业主委员会不能代表自己与物业成立物业服务合同,继而拖欠物业费,最终产生纠纷,诉诸法院。事实上,根据法律规定,建设单位依法与物业服务人订立的前期物业服务合同,以及业主委员会与业主大会依法选聘的物业服务人订立的物业服务合同,对业主具有法律约束力。

【案件基本信息和事实梳理】

南华县某小区是由某房地产开发有限公司开发建设的商品房小区。2019年1月1日,南华县某小区业主委员会与南华县某物业管理服务有限公司签订《南华县某小区物业管理委托合同》。合同约定:"南华县某小区业主委员会将南华县某小区一、二、三、四院,总建筑面积约61 700平方米、470户的物业交给南华县某物业管理服务有限公司提供物业管理服务,合同期限为五年(即2019年1月1日起至2023年12月31日止)。物业费标准为普通住宅收取0.6元/平方米·月,商铺收取0.8元/平方米·月。原告每年向住户收取物业管理费一次,同时每年代南华城管局向住户收取生活垃圾处置费每年60元,靠街面的商铺,生活垃圾处置费直接向城管缴纳。逾期未缴纳物业管理费的,由业主、物业使用人以未缴纳物业管理费用为基数按每日千分之三向物业公司支付违约金。"合同签订后,南华县某小区的物业由南华县某物业管理服务有限公司即本案原告具体负责并实际提供了物业服务。被告王某某于2010年12月购买的南华县某小区××幢××号商铺,在2013年6月已交付投入使用,商铺建筑面积171.57平方米。原告依照物业管理服务委托合同的约定对被告居住的小区提供了物业服务,履行了相应的义务,被告王某某从2019年1月1日至2022年5月31日未向原告交纳物业费共计5 507.12元(原告以167.9平方米、以每月每平方米0.8元计收,167.9平方米×0.8元×41个月=5 507.12元)。

【诉讼请求和争议焦点】

(一)原告南华县某物业管理服务有限公司的诉讼请求

1. 依法判令被告立即支付拖欠的物业费5 507.12元(2019年1月1日至2022年5月31日),2020年1月1日至2020年12月31日滞纳金942.93元,合计6 450.05元。

2. 本案诉讼费由被告承担。

(二)本案的争议焦点

南华县某小区业主委员会与南华县某物业管理服务有限公司签订的《南华县某小区物业管理委托合同》对被告王某是否有约束力?

【裁判结果】

1. 由被告王某某于本判决书生效后10日内向原告南华县某物业管理服务有限公司支付自2019年1月1日起至2022年5月31日止的物业费5 507.12元、违约金942.93元,合计6 450.05元。

2. 案件受理费25元(原告已预交),由被告王某某负担。

【相关法律规定】

《中华人民共和国民法典》第五百零九条:当事人应当按照约定全面履行自己的义务。

当事人应当遵循诚信原则,根据合同的性质、目的和交易习惯履行通知、协助、保密等义务。

《中华人民共和国民法典》第五百七十九条：当事人一方未支付价款、报酬、租金、利息，或者不履行其他金钱债务的，对方可以请求其支付。

《中华人民共和国民法典》第五百八十五条：当事人可以约定一方违约时应当根据违约情况向对方支付一定数额的违约金，也可以约定因违约产生的损失赔偿额的计算方法。

约定的违约金低于造成的损失的，人民法院或者仲裁机构可以根据当事人的请求予以增加；约定的违约金过分高于造成的损失的，人民法院或者仲裁机构可以根据当事人的请求予以适当减少。

当事人就迟延履行约定违约金的，违约方支付违约金后，还应当履行债务。

《中华人民共和国民法典》第九百三十七条：物业服务合同是物业服务人在物业服务区域内，为业主提供建筑物及其附属设施的维修养护、环境卫生和相关秩序的管理维护等物业服务，业主支付物业费的合同。物业服务人包括物业服务企业和其他管理人。

《中华人民共和国民法典》第九百三十九条：建设单位依法与物业服务人订立的前期物业服务合同，以及业主委员会与业主大会依法选聘的物业服务人订立的物业服务合同，对业主具有法律约束力。

《中华人民共和国民法典》第九百四十四条：业主应当按照约定向物业服务人支付物业费。物业服务人已经按照约定和有关规定提供服务的，业主不得以未接受或者无需接受相关物业服务为由拒绝支付物业费。

业主违反约定逾期不支付物业费的，物业服务人可以催告其在合理期限内支付；合理期限届满仍不支付的，物业服务人可以提起诉讼或者申请仲裁。

物业服务人不得采取停止供电、供水、供热、供燃气等方式催交物业费。

【案件分析】

根据《中华人民共和国民法典》第九百四十四条和第九百三十九条的规定，本案中南华县某小区业主委员会与南华县某物业管理服务有限公司签订的《南华县某小区物业管理委托合同》是合法有效的合同，该合同对包括被告王某某在内的全体小区业主具有法律约束力。原告依据该合同对小区进行了物业服务，被告王某某作为小区业主，客观上接受了原告提供的安全保障、公共绿化养护、共用设施维护等物业服务及管理，有按照该合同约定交纳物业服务费的义务。

因此,被告王某某依法应当给付拖欠的物业费共计 5 507.12 元。被告王某某作为业主违反约定逾期不支付物业费,其行为已构成违约,应按合同的约定支付违约金。

【类案总结】

小区业主委员会能够代表全体小区业主与物业公司签订合同,小区业主与物业公司的权利义务关系按照小区业主委员会与物业公司签订的合同约定为准。小区业主对物业公司管理存在异议时,应与小区业主委员会进行沟通,物业公司只是依据与小区业主委员会签订合同的约定履行物业服务。

第三节　建设工程合同纠纷

案例三十九

桂某某与楚雄州交投公司等建设工程合同纠纷案

【案件导读】

不具有劳务分包资质的实际施工人与承包人签订的《劳务承包合同》无效。但工程经验收合格的,实际施工人可以参照合同约定要求支付劳务费用。但是在双方未约定支付利息的情况下,应按照同期同类贷款利率或者同期贷款市场报价利率计息,利息自应支付工程款之日开始计付。实际施工人可以主张向发包人起诉,要求发包人在欠支工程款范围内承担付款义务。

【案件基本信息和事实梳理】

2013 年 9 月 17 日,被告楚雄州交投公司与被告路桥公司共同签署《楚雄连汪坝至南华县城一级公路土建工程第 4 标段合同谈判纪要》,被告路桥公司为案涉工程第 4 标段的承包人。

2017 年 3 月 10 日,原告桂某某(乙方)与被告路桥公司(甲方)签订《劳务承包合同》,合同载明主要内容为:一、工程概况:1.工程名称:楚雄连汪坝至南华县城一级公路土建工程第4合同段。2.工程地点：云南省楚雄市。3.工程内容：楚南土建4合同段内所有征地拆迁建筑物产生的撤除及清运工程、所有平交道口改移地方便道工程、小沟服务区范围内土石方工程。4.工期：4个月。……三、工期要求：1.开工日期：2017年3月20日（最终以实际开工时间为准）。2.完工日期：2017年8月1日。……六、工程结算及支付方式：1.……经双方共同协商决定：楚南土建4标段内所有征地拆迁建筑物产生的撤除及清运工程、所有平交道口改移地方便道工程、小沟服务区范围内土石方工程资金来源先由乙方全部垫资施工，待施工完毕，甲方与乙方结算后，再支付乙方工程款。……4.本合同工程甲方不支付任何形式的工程预付款。工程价款甲方根据业主对该合同工程计量款的拨付情况，按照开具的《工程价款结算单》予以支付相应工程款。

2018年5月16日，原告桂某某（乙方）与被告路桥公司（甲方）签订《楚南一级公路土建四合同段项目部劳务施工队工程款支付协议书》，主要内容为：截至2018年5月14日，乙方与楚南一级公路土建四合同段项目部的劳务结算总金额为14 180 092.99元，其中：应扣材料款金额8 318.75元，已支付的工程款金额4 900 000元，应扣质量保证金金额709 004.65元，剩余应支付工程余款8 562 769.59元。现就该乙方剩余工程款的支付双方达成以下协议：1.乙方与项目部最终结算数量以国家审计认定的数量为准。2.甲方承诺：乙方剩余的工程余款，待国家审计认定后，根据楚南一级公路建设指挥部拨付给各标段剩余工程款额度情况进行支付。3.乙方的质量保证金，待楚南一级公路建设指挥部质量保证金退还后7个工作日内退还乙方。

2018年11月16日和2018年11月28日，被告路桥公司两次出具《承诺书》对上述内容再次确认。楚雄彝族自治州审计局于2019年12月2日对楚雄连汪坝至南华县城一级公路土建工程建设项目竣工决算审计作出楚审投报（2019）38号审计报告。

2021年12月31日，被告路桥公司向原告桂某某发出《往来账款询证函》，确认截至2021年12月31日，差欠原告桂某某劳务费8 021 774.24元。

【诉讼请求和争议焦点】

（一）原告桂某某的诉讼请求

1.请求判令被告路桥公司立即向原告支付工程款8 021 774.24元、工程款利息761 398.24元,并以欠付工程款8 021 774.24元为基数按照年利率3.7%计算支付自2022年3月1日起至付清欠付工程款之日止的逾期付款利息。

2. 请求判令被告楚雄州交投公司在欠付被告路桥公司建设工程价款范围内对原告承担付款责任。

3. 案件受理费由二被告承担。

诉讼过程中,原告桂某某变更第一项诉讼请求为:请求判令被告路桥公司立即向原告支付工程款8 021 774.24元、工程款利息761 398.24元,并以欠付工程款8 021 774.24元为基数按照年利率3.7%计算支付自2022年3月9日起至付清欠付工程款之日止的逾期付款利息。

(二) 本案的争议焦点

1. 被告路桥公司是否应承担逾期付款利息?

2. 被告交投公司是否应在欠付被告路桥公司工程款范围内对原告桂某某承担付款责任?

【裁判结果】

裁判结果:

1. 由被告云南路桥股份有限公司于判决生效后15日内支付原告桂某某劳务费8 021 774.24元。

2. 由被告路桥公司于判决生效后15日内支付原告桂某某自2019年12月2日起至2022年3月8日止的逾期付款利息706 586元,自2022年3月9日起至款项清偿完毕之日止的逾期付款利息以实际欠付劳务费为基数按同期全国银行间同业拆借中心公布的贷款市场报价利率继续计算。

3. 被告交投公司在欠付被告路桥公司工程款范围内对原告桂某某承担付款责任。

【相关法律规定】

《中华人民共和国民法典》第七百九十三条:建设工程施工合同无效,但是建设工程经验收合格的,可以参照合同关于工程价款的约定折价补偿承包人。

建设工程施工合同无效,且建设工程经验收不合格的,按照以下情形处理:

(一) 修复后的建设工程经验收合格的,发包人可以请求承包人承担修复费用。

（二）修复后的建设工程经验收不合格的，承包人无权请求参照合同关于工程价款的约定折价补偿。

发包人对因建设工程不合格造成的损失有过错的，应当承担相应的责任。

《最高人民法院关于审理建设工程施工合同纠纷案件适用法律问题的解释（一）》第一条：建设工程施工合同具有下列情形之一的，应当依据民法典第一百五十三条第一款的规定，认定无效：

（一）承包人未取得建筑业企业资质或者超越资质等级的。

（二）没有资质的实际施工人借用有资质的建筑施工企业名义的。

（三）建设工程必须进行招标而未招标或者中标无效的。

承包人因转包、违法分包建设工程与他人签订的建设工程施工合同，应当依据民法典第一百五十三条第一款及第七百九十一条第二款、第三款的规定，认定无效。

《最高人民法院关于审理建设工程施工合同纠纷案件适用法律问题的解释（一）》第二十四条第一款：当事人就同一建设工程订立的数份建设工程施工合同均无效，但建设工程质量合格，一方当事人请求参照实际履行的合同关于工程价款的约定折价补偿承包人的，人民法院应予支持。

《最高人民法院关于审理建设工程施工合同纠纷案件适用法律问题的解释（一）》第二十七条：利息从应付工程价款之日开始计付。当事人对付款时间没有约定或者约定不明的，下列时间视为应付款时间：

（一）建设工程已实际交付的，为交付之日。

（二）建设工程没有交付的，为提交竣工结算文件之日。

（三）建设工程未交付，工程价款也未结算的，为当事人起诉之日。

《最高人民法院关于审理建设工程施工合同纠纷案件适用法律问题的解释（一）》第四十三条第一款：实际施工人以转包人、违法分包人为被告起诉的，人民法院应当依法受理。

【案件分析】

针对争议焦点1，根据《最高人民法院关于审理建设工程施工合同纠纷案件适用法律问题的解释（一）》第一条第二款规定，原告桂某某不具有劳务分包资质，故其与被告路桥公司签订的《劳务承包合同》无效，但原告桂某某所施工的工程经验收合格，符合《最高人民法院关于审理建设工程施工合同纠纷案件适用法律问题的解释（一）》第二十四条第一款规定。原告可以主张参照合同约定支付劳务分包款。关于欠付劳务分包款利息问题，根据《最高人民法院关于审理建设工程施工合同纠纷案件适用法律问题的解释（一）》第二十六条和第二十七条之规定，在双方未约定支付利息的情况下，按照同期同类贷款利率或者同期贷款市场报价利率计息，利息自应支付工程款之日开始计付。本案经国家审计后才能确定劳务分包款的金额，因此逾期付款利息的起算时间应以国家审计认定工程量的时间为准，即 2019 年 12 月 2 日对案涉工程作出审计报告之日起算。

针对争议焦点 2，原告桂某某以个人身份向被告路桥公司承包劳务，并实际投入资金、材料和劳力进行工程施工，属于《最高人民法院关于审理建设工程施工合同纠纷案件适用法律问题的解释（一）》第四十三条所规定的实际施工人，被告交投公司认可尚欠付被告路桥公司工程款，故原告桂某某主张被告交投公司在欠付被告路桥公司工程款范围内承担付款义务的诉讼请求符合法律规定。

【类案总结】

实践中，常有承包人转包、违法分包或者挂靠的情况。根据法律规定，承包人转包、违法分包或者没有资质的实际施工人借用有资质的建筑施工企业名义签订的建设工程施工合同无效。在承包人转包、违法分包或者挂靠的情况下，实际完成建设工程的承包人称为实际施工人。

关于合同无效时价款如何结算的问题：适用《中华人民共和国民法典》第七百九十三条关于合同无效的法律后果。由于实践中往往会发生建设工程已经建设完成，但是建设工程施工合同无效的情形。依照《中华人民共和国民法典》第七百九十三条规定，对实际施工人可以参照合同关于工程价款的约定予以折价补偿，但前提是该建设工程经验收合格。如果经验收不合格的，实际施工人应当履行修复义务；经修复后经验收合格的，仍应参照适用建设工程施工合同对实际施工人予以补偿，但是承包人应自行承担修复费用。此外，如果存在多份无效的建设工程施工合同，应当参照实际履行的建设工程施工合同对实际施工人予以折价补偿。实际履行的合同难以确定的，当事人可以请求参照最后签订的合同关于工程价款的约定补偿实际施工人。以本案为例，原告桂某某不具有劳务分包资质，其与被告路桥公司签订的《劳务承包合同》无效。在工程价款结算问题上,尽管当事人之间的建设工程施工合同无效,但当事人之间于2018年5月16日签订的合《楚南一级公路土建四合同段项目部劳务施工队工程款支付协议书》属于独立的结算协议,合法有效,该协议明确约定未付工程价款为劳务费 8 021 774.24 元(不包括利息)。故本案被告尚欠付工程价款为 8 021 774.24 元(不包括利息)。

关于垫资利息问题:实践中常常会发生由承包人垫资进行工程建设的情形。在这种情况下,如果当事人对垫资和垫资利息均有明确约定的,承包人可以请求按照约定返还垫资和垫资的利息,但是约定的利息计算标准高于垫资时的同类贷款利率或者同期市场报价利率的部分无效,应按照未超过部分的利率计算利息。如果当事人约定了垫资,但是未约定垫资利息,视为无利息,承包人不得请求支付利息。如果既未约定垫资,亦未约定利息,则该垫资应当按照工程欠款处理。而工程欠款的利息应当从应付工程价款之日开始计付。当事人对付款时间没有约定或者约定不明确的,如果建设工程已经实际交付的,交付之日为应付款之日;建设工程没有交付的,提交竣工结算文件之日为应付款之日;建设工程未交付,工程价款也未结算的,当事人起诉之日为应付款之日。以本案为例,2017年3月10日《劳务承包合同》明确约定"由乙方全部垫资施工,待施工完毕,甲方与乙方结算后,再支付乙方工程款"。但双方未就垫资利息作出约定。因此,本案原告不得请求垫资利息。

关于欠付工程款的利息如何计算:工程欠款的利息应当从应付工程价款之日开始计付。当事人对付款时间没有约定或者约定不明确的,如果建设工程已经实际交付的,交付之日为应付款之日;建设工程没有交付的,提交竣工结算文件之日为应付款之日;建设工程未交付,工程价款也未结算的,当事人起诉之日为应付款之日。

关于发包人是否对实际施工人承担责任的问题:首先,未与发包人签订合同,但实际完成建设工程的实际施工人可以以发包人为被告主张权利。其次,实际施工人以发包人为被告主张权利的,法院应追加转包人或者违法分包人为第三人。最后,在责任承担上,如果法院查明发包人欠付转包人或者违法分包人建设工程价款,则法院判决发包人在欠付建设工程价款范围内对实际施工人承担责任。此外,实际施工人还可以以发包人为被告提起代位权诉讼。

第四节　排除妨碍纠纷

案例四十

史某娟与南华县龙川镇某烧烤店排除妨害纠纷案

【案例导读】

日常生活与生产经营之间难免会发生矛盾，继而产生纠纷。本案系经营者改造房屋后，进行生产经营活动，影响到周边居民的日常生活。针对此类问题，不动产的相邻权人应当按照有利生产、方便生活、团结互助、公平合理的原则，正确处理相邻关系。

【案件基本信息和事实梳理】

原告史某娟购买了南华县一套房屋，被告南华县龙川镇某烧烤店购买了原告家楼下的车库和商铺。原告装修入住后，被告也将商铺装修经营烧烤店。因开发商开发时该位置的用途是车库，未安装相应排烟降噪设备，被告私自改变车库用途，将车库违规改为厨房，无相应排烟降噪设备，直接将油烟排出门外，油烟直接灌入原告的房屋，影响原告家人的正常生活；同时由于被告经营的是烧烤店，使用厨房的时间基本都是凌晨，被告开油烟机都会产生巨大的噪声，严重影响原告家人的作息，导致原告家人无法正常生活。

原告身患甲状腺癌，多次进行了放疗，本需要一个安静舒适的静养环境，原告的孩子上学也需要有安静的环境，保证作息。然而每天晚上至凌晨被告的油烟机响声，擂干巴的声音声声入耳，加上排放出门外的油烟直接从窗户灌入原告家的卧室，使得原告家每日处于烟雾缭绕、噪声污染的环境中，在被告营业结束前原告一家老少均无法休息入眠，严重影响了原告的身心健康，导致原告的家庭无法正常居住生活，原告多次与被告协商，多次找相关部门协商解决，并多次报警处理，但至今被告仍不停止侵害，原告为维护自身合法权益，特向人民法院提起诉讼，请求人民法院依法支持原告的全部诉讼请求。

被告南华县龙川镇某烧烤店的经营者吴某美辩称：我家把与商铺相连的一格车库做了改造，并当作商铺使用是事实，但我们那排商铺，每家与商铺相连的车库都作了改造，都当作商铺使用。在营业过程中，原告说我家的油烟对她有影响，我家就安装了一台抽油烟机把油烟排放到油烟排放管道，但原告又说抽油烟机吵她，我家又换成了净化器，不再用抽油烟机，原告向我家反映，相关部门要求我们整改，我家已经进行了整改，改造过后，经环保局检测已经达标。

【诉讼请求和争议焦点】

（一）原告史某娟的诉讼请求

1. 请求法院依法判令被告南华县龙川镇某烧烤店停止侵害，排除妨害，将厨房搬离车库。
2. 诉讼费由被告承担。

（二）本案的争议焦点

被告进行整改后，是否还存在原告主张的侵害事实？

【裁判结果】

驳回原告史某娟的诉讼请求。案件受理费人民币100元，本案适用简易程序审理，减半收取50元，由原告史某娟自行承担。

【相关法律规定】

《中华人民共和国大气污染防治法》第八十一条第一、二款：排放油烟的餐饮服务业经营者应当安装油烟净化设施并保持正常使用，或者采取其他油烟净化措施，使油烟达标排放，并防止对附近居民的正常生活环境造成污染。

禁止在居民住宅楼、未配套设立专用烟道的商住综合楼以及商住综合楼内与居住层相邻的商业楼层内新建、改建、扩建产生油烟、异味、废气的餐饮服务项目。

《中华人民共和国民事诉讼法》第六十七条：当事人对自己提出的主张，有责任提供证据。

当事人及其诉讼代理人因客观原因不能自行收集的证据，或者人民法院认为审理案件需要的证据，人民法院应当调查收集。

人民法院应当按照法定程序，全面地、客观地审查核实证据。

【案件分析】

在本案中,原告购买的房屋是住房,购买的目的是居住,被告南华县龙川镇某烧烤店经营者吴某美购买的是商铺,购买的目的是商业经营,在房屋相连的情况下,原告应为有利于被告生产提供便利,被告在生产经营过程中应保障原告正常居住、方便生活。被告南华县龙川镇某烧烤店经营者吴某美在经营过程中,存在油烟和噪声影响原告的正常居住生活,且原告已提供相关的证据证明,经原告向相关职能部门反映,楚雄州生态环境局南华分局已责令被告进行整改,原告主张的事实及所提举的证据,均在被告整改前。2021年9月15日,楚雄州生态环境局南华分局对被告的整改情况作了现场检查,被告已按要求整改。《中华人民共和国民事诉讼法》规定,当事人应当对自己提出的主张提供证据进行证明。在本案中,原告提供的是被告整改前的证据,被告进行整改后,是否还存在原告主张的侵害事实,原告应提供相应的证据证明其主张事实成立。

【类案总结】

《中华人民共和国民法典》规定了相邻关系的处理原则是"有利生产、方便生活、团结互助、公平合理"。如若一方的生产生活活动影响了另一方的正常生产生活,既有法律上的义务也有道德上的义务来调整自己的行为,停止侵害、排除妨害;同时,如若一方已经有所改进和提升,则另一方应当予以包容和谅解,修复好关系。

社会倡导"远亲不如近邻",人与人之间应当相互理解、相互包容,设身处地地为对方考虑,这不仅有利于营造良好的生活氛围,更有利于社会和谐稳定。

案例四十一

尹某利与尹某才排除妨害纠纷案

【案例导读】

本案系因权属不清的问题而导致邻里关系不和睦,继而发生法律纠纷的案件。为解决此类问题,《中华人民共和国民法典》侵权责任篇和物权篇都有相应规定。

【案件基本信息和事实梳理】

1985年,原告尹某利在自家房屋大门外属于尹家小组的土地上围建了简易露天厕所,其中一方土围墙与尹家小组晒场土围墙相连。2005年10月,尹家小组公开拍卖晒场地宗,被告尹某才购得地宗与原告成为相邻关系。被告建盖了房屋,并将原土围墙拆除后在原址换成了空心砖围墙。2021年7月6日,原告拆除原简易厕所在原位置改建卫生厕所,在改建过程中被告认为厕所瓦屋面伸到了被告家院墙上,双方发生纠纷。

2021年7月8日龙川镇某村人民调解委员会对双方纠纷进行调解,双方达成共识,其内容为:1.尹某利户厕所瓦屋面从尹某才户院墙退回25厘米;2.因尹某利户厕所瓦屋面退回后厕所会漏雨,尹某才户答应自家厕所瓦屋顶伸长30厘米帮尹某利户厕所遮住空隙,防止漏雨;3.因尹某利户所请施工师傅家中有事,双方约定2021年7月11日上午按调解约定进行整改。2021年7月10日早上,被告擅自毁坏三片原告改建厕所的石泥瓦,后经某村人民调解委员会走访调查,双方纠纷是交界围墙权属不清所致,因协商未果,原告向法院提起诉讼,要求被告停止侵害、排除妨害并赔偿损失。

【诉讼请求和争议焦点】

(一)原告尹某利的诉讼请求

1. 请求法院判令被告停止侵害,排除妨碍。
2. 请求法院判令被告赔偿原告经济损失320元。
3. 本案诉讼费由被告承担。

(二)本案的争议焦点

1. 原告改建厕所的行为是不是合法行使自己的权利?
2. 被告擅自损坏石泥瓦的行为是否已构成侵权?

【裁判结果】

被告尹某才于本判决书生效之日起15日内赔偿原告尹某利石泥瓦经济损失人民币42元(市场价每片14元);驳回原告尹某利的其他诉讼请求。如果未按本判决指定的期限履行给付金钱义务的,应当依照《中华人民共和国民事诉讼法》第二百六十四条规定,加倍支付迟延履行期间的债务利息。案件受理费25

元(原告已交),由被告尹某才承担(在执行时一并支付给原告)。

【相关法律规定】

《中华人民共和国民法典》第一千一百六十五条:行为人因过错侵害他人民事权益造成损害的,应当承担侵权责任。

依照法律规定推定行为人有过错,其不能证明自己没有过错的,应当承担侵权责任。

《中华人民共和国民法典》第一千一百八十四条:侵害他人财产的,财产损失按照损失发生时的市场价格或者其他合理方式计算。

《中华人民共和国土地管理法》第十三条第一款:农民集体所有和国家所有依法由农民集体使用的耕地、林地、草地,以及其他依法用于农业的土地,采取农村集体经济组织内部的家庭承包方式承包,不宜采取家庭承包方式的荒山、荒沟、荒丘、荒滩等,可以采取招标、拍卖、公开协商等方式承包,从事种植业、林业、畜牧业、渔业生产。家庭承包的耕地的承包期为三十年,草地的承包期为三十年至五十年,林地的承包期为三十年至七十年;耕地承包期届满后再延长三十年,草地、林地承包期届满后依法相应延长。

《中华人民共和国民事诉讼法》第六十七条:当事人对自己提出的主张,有责任提供证据。

当事人及其诉讼代理人因客观原因不能自行收集的证据,或者人民法院认为审理案件需要的证据,人民法院应当调查收集。

人民法院应当按照法定程序,全面地、客观地审查核实证据。

【案件分析】

根据《中华人民共和国土地管理法》第十三条规定,本案中原告没有取得围建简易厕所土地使用权或所有权,现原告虽在原简易厕所原址上改建卫生厕所,但未提供该土地所有权组织同意改建和具体改建方案,原告改建厕所的行为不具有合法性。故其要求停止侵害、排除妨害的诉讼请求,没有事实和法律依据,法院对该诉讼主张不予支持;被告购得晒场地宗,未提供该晒场地宗已经包含原土围墙在内的相关依据,故该权属问题应由该土地所有权组织确定,不属本案调处职权范围内,但被告擅自对原告购买的石泥瓦进行损毁的行为已构成侵权,应承担相应的侵权责任。庭审中,被告同意按照市场价对其毁坏的三片石泥瓦进行赔偿的意见,予以采纳。

【类案总结】

在处理邻里关系时,双方当事人应当相互理解,在友好协商的基础上解决相关问题。诉诸法院的相关案件,常常是不涉及重大利益的小事,双方当事人常常因各种情绪因素而使矛盾升级,往往并无必要。倡导和睦的邻里关系,也是法律在制定时的应有之义。

案例四十二

段某兴、段某倩与祝某凤、邵某雄物权保护纠纷案

【案例导读】

本案是一起较为特殊的案件,因历史原因,房屋在被继承前由他人占有和使用,继承人在因继承而享有所有权后,理当可以行使物权人的相关权利,但占有人仍基于历史原因而占据,产生了矛盾和纠纷。

【案件基本信息和事实梳理】

段某兴、段某倩系兄妹关系。2018年5月,段某兴、段某倩的父亲去世后,段某兴、段某倩通过继承的方式继承了位于瑞丽市建设路××号附×号的房屋,并办理了该房产的产权过户登记[云(20××)瑞丽市不动产权第000××××号],段某兴、段某倩现为该房产的权利人。祝某凤、邵某雄系夫妻关系,与段某兴、段某倩的父亲系朋友关系,早些年祝某凤、邵某雄没有住处,段某兴、段某倩的父亲便将案涉房屋临时让祝某凤、邵某雄居住。在案涉房产通过继承方式办理了产权变更登记后,段某兴、段某倩认为该房屋已经免费让祝某凤、邵某雄使用多年,且为了重新装修房屋便向祝某凤、邵某雄提出归还房屋的请求,但祝某凤、邵某雄以种种理由一直强行占有、使用,拒绝搬离。

【诉讼请求和争议焦点】

(一)原告段某兴、段某倩的诉讼请求

1. 祝某凤、邵某雄限期腾空并搬离位于瑞丽市建设路××号附×号的

房屋。

2. 祝某凤、邵某雄向段某兴、段某倩按每月800元支付房屋占用期间的占用费,自2018年7月起暂计算至2021年12月止为67 200元。

3. 本案诉讼费由祝某凤、邵某雄负担。

(二)被告祝某凤、邵某雄提出的反诉请求

要求确认案涉房屋所有权属于祝某凤、邵某雄。

(三)本案的争议焦点是:

1. 案涉房屋的权利归属?

2. 邵某雄、祝某凤应否向段某兴、段某倩给付案涉房屋的占有使用费?

【裁判结果】

邵某雄、祝某凤于本判决生效之日起30日内返还段某兴、段某倩位于瑞丽市建设路××号附×号的房屋;驳回段某兴、段某倩的其他诉讼请求;驳回邵某雄、祝某凤的反诉请求。本诉案件受理费1 480元,由段某兴、段某倩负担1 380元,祝某凤、邵某雄负担100元。反诉案件受理费2 150元,由祝某凤、邵某雄负担。

【相关法律规定】

《中华人民共和国民法典》第二百零七条:国家、集体、私人的物权和其他权利人的物权受法律平等保护,任何组织或者个人不得侵犯。

《中华人民共和国民法典》第二百零八条:不动产物权的设立、变更、转让和消灭,应当依照法律规定登记。动产物权的设立和转让,应当依照法律规定交付。

《中华人民共和国民法典》第二百零九条:不动产物权的设立、变更、转让和消灭,经依法登记,发生效力;未经登记,不发生效力,但是法律另有规定的除外。

依法属于国家所有的自然资源,所有权可以不登记。

《中华人民共和国民法典》第二百一十四条:不动产物权的设立、变更、转让和消灭,依照法律规定应当登记的,自记载于不动产登记簿时发生效力。

《中华人民共和国民法典》第二百一十五条:当事人之间订立有关设立、变更、转让和消灭不动产物权的合同,除法律另有规定或者当事人另有约定外,自合同成立时生效;未办理物权登记的,不影响合同效力。

《中华人民共和国民法典》第二百一十六条:不动产登记簿是物权归属和内

容的根据。

不动产登记簿由登记机构管理。

《中华人民共和国民法典》第二百一十七条：不动产权属证书是权利人享有该不动产物权的证明。不动产权属证书记载的事项，应当与不动产登记簿一致；记载不一致的，除有证据证明不动产登记簿确有错误外，以不动产登记簿为准。

《中华人民共和国民法典》第二百二十条：权利人、利害关系人认为不动产登记簿记载的事项错误的，可以申请更正登记。不动产登记簿记载的权利人书面同意更正或者有证据证明登记确有错误的，登记机构应当予以更正。

不动产登记簿记载的权利人不同意更正的，利害关系人可以申请异议登记。登记机构予以异议登记，申请人自异议登记之日起十五日内不提起诉讼的，异议登记失效。异议登记不当，造成权利人损害的，权利人可以向申请人请求损害赔偿。

《中华人民共和国民事诉讼法》第六十七条：当事人对自己提出的主张，有责任提供证据。

当事人及其诉讼代理人因客观原因不能自行收集的证据，或者人民法院认为审理案件需要的证据，人民法院应当调查收集。

人民法院应当按照法定程序，全面地、客观地审查核实证据。

《最高人民法院关于适用〈中华人民共和国民事诉讼法〉的解释》第九十条：当事人对自己提出的诉讼请求所依据的事实或者反驳对方诉讼请求所依据的事实，应当提供证据加以证明，但法律另有规定的除外。

在作出判决前，当事人未能提供证据或者证据不足以证明其事实主张的，由负有举证证明责任的当事人承担不利的后果。

《最高人民法院关于适用〈中华人民共和国民法典〉时间效力的若干规定》第一条：民法典施行后的法律事实引起的民事纠纷案件，适用民法典的规定。

民法典施行前的法律事实引起的民事纠纷案件，适用当时的法律、司法解释的规定，但是法律、司法解释另有规定的除外。

民法典施行前的法律事实持续至民法典施行后，该法律事实引起的民事纠纷案件，适用民法典的规定，但是法律、司法解释另有规定的除外。

【案件分析】

关于争议焦点1，根据民法典的相关规定，不动产权利人的确定，应当以不动产登记簿的记载为依据。

一方当事人主张合同关系成立并生效,应当对合同订立和生效的事实承担举证责任,即祝某凤、邵某雄主张其与段某华于 2003 年 8 月达成口头房屋买卖合同,祝某凤、邵某雄应当就该合同的订立和生效负有举证责任。首先,法律规定房地产转让应当签订书面转让合同,《收条》属于收取房款的证据,不具有书面合同的形式。其次,该《收条》上所载明的内容不能确定买卖标的和数量,段某华为取得案涉房产总计支付各项款项共计 86 756.75 元,而《收条》上所载的 2.5 万元不足以证明系全部购房款,邵某雄、祝某凤主张该 2.5 万元仅包含购房款不包含土地使用权转让费不具有法律依据,亦违反了"房随地走,地随房走"的基本原则。再次,段某华生前系原瑞丽市某公司员工,2003 年在取得案涉房产时为完全民事行为能力人,段某华亲自多次办理了案涉房屋的协议转让、交纳测绘费、契税费等。邵某雄、祝某凤辩称《收条》上书写的字迹,包括收款人"段某华"的签字均为他人代为书写及代为签名,再由段某华按手印的主张不具有证据的高度可能性。因此,在邵某雄、祝某凤未能提交其他相关证据佐证其与段某华之间的房屋买卖合同成立并生效的前提下,不能仅以《收条》及相关生活水电费的支付,证明其对案涉房屋享有所有权及合法的占有使用权。

根据民法典的规定,现有证据不足以证明邵某雄、祝某凤对案涉房产享有合法的权利,邵某雄、祝某凤的反诉主张无事实及法律依据,所以不予支持。位于瑞丽市建设路××号附×号的房屋的所有权人为段某兴、段某倩,邵某雄、祝某凤仅是在案涉房产权利人长期不主张返还的默许下仍继续占用案涉房屋。在权利人起诉请求返还案涉房屋后,邵某雄、祝某凤不能提出其可以继续占用案涉房屋的事实和法律依据,其应当在合理期限内积极腾退房屋。

关于争议焦点 2,对段某兴、段某倩主张的每月 800 元的房屋占用费,因未能提交证据证明,所以不予支持。

【类案总结】

由于早年的房屋管理办法与现在有出入,很多房屋存在所有权模糊的问题。

对于房屋类的排除妨害案件,由于房屋属于不动产,财产价值较大,故人民法院在审理时通常会让当事人充分举证质证,结合当事人提供的举证证明材料,充分阅读当时的房管政策,按照公平原则和最符合社会预期的方式进行裁判,力保案件裁判的公平性和公正性。这样不仅可以保护真正权利人的权利,也有利于社会和谐稳定。

第八章

环境资源纠纷

第一节　环境行政公益诉讼

案例四十三

云南省剑川县人民检察院诉剑川县森林公安局怠于履行法定职责环境行政公益诉讼案

【案例导读】

在环境行政公益诉讼中,人民法院应以如下标准评估行政机关是否履行法定职责:相对人的违法行为是否得到有效制止,行政机关是否以充分、及时、有效的法定监管措施采取行动,以及是否有效保护国家利益或社会公共利益。

【案件基本信息和事实梳理】

2013年1月,剑川县居民王某某受某公司的委托在国有林区开挖公路,被剑川县红旗林业局护林人员发现并制止,剑川县林业局接报后交剑川县森林公安局进行查处。剑川县森林公安局于2013年2月20日向王某某送达了林业行政处罚听证权利告知书,并于同年2月27日向王某某送达了剑川县林业局剑林罚书字(2013)第(2××)号林业行政处罚决定书。行政处罚决定书载明:某公司在未取得合法的林地征占用手续的情况下,委托王某某于2013年1月13日至19日期间,在13林班21、22小班之间用挖掘机开挖公路长度为494.8米、平均宽度为4.5米、面积为2 226.6平方米,共计3.34亩。根据《中华人民共和国森林法实施条例》第四十三条第一款规定,决定对王某某及某公司给予如下行政处罚：1.责令限期恢复原状；2.处非法改变用途林地每平方米10元的罚款，即22 266元。2013年3月29日某公司交纳了罚款后，剑川县森林公安局即对该案予以结案。其后直到2016年11月9日，剑川县森林公安局没有督促某公司和王某某履行"限期恢复原状"的行政义务，所破坏的森林植被至今没有得到恢复。

2016年11月9日，剑川县人民检察院向剑川县森林公安局发出检察建议，建议依法履行职责，认真落实行政处罚决定，采取有效措施，恢复森林植被。2016年12月8日，剑川县森林公安局回复称自接到《检察建议书》后，即刻进行认真研究，采取了积极的措施，并派民警到王某某家对剑林罚书字（2013）第（2××）号处罚决定第一项责令限期恢复原状进行催告，鉴于王某某死亡，执行终止。对某公司，剑川县森林公安局没有向其发出催告书。

剑川县人民检察院提起行政公益诉讼，请求确认剑川县森林公安局怠于履行法定职责的行为违法，判令剑川县森林公安局在一定期限内履行法定职责。

另查明，剑川县森林公安局为剑川县林业局所属的正科级机构，2013年年初，剑川县林业局向其授权委托办理本县境内的所有涉及林业、林地处罚的林政处罚案件。2013年9月27日，云南省人民政府《关于云南省林业部门相对集中林业行政处罚权工作方案的批复》，授权各级森林公安机关在全省范围内开展相对集中林业行政处罚权工作，同年11月20日，经云南省人民政府授权，云南省人民政府法制办公室对森林公安机关行政执法主体资格单位及执法权限进行了公告，剑川县森林公安局也是具有行政执法主体资格和执法权限的单位之一，同年12月11日，云南省林业厅发出通知，决定自2014年1月1日起，各级森林公安机关依法行使省政府批准的62项林业行政处罚权和11项行政强制权。

【诉讼请求和争议焦点】

（一）公益诉讼人剑川县人民检察院的诉讼请求

1. 请求依法确认剑川县森林公安局怠于履行法定职责的行为违法。
2. 请求判令剑川县森林公安局在一定期限内履行法定职责。

（二）本案争议焦点

被告剑川县森林公安局的行为是否属于怠于履行法定职责的行为。

【裁判结果】

1. 确认被告剑川县森林公安局怠于履行剑林罚书字（2013）第（2××）号处

罚决定第一项内容的行为违法。

2. 责令被告剑川县森林公安局继续履行法定职责。

宣判后，当事人服判息诉，均未提起上诉，判决已发生法律效力，剑川县森林公安局也积极履行了判决。

【相关法律规定】

《中华人民共和国行政诉讼法》第二十六条第六款规定：行政机关被撤销或者职权变更的，继续行使其职权的行政机关是被告。

《中华人民共和国森林法》第六十六条（注：本案审理时为2009年版第十三条）：县级以上人民政府林业主管部门依照本法规定，对森林资源的保护、利用、更新等进行监督检查，依法查处破坏森林资源等违法行为。

《中华人民共和国森林法》第八十二条（注：本案审理时为2009年版第二十条）：公安机关按照国家有关规定，可以依法行使本法第七十四条第一款、第七十六条、第七十七条、第七十八条规定的行政处罚权。

违反本法规定，构成违反治安管理行为的，依法给予治安管理处罚；构成犯罪的，依法追究刑事责任。

《中华人民共和国森林法实施条例》第四十三条第一款：未经县级以上人民政府林业主管部门审核同意，擅自改变林地用途的，由县级以上人民政府林业主管部门责令限期恢复原状，并处非法改变用途林地每平方米10元至30元的罚款。

《中华人民共和国行政诉讼法》第七十条：行政行为有下列情形之一的，人民法院判决撤销或者部分撤销，并可以判决被告重新作出行政行为：

（一）主要证据不足的。

（二）适用法律、法规错误的。

（三）违反法定程序的。

（四）超越职权的。

（五）滥用职权的。

（六）明显不当的。

《中华人民共和国行政诉讼法》第七十四条第二款第一项：行政行为有下列情形之一，不需要撤销或者判决履行的，人民法院判决确认违法：行政行为违法，但不具有可撤销内容的。

【案件分析】

首先,生态环境具有公共利益属性,生态环境损害具有不可逆转性、难以恢复性、不可替代性,剑川县人民检察院提起行政公益诉讼,符合起诉条件。其次,本案中剑川县森林公安局在查明某公司及王某某擅自改变林地用途的事实后,以剑川县林业局名义作出行政处罚决定符合法律规定。但剑川县森林公安局在某公司缴纳罚款后即予结案,其后三年多时间里没有督促某公司和王某某对受到破坏的林地恢复原状,也没有代为履行,致使被擅自改变用途的林地没有恢复原状,且未提供证据证明有相关合法、合理的事由,其行为显然不当,属于怠于履行法定职责的行为。

本案系检察机关为依法督促行政机关履行监管职责提起的环境行政公益诉讼。长江源头林草资源对于促进长江上游水土保持和水源涵养意义重大,长江上游人民法院应充分发挥审判职能作用,服务和保障长江源头生态环境治理和林草资源保护。人民法院依法责令剑川县森林公安局继续履行法定职责,对于督促行政机关全面履行监管职责,积极开展生态修复、确保森林植被恢复具有典型意义。

【类案总结】

行政机关在环境保护中发挥着主导作用,这是因为:1.环保法规的制定和实施要通过政府来完成。2.政府通过制定环境政策、环保标准、技术规范和污染防治措施等,对企业进行宏观调控和指导。3.政府通过对环境保护的监督检查,发现并纠正违法行为,保护公民、法人和其他组织的合法权益。对于破坏生态环境的行为,行政机关不仅应依法查处、作出行政处罚,更要切实做好后续的生态环境修复工作,积极主动地督促行政相对人履行相应义务,在执法中保护生态环境,避免类似案件再次发生。因此,各地政府机关要不断深化生态环境保护监管责任,对于破坏生态环境的行为不仅要依法查处,更要持续地追踪、跟进后续的修复工作,建立长效机制。

第二节 环境资源赔偿纠纷

案例四十四

云南某建筑工程有限公司诉屏边苗族自治县国土资源局、屏边苗族自治县人民政府确认行政行为违法及行政赔偿案

【案例导读】

非经国务院授权的有关主管部门同意在国家级自然保护区范围内开采矿产资源的行为，属于在自然保护区内开展不符合功能定位的开发建设活动，为法律所严禁。行政机关在制止此类行为的过程中，未依照法定程序拆迁，该行政行为应确认违法。但本案行政相对人同样存在主观过错（违法开采），应承担其违法行为导致的后果。同时，行政相对人负有对行政行为造成其合法权益损害的举证责任，如果未能举证证明其合法权益受到损害的，应承担举证不能的法律后果。某公司因未对其合法权益受到损害提交充分证据，故行政机关采取的行政行为虽被确认违法，但不应承担赔偿责任。

【案件基本信息和事实梳理】

某公司拥有屏边蒿枝地实验矿狮子山采石场、屏边水塘狮子山大理石矿采石场的采矿许可证，有效期均自2011年12月28日至2016年12月28日。两个采石场均位于屏边大围山国家级自然保护区范围内，属环保部督查要求整改的项目。

2016年12月29日，某公司的采矿许可证到期后，屏边国土局制作了《停工通知书》，要求某公司停止对采石场的开采，并于2017年1月26日送达某公司。2017年1月24日又制作了《限期拆除通知》，限某公司于2017年2月10日前自行拆除矿区范围内的开采机械设备及地上建筑物和其他设施，通知于2017年1月26日送达某公司。2017年2月16日，屏边国土局又向某公司下发了《通知书》，通知内容为：经研究，屏边县人民政府将于2017年2月17日组织相关部门对某公司矿区范围内的开采机械设备及地上建筑物和其他设施进行强制拆除,届时请某公司派人到现场配合拆除工作。

2017年2月17日,屏边县人民政府组织人员对某公司位于屏边蒿枝地实验矿狮子山采石场、屏边水塘狮子山大理石矿采石场进行了拆除。

【诉讼请求和争议焦点】

(一)原告某公司的诉讼请求

一审诉讼请求:屏边县人民政府及屏边县国土局就"对某公司位于屏边蒿枝地实验矿狮子山采石场、屏边水塘狮子山大理石矿采石场设备设施强制拆除"的行政行为予以赔偿。

二审诉讼请求:撤销一审判决,并依法改判支持其原审时的诉讼请求。

再审诉讼请求:撤销二审判决,依法改判,支持某公司的诉讼请求。

(二)本案争议焦点

某公司提出的赔偿请求应否予以支持。

【裁判结果】

一审法院红河州中级人民法院判决:1.确认屏边县人民政府及屏边县国土局2017年2月17日对某公司位于屏边苗族自治县蒿枝地实验矿狮子山采石场、屏边县水塘狮子山大理石矿采石场设备设施强制拆除的行政行为违法。2.驳回某公司对屏边县人民政府及屏边县国土局的行政赔偿请求。

本案经云南省高级人民法院二审后予以维持。

二审判决后,某公司申请再审,经最高人民法院审理后裁定驳回某公司的再审申请。

【相关法律规定】

《中华人民共和国行政诉讼法》第七十四条第一款第(一)项:行政行为有下列情形之一的,人民法院判决确认违法,但不撤销行政行为:行政行为依法应当撤销,但撤销会给国家利益、社会公共利益造成重大损害的。

《中华人民共和国行政诉讼法》第七十四条第二款第(一)项:行政行为有下列情形之一,不需要撤销或者判决履行的,人民法院判决确认违法:行政行为违法,但不具有可撤销内容的。

《中华人民共和国行政诉讼法》第三十八条第二款：在行政赔偿、补偿的案件中，原告应当对行政行为造成的损害提供证据。因被告的原因导致原告无法举证的，由被告承担举证责任。

《中华人民共和国国家赔偿法》第四条第（四）项：行政机关及其工作人员在行使行政职权时有下列侵犯财产权情形之一的，受害人有取得赔偿的权利：造成财产损害的其他违法行为。

《中华人民共和国国家赔偿法》第三十六条第（八）项：侵犯公民、法人和其他组织的财产权造成损害的，按照下列规定处理：对财产权造成其他损害的，按照直接损失给予赔偿。

《中华人民共和国矿产资源法》第二十条第（五）项：非经国务院授权的有关主管部门同意，不得在下列地区开采矿产资源：国家划定的自然保护区、重要风景区，国家重点保护的不能移动的历史文物和名胜古迹所在地。

【案件分析】

《中华人民共和国行政强制法》第三十五条、第三十六对行政机关作出强制执行决定前，行政相对人的陈述申辩权及行政机关强制执行前应当履行的法定程序等进行了明确规定。本案中，屏边国土局作出的《限期拆除通知》中，未告知某公司享有陈述权和申辩权。在对某公司的采石场进行拆除前，也未制作强制执行决定，而是以通知的方式告知某公司将对其所有的采石场进行拆除，通知未告知某公司申请行政复议或者提起行政诉讼的途径和期限，也没有写明通知所适用的法律、法规，行政程序违反了上述法律的相关规定。其次，《中华人民共和国矿产资源法》第三十九条至第四十四条对违反《中华人民共和国矿产资源法》的行为规定了相关的行政处罚措施并未规定可以强制拆除。因此，屏边县国土局、屏边县人民政府的强制拆除行为违反《中华人民共和国矿产资源法》的规定，应当确认为违法。

根据《中华人民共和国矿产资源法》第三条第三款、第二十条第（五）项及国务院《矿产资源开采登记管理办法》第七条第一款的规定，某公司在2016年10月9日收到屏边县国土局的《办理采矿权延期登记事项告知书》后，在办理采矿权延期登记过程中，因其采矿地点位于屏边大围山国家级自然保护区范围内，如允许其继续开采，会给国家利益、社会公共利益造成重大损害。因此，屏边县人民政府的职能部门住建、环保、林业、旅游发展委员会、云南省大围山国家级自然保护区屏边管理分局等多部门在审查后，均不同意为某公司的采矿许可证办理延期手续。某公司明知上述职能部门中只要有一家不同意其延期，其申请材料就不完善，延期手续也就无法办理，但仍在采矿许可证到期，未办理延期手续的情况下继续开采，属非法开采。屏边县国土局在2016年12月29日和2017年1月24日分别制作了《停工通知书》和《限期拆除通知书》，责令某公司停止开采和限期拆除开采设备，并进行了送达。因此，某公司主张屏边县国土局同意办理采矿权延期手续，并且在法律规定的期限内，其向办理采矿权延期的其他政府部门均提交了采矿权延期申请材料，部分单位拒绝批准采矿权延期申请，也未作出任何答复，根据《中华人民共和国行政许可法》第五十条第二款之规定，行政机关逾期未作决定，视为准予延续的诉讼理由不成立，不予支持。根据《中华人民共和国国家赔偿法》第四条及第三十六条第（八）项的规定，对公民、法人和其他组织的财产权造成其他损害的，按照直接损失给予赔偿。本案中，某公司在采矿许可证到期后，并未获得有权部门的采矿延期许可，已经失去了矿山的合法开采权。屏边县人民政府及屏边县国土局在对某公司的采矿设备进行拆除前，对可移动的设备已经全部予以了归还，对需要拆除的设备，在拆除过程中也未进行损毁，并进行了妥善保存。之所以现在还存放在屏边县人民政府及屏边县国土局处，是因某公司不愿领取所致，并非屏边县人民政府或屏边县国土局扣押。因此，对某公司提出的要求屏边县人民政府及屏边县国土局赔偿其采矿权、设备设施、前期投入损失等诉讼请求，不应予以支持。

本案屏边县人民政府及屏边县国土局作出的强制拆除某公司采矿设备设施的行政行为，在程序上违反了《中华人民共和国行政强制法》的规定，实体上无法律依据，但因采矿设备设施已经实际拆除，应确认违法。某公司在采矿许可证到期后，并未获得有权机关的延续许可，继续开采属违法开采，其要求进行赔偿的诉讼请求无事实和法律依据。

【类案总结】

本判例对行政机关依法行政、依规行政起到监督指引作用，对类案的审判具有借鉴意义。同时，矿产资源是经济社会发展的重要物质基础，矿业对我国的贡献和影响巨大，但长时期、高强度、大规模的矿产资源开发给生态环境带来巨大压力。我们要树立合法采矿、科学采矿的意识，不能抱有侥幸心理，非经国务院授权的有关主管部门同意在国家级自然保护区范围内开采矿产资源的行为,属于在自然保护区内开展不符合功能定位的开发建设活动,为法律所严禁。

案例四十五

兰坪某矿业有限公司与兰坪某铜业有限责任公司财产损害赔偿纠纷案

【案例导读】

负有环境保护监督管理职责的国土部门出具的环境污染事件调查报告可以作为认定案件事实的根据。人民法院结合双方当事人举证情况,依法采信调查报告作出事实认定,并综合过错程度和原因力的大小合理划分责任范围。

【案件基本信息和事实梳理】

2016年6月,兰坪县营盘镇清水河遭遇泥石流灾害。兰坪县国土资源局整理了一份调查报告,并确认兰坪某铜业有限责任公司的直接经济损失为233.91万元。调查报告明确指出,这次泥石流灾害是由强降雨引发的,兰坪某矿业有限公司的不当生产活动和处理大板登铜矿矿区生产废渣的方式是增加地质灾害损失的直接原因。因此,各方应该共同委托有资质的技术单位进行专项调查,并在责任确定后通过协商解决灾害损失。然而,由于无法达成协议,兰坪某铜业有限责任公司向法院提起诉讼,要求兰坪某矿业有限公司承担污染侵权责任并赔偿其233.91万元的经济损失。

【诉讼请求和争议焦点】

(一)一审原告的诉讼请求

一审原告兰坪某铜业有限责任公司诉讼请求:1.依法判令兰坪某矿业有限公司赔偿兰坪某铜业有限责任公司直接经济损失233.91万元;2.依法判令兰坪某矿业有限公司承担本案的全部诉讼费用。

(二)二审上诉人的诉讼请求

二审上诉人兰坪某矿业有限公司的诉讼请求:1.请求撤销一审判决;2.判

决驳回被上诉人兰坪某铜业有限责任公司的起诉。

（三）本案的争议焦点

一审争议焦点：1."6·07"泥石流灾害的发生与兰坪某矿业有限公司的工程活动之间是否存在因果关系；2.兰坪某铜业有限责任公司在"6·07"泥石流灾害中造成的损失是多少；3.兰坪某矿业有限公司应否赔偿兰坪某铜业有限责任公司因泥石流灾害遭受的损失。

二审争议焦点：1.兰坪某矿业有限公司工程活动与"6·07"泥石流灾损是否存在因果关系？2.兰坪某铜业有限责任公司选址是否存在过错？3.泥石流灾害给兰坪某铜业有限责任公司造成的损失应当为多少？4.兰坪某铜业有限责任公司与兰坪某矿业有限公司在本案责任承担中责任比例应当为多少？

【裁判结果】

一审法院云南省兰坪白族普米族自治县人民法院判决：限兰坪某矿业有限公司于本判决生效之日起15日内赔偿兰坪某铜业有限责任公司灾害财产损失1 111 000元。

二审法院云南省怒江傈僳族自治州中级人民法院判决：1.撤销兰坪白族普米族自治县人民法院（2018）云3325民初×××号民事判决；2.由上诉人兰坪某矿业有限公司于本判决生效后15日内赔偿给被上诉人兰坪某铜业有限责任公司70.62万元；3.驳回兰坪某铜业有限责任公司的其他诉讼请求。

【相关法律规定】

《中华人民共和国民法典》第一千一百六十五条：行为人因过错侵害他人民事权益造成损害的，应当承担侵权责任。

依照法律规定推定行为人有过错，其不能证明自己没有过错的，应当承担侵权责任。

《中华人民共和国民法典》第一千一百六十六条：行为人造成他人民事权益损害，不论行为人有无过错，法律规定应当承担侵权责任的，依照其规定。

《中华人民共和国民法典》第一千一百六十七条：侵权行为危及他人人身、财产安全的，被侵权人有权请求侵权人承担停止侵害、排除妨碍、消除危险等侵权责任。

《中华人民共和国民法典》第一千一百六十八条：二人以上共同实施侵权行

为,造成他人损害的,应当承担连带责任。

《中华人民共和国民法典》第一千一百七十条:二人以上实施危及他人人身、财产安全的行为,其中一人或者数人的行为造成他人损害,能够确定具体侵权人的,由侵权人承担责任;不能确定具体侵权人的,行为人承担连带责任。

《中华人民共和国民法典》第一千一百七十一条:二人以上分别实施侵权行为造成同一损害,每个人的侵权行为都足以造成全部损害的,行为人承担连带责任。

《中华人民共和国民法典》第一千一百七十二条:二人以上分别实施侵权行为造成同一损害,能够确定责任大小的,各自承担相应的责任;难以确定责任大小的,平均承担责任。

《中华人民共和国民法典》第一千一百七十三条:被侵权人对同一损害的发生或者扩大有过错的,可以减轻侵权人的责任。

《中华人民共和国民法典》第一千一百七十四条:损害是因受害人故意造成的,行为人不承担责任。

《中华人民共和国民法典》第一千一百七十五条:损害是因第三人造成的,第三人应当承担侵权责任。

【案件分析】

本案为环境污染事件引发的财产损害赔偿案件。在此类案件中,行为与损害之间的因果关系确认是认定事实的关键一环。本案泥石流发生后,兰坪县国土资源局与云南省地质工程勘察设计研究院技术人员及时对清水河"6·07"泥石流灾害进行调查,形成《兰坪县国土资源局关于上报兰坪县营盘镇清水河"6·07"泥石流灾害调查的报告》。该报告的形成具有一定客观性,从调查时间来看兰坪县国土资源局第一时间到达了受灾现场,云南省地质工程勘察设计研究院技术人员具备一定专业技术知识,兰坪县国土资源局出具的调查报告有时间上的及时性、资料收集的完整性和一定的科学性。且本报告作出之后,双方当事人并未提供其他证据推翻该调查报告不具备客观、真实、合法性,所以一、二审法院均认为该报告可以作为本案认定案件基本事实的依据,具有证明力。报告分析说明"清水河'6·07'泥石流灾害是由于暴雨引发局部区域快速汇水,掏蚀岸坡,水流流经大板登铜矿区域形成高速加砂洪流,携带区内矿渣形成泥石流……本次泥石流灾害为强降雨为主引发的中型泥石流灾害,形成灾害不当的工程活动是加剧地质灾害灾损形成的直接因素，不当工程活动主要有：1. 大板登铜矿矿区生产弃渣处置不当，为泥石流爆发提供了充沛的物源条件；2. 汪志春建设养殖场时选址不当，未充分考虑可能遭受大规模洪水、泥石流对其造成威胁的情况；3. 兰坪县某铜业有限责任公司修建构筑物时挤占沟道，选址不当，探矿硐口靠近沟谷，生产中对可能暴发的泥石流等灾害缺乏防范意识"。虽然此次泥石流因强降雨为主要引发原因，但兰坪某矿业有限公司明知矿渣堆积下方陡坡，且容易使地表水聚于清水河沟槽内，一旦连续降雨浸泡冲刷废弃矿渣，必然造成废弃矿渣堆垮塌离析形成泥石流，且兰坪某矿业有限公司在堆放区未设置任何安全防护设施，兰坪某矿业有限公司随意堆放废弃矿渣为此次泥石流提供了充沛的物源条件。

也就是说一、二审法院均认可调查报告的证明力，认为泥石流灾害的发生与兰坪某矿业有限公司的不当活动存在因果关系，应承担环境侵权责任，同时原告兰坪某铜业有限责任公司修建构筑物时挤占沟道，选址不当，在生产中对可能暴发的泥石流等灾害缺乏防范意识，兰坪某铜业有限责任公司本身存在一定的过错，因此双方都应为损害承担责任。而现有证据无法证明双方责任大小，根据公平原则，双方各承担一半的责任，这也是两审法院的共同意见。

两审法院判决的差异主要在于损失数额的认定上。鉴于各方未进行责任认定，亦无法进行灾损司法鉴定，根据调查报告中统计的灾损数据，结合财产折旧情况，一审法院确认兰坪某铜业有限责任公司损失为222.2万元；二审法院调整折旧比例，认为一审法院对经济损失按照5%计算折旧未考虑到灾损财物使用年限，不符合受损财物的使用情况，从而确定兰坪某铜业有限责任公司损失数额为141.25万元。

【类案总结】

本案为环境污染事件引发的财产损害赔偿案件。根据《最高人民法院关于审理环境侵权责任纠纷案件适用法律若干问题的解释》第十条的规定，负有环境保护监督管理职责的国土部门出具的环境污染事件调查报告可以作为认定案件事实的根据。本案中，行政机关出具的调查报告对案涉泥石流灾害的成因、财产损失以及责任认定均有相关表述。人民法院结合双方当事人举证情况，依法采信调查报告作出事实认定，并综合过错程度和原因力的大小合理划分责任范围，在事实查明方法和法律适用的逻辑、论证等方面对类案审理提供了示范。

近年来,随着工业化、城镇化的快速发展,环境污染和生态破坏问题日益突出,因环境污染引发的环境资源类纠纷数量不断增多,此类案件往往存在因果关系认定困难的问题。一般认为,侵权责任的认定包括违法行为、损害事实和因果关系三个要件。在侵权责任认定中,首先应明确原告所主张的损害事实,即侵权行为与损害事实之间的因果关系。侵权行为与损害事实之间的因果关系,是指侵权行为与损害结果之间的引起与被引起的关系,其主要表现为直接因果关系和间接因果关系两种类型。直接因果关系是指侵权行为直接导致了损害结果的发生;间接因果关系是指一般不会引起某种损害后果发生,但因为其他原因介入而诱发后果。

第三节 环境行政纠纷

案例四十六

某生猪养殖场与某某市生态环境局某某分局等行政纠纷案

【案例导读】

行政处罚和行政命令存在区别,两者的根本区别在于行政处罚具有惩戒性。行政机关作出行政处罚前,必须拥有合法的职能权限,并按照法定程序进行,充分保障行政相对人的陈述申辩等程序性权利。

【案件基本信息和事实梳理】

某养殖场系李某于2007年投资建设并于2014年11月11日领取营业执照的个人独资企业,经营范围为生猪养殖销售。该养殖场在设立时未依法办理环评手续。由于该养殖场位于云南省某县某村,离村民的住宅区较近,以及该养殖场在从事生猪养殖过程中不注重生态环境保护,导致养殖中产生大量的污水及粪便外排,给周边空气、环境、土壤造成污染。因此有村民举报该养殖场此环境违法行为,请求查处。

2019年11月26日,被告某某市生态环境局某某分局经现场检查后,认定该养殖场存在环境违法行为,遂向该养殖场作出了《责令改正违法行为决定书》,要求该养殖场:1.及时采取有效应急处理措施,防止养殖污水渗漏(外排)现象发生;2.2019年12月30日前办理完善环评审批手续,并根据实际养殖规模配套建设完善养殖污水收集处理设施,确保养殖污水全部收集回田综合利用;3.若养殖场不能办理环评手续,责令养殖场于2020年1月31日前停止养殖,并拆除养殖设施,养殖场地恢复原状。

某养殖场于2019年11月26日收到该决定书后,在法定期间既未申请行政复议,也未提起行政诉讼。后由于某县人民检察院认为该养殖场此环境违法行为已危及了社会公共利益,遂以检察建议书的形式督促被告某某市生态环境局某某分局履行监管职责。

2020年4月23日,被告某某市生态环境局某某分局经过一定调查后,认定某养殖场并未整改到位,遂对养殖场作出了《责令改正违法行为决定书》,要求该养殖场于2020年5月15日前全面停止养殖,处理现有畜禽,并对养殖期间产生的所有废弃物(污水和粪便)彻底清除还田无害化处置,及时消除污染隐患,切实改善群众居住环境。

某养殖场于2020年4月27日向被告某某市生态环境局某某分局写下承诺书,承诺在行政复议期间,即60日内全面整改。但之后该养殖场认为其客观上无法做到,特别是已不能办理环评手续,且认为《责令改正违法行为决定书》系行政处罚,被告某某市生态环境局某某分局在查处过程中没有依法告知其享有陈述申辩权以及听证的权利,遂于2020年6月22日申请行政复议,复议机关××市生态环境局受理后于2020年8月17日决定延期,告知当事人在2020年9月22日前作出复议决定,××市生态环境局经集体讨论后于2020年9月21日作出《行政复议决定书》,认为原行政机关作出的《责令改正违法行为决定书》系行政命令,不属于行政处罚,原行政行为认定事实清楚,证据确凿,适用法律正确,程序合法,内容适当,维持了原行政机关某某市生态环境局某某分局作出的《责令改正违法行为决定书》。

【诉讼请求和争议焦点】

(一)某养殖场的诉讼请求

1.请求人民法院依法撤销第一被告市生态环境局分局对该养殖场所作的

《责令改正违法行为决定书》。

2. 请求人民法院依法撤销第二被告××市生态环境局对该养殖场所作《行政复议决定书》。

（二）本案的争议焦点

本案争议焦点在于被告某某市生态环境局某某分局作出的《责令改正违法行为决定书》在性质上系行政处罚还是行政命令，以及某养殖场的诉讼请求能否成立。

【裁判结果】

一、撤销被告某某市生态环境局某某分局2020年4月23日作出的《责令改正违法行为决定书》中2020年5月15日前全面停止养殖的行政决定部分。

二、撤销被告××市生态环境局2020年9月21日作出的《行政复议决定书》中维持原行政机关《责令改正违法行为决定书》中2020年5月15日前全面停止养殖的行政复议决定部分。

三、驳回某养殖场其他的诉讼请求。

【相关法律规定】

《中华人民共和国行政处罚法》第九条（注：本案审理时为2017年版）：行政处罚的种类：

（一）警告、通报批评。

（二）罚款、没收违法所得、没收非法财物。

（三）暂扣许可证件、降低资质等级、吊销许可证件。

（四）限制开展生产经营活动、责令停产停业、责令关闭、限制从业。

（五）行政拘留。

（六）法律、行政法规规定的其他行政处罚。

《中华人民共和国行政诉讼法》第六十九条：行政行为证据确凿，适用法律、法规正确，符合法定程序的，或者原告申请被告履行法定职责或者给付义务理由不成立的，人民法院判决驳回原告的诉讼请求。

《中华人民共和国行政诉讼法》第七十条：行政行为有下列情形之一的，人民法院判决撤销或者部分撤销，并可以判决被告重新作出行政行为：

（一）主要证据不足的。

(二)实用法律、法规错误的。

(三)违反法定程序的。

(四)超越职权的。

(五)滥用职权的。

(六)明显不当的。

【案件分析】

被告某某市生态环境局某某分局作出的《责令改正违法行为决定书》的内容是：2020年5月15日前全面停止养殖，处理现有畜禽，并对养殖期间产生的所有废弃物（污水和粪便）彻底清除还田无害化处置，及时消除污染隐患，切实改善群众居住环境。其中，原告认为2020年5月15日前全面停止养殖属于我国行政处罚法规定的责令停产停业的行政处罚。二被告在法庭审理过程中也认可责令停产停业并不属于其法定职权。《中华人民共和国行政处罚法》第九条规定，行政处罚的种类：(一)警告、通报批评。(二)罚款、没收违法所得、没收非法财物。(三)暂扣许可证件、降低资质等级、吊销许可证件。(四)限制开展生产经营活动、责令停产停业、责令关闭、限制从业。(五)行政拘留。(六)法律、行政法规规定的其他行政处罚。法院认为，虽然《责令改正违法行为决定书》中2020年5月15日前全面停止养殖的内容并未明确表述为责令停产停业，但依照一般人的认识和理解，本质上属于责令停产停业的行政处罚，故二被告认为《责令改正违法行为决定书》全部内容均属于行政命令没有事实依据，责令停产停业属于市场监督管理部门的行政职权，原行政机关超越职权责令原告2020年5月15日前全面停止养殖明显违法，此行政决定的内容应当依法撤销。其余行政行为的内容属于被告某某市生态环境局某某分局在职权范围内依法有权作出的行政命令，且涉及社会公共利益的维护，依法不能撤销。

【类案总结】

行政处罚是行政机关基于行政相对人的违法事实，对行政相对人给予处罚的行政行为，与其他行政行为的根本区别在于其具有惩戒性。行政命令是行政机关基于行政管理的目的，对行政相对人提出作为或者不作为要求的行政行为。行政机关作出行政处罚前，必须拥有合法的职能权限，并按照法定程序进行，充分保障行政相对人的陈述申辩等程序性权利。

案例四十七

陈某渔与双柏县自然资源局行政处罚纠纷案

【案例导读】

公民、法人或者其他组织向人民法院提起行政诉讼，应当遵循以下时限要求：即应当自知道或者应当知道作出行政行为之日起六个月内提出，法律另有规定的除外。在行政诉讼中，原告可以根据自己的情况和目的选择不同的请求方式，如确认违法、确认无效和判决撤销行政行为等。

【案件基本信息和事实梳理】

2019年3月31日，被告双柏县自然资源局开始调查关于原告陈某渔之子陈某生的案件，因为他在没有取得采砂许可证的情况下非法采砂。4月3日，被告双柏县自然资源局又立案查处了原告陈某渔一家人的违法行为，他们从1991年到2019年3月，私自在双柏县某村委会的某采砂点采砂，而且都没有合法的采砂许可证。

2019年6月4日，被告双柏县自然资源局给原告陈某渔送达行政处罚告知书和行政处罚听证告知书，告诉他们有关处罚的事情。然而，这些法律文件送达时，却由其他人代签了原告陈某渔的名字。

接下来的2019年7月5日，被告双柏县自然资源局作出了双自然资行罚（2019）字第××号行政处罚决定书。他们认定，原告陈某渔在1991年11月至2019年2月期间，在双柏县某村委会某村集体山上私自采砂石。这违反了《中华人民共和国矿产资源法》和《云南省矿产资源管理条例》的规定，被告决定对他们采取以下处罚措施：1.责令立即停止违法行为，拆除采砂设备；2.责令在2019年6月18日前赔偿生态环境损失，恢复矿山生态环境；3.没收非法采出的矿产品550平方米，并处以17 364元的罚款；4.责令违法开采者将没收的550平方米矿产品（山沙）回填，用于恢复矿山生态环境。这些处罚决定的法律文件也是由其他人代签了原告陈某渔的名字。

2019年10月22日，被告双柏县自然资源局向原告陈某渔之子陈某生送达了履行行政处罚决定的催告书，原告陈某渔才知道了这个处罚行为。于是，他们决定向法院提起行政诉讼，希望法院能对这个决定进行审查。

【诉讼请求和争议焦点】

（一）诉讼请求：

1. 撤销被告于 2019 年 7 月 5 日作出的双自然资行罚〔2019〕字第（××）号行政处罚决定书。

2. 本案诉讼费由被告承担。

（二）本案的争议焦点是：

1. 本案是否超过起诉期限。

2. 被诉行政处罚行为事实是否清楚，证据是否充分。

【裁判结果】

撤销被告双柏县自然资源局于 2019 年 7 月 5 日作出的双自然资行罚〔2019〕字第（××）号行政处罚决定书。案件受理费 50 元，由被告双柏县自然资源局负担。

【相关法律规定】

《中华人民共和国行政诉讼法》第四十六条第一款：公民、法人或者其他组织直接向人民法院提起诉讼的，应当自知道或者应当知道作出行政行为之日起六个月内提出。法律另有规定的除外。

《中华人民共和国行政诉讼法》第七十条：行政行为有下列情形之一的，人民法院判决撤销或者部分撤销，并可以判决被告重新作出行政行为：

（一）主要证据不足的。

（二）实用法律、法规错误的。

（三）违反法定程序的。

（四）超越职权的。

（五）滥用职权的。

（六）明显不当的。

《中华人民共和国土地管理法》第六十七条第一款：县级以上人民政府自然资源主管部门对违反土地管理法律、法规的行为进行监督检查。

【案件分析】

《中华人民共和国行政诉讼法》第四十六条第一款规定："公民、法人或者其他组织直接向人民法院提起诉讼的,应当自知道或者应当知道作出行政行为之日起六个月内提出。法律另有规定的除外。"本案中,被告于 2019 年 6 月 4 日对原告作出行政处罚告知书及听证告知书,于 2019 年 7 月 5 日对原告作出双自然资行罚(2019)字第××号行政处罚决定书,虽然被告对在行政处罚中作出的上述法律文书进行了送达,但原告并不认可其已经签收了上述法律文书。在庭审中,被告认可上述行政处罚中的法律文书并不是原告本人签字。2019 年 10 月 22 日,被告向原告之子陈某生送达履行行政处罚决定催告书后,原告知道了该行政处罚行为。因此,起诉期限从原告知道或者应当知道被诉行政处罚行为即 2019 年 10 月 22 日起计算至原告提起诉讼之日止,尚未超过法定六个月的起诉期限,故本案并未超过起诉期限。《中华人民共和国土地管理法》第六十七条规定,县级以上人民政府自然资源主管部门对违反土地管理法律、法规的行为进行监督检查。因此,被告作为自然资源主管部门,具有对土地违法行为进行查处的法定职责。在本案中,根据被告向法院提交的证据,从事违法采砂行为的相对人是原告之子陈某生,但被告并未提交任何证据证实原告存在未取得采砂许可证进行采砂的违法行为,被告给予原告行政处罚明显系被处罚主体错误,故被诉行政处罚行为事实不清,证据不足。综上,本案并未超过起诉期限,被诉行政处罚行为事实不清、证据不足,依法应当予以撤销。

【类案总结】

在行政诉讼中,原告可以根据自己的情况和目的选择不同的请求方式,包括确认违法、确认无效和判决撤销。

确认违法是指要求法院确认行政机关的行政行为违法。这种请求方式适用于原告希望通过法院确认行政机关的行政行为存在违法性质,并要求法院在确认后对行政机关的行政行为进行纠正或采取相应的补救措施的情况。例如,原告认为某行政机关的行政行为违反了相关的法律、法规或规章,导致了损害或不利后果。为了维护自己的合法权益,原告可以选择确认违法的请求方式,要求法院确认该行政行为的违法性质,并要求行政机关采取必要的纠正措施以恢复原告的合法权益。

确认无效是指要求法院确认行政机关的行政行为无效。这种请求方式适用于原告认为行政机关的行政行为严重违反法律、法规、规章等规定，导致该行政行为本身不存在法律效力的情况。例如，原告认为某行政机关的行政行为违反了法律、法规或规章的明文规定，因此该行政行为本身就不具备法律效力。在这种情况下，原告可以选择确认无效的请求方式，要求法院确认该行政行为不存在法律效力，并维护原告的合法权益。

判决撤销是指要求法院撤销行政机关的行政行为。这种请求方式适用于原告认为行政机关的行政行为已经对其产生了不利的法律后果，希望法院对该行政行为进行撤销的情况。例如，原告认为某行政机关的行政行为对其产生了不利的法律后果，导致其权益受到损害。在这种情况下，原告可以选择判决撤销的请求方式，要求法院撤销该行政行为，以恢复原告的合法权益。

第九章

食品安全与产品侵权纠纷

第一节 食品安全纠纷

案例四十八

云南某粮油有限公司诉楚雄州永仁县工商行政管理局工商行政处罚案

【案例导读】

云南某粮油有限公司诉楚雄州永仁县工商行政管理局工商行政处罚一案，原告认为被告在对食用植物油进行抽样及检测时程序不合法，且主要证据不足，请求撤销行政处罚决定。一审法院驳回了原告的请求，维持了行政处罚决定。二审法院也维持了一审判决。根据案情分析，原告未能证明被告的程序违法或证据不足，因此被告的行政处罚决定被维持有效。

【案件基本信息和事实梳理】

2012年10月30日，被告永仁县工商行政管理局接到永仁县教育局关于全县各中小学食用植物油产生沉淀的情况报告后，于同年11月1日组织执法人员对第三人永仁县粮食储备有限公司库存的标称为"精炼一级大豆油"的食用油进行了随机抽样，并于次日送楚雄州质量技术监督综合检测中心进行检测。2012年11月16日，楚雄州质量技术监督综合检测中心出具编号为Y15J201230××的检验报告，该报告认为：所检样品检验结果不符合《GB1535—2003 大豆油》的标准要求。2012年11月9日，被告对永仁县粮食储备有限公司涉嫌经营不符合食品安全标准的食品进行立案调查。2012年11月29日,被告收到永仁县食品药品监督管理局编号为Y15J201231××的检验报告1份,该报告称永仁县质量技术监督局对永仁县民族中学采购的大豆精炼油(一级)进行抽检的情况及产品检验结果不符合《GB1535—2003 大豆油》的标准要求。2013年1月23日,被告楚雄州永仁县工商行政管理局对第三人永仁县粮食储备有限公司作出楚永工商处字(2013)第×××号《行政处罚决定书》,原告云南某粮油有限公司不服,向云南省元谋县人民法院起诉。

原告向云南省元谋县人民法院提起行政诉讼,法院于2014年4月29日公开开庭审理了本案。一审法院判决驳回原告云南某粮油有限公司要求撤销被告楚雄州永仁县工商行政管理局于2013年1月23日作出的楚永工商处字(2013)第×××号《行政处罚决定书》的请求。案件受理费人民币50元,由原告云南某粮油有限公司承担。

宣判后,云南某粮油有限公司不服,提起上诉称,一、一审判决认定事实部分不清。一审判决认定:被告永仁县工商行政管理局接到永仁县教育局关于全县各中小学食用植物油产生沉淀……这一认定是永仁县教育局和永仁县工商局歪曲和过分夸大的事实,在本案中没有事实依据。二、一审判决错误。被上诉人取证程序不合法,采样、封存不符合规定,在进行调查时不符合办案规定,处罚决定未经过核审程序,因此,永仁县工商行政管理局对所作出的楚永工商处字(2013)第×××号《行政处罚决定书》程序不合法,作出该具体行政行为的主要证据不足,认定事实错误,适用法律法规错误,应当予以撤销。请撤销一审判决,撤销被上诉人永仁县工商行政管理局所作出的楚永工商处字(2013)第×××号《行政处罚决定书》。二审法院判决驳回上诉,维持原判。

【诉讼请求和争议焦点】

(一)原告的诉讼请求

撤销一审判决,撤销被上诉人永仁县工商行政管理局所作出的楚永工商处字(2013)第×××号《行政处罚决定书》。

(二)一审中本案的争议焦点

1. 被告楚雄州永仁县工商行政管理局于2013年1月23日对第三人永仁县粮食储备有限公司作出的楚永工商处字(2013)第×××号《行政处罚决定书》是否合法,原告的起诉是否超过了诉讼期限?

2. 被告的具体行政行为是否合法？

（三）二审中本案的争议焦点

1. 楚雄州工商行政管理局作出的楚永工商处字(2013)第×××号《行政处罚决定书》认定事实是否清楚，程序是否合法，适用法律是否正确？

2. 一审审判程序是否合法？

【裁判结果】

法院认为，本案中，被告楚雄州永仁县工商行政管理局的具体行政行为主要证据充足，认定事实清楚，适用法律恰当，原告云南某粮油有限公司要求撤销被告楚雄州永仁县工商行政管理局于2013年1月23日作出的楚永工商处字(2013)第×××号《行政处罚决定书》的主张，于法无据，法院不予支持。驳回原告云南某粮油有限公司要求撤销被告楚雄州永仁县工商行政管理局于2013年1月23日作出的楚永工商处字(2013)第×××号《行政处罚决定书》的请求。

案件受理费人民币50元，由原告云南某粮油有限公司承担。

二审判决驳回上诉，维持原判。

【相关法律规定】

《中华人民共和国食品安全法》第四条：食品生产经营者对其生产经营食品的安全负责。

食品生产经营者应当依照法律、法规和食品安全标准从事生产经营活动，保证食品安全，诚信自律，对社会和公众负责，接受社会监督，承担社会责任。

《中华人民共和国食品安全法》第二十八条：制定食品安全国家标准，应当依据食品安全风险评估结果并充分考虑食用农产品安全风险评估结果，参照相关的国际标准和国际食品安全风险评估结果，并将食品安全国家标准草案向社会公布，广泛听取食品生产经营者、消费者、有关部门等方面的意见。

食品安全国家标准应当经国务院卫生行政部门组织的食品安全国家标准审评委员会审查通过。食品安全国家标准审评委员会由医学、农业、食品、营养、生物、环境等方面的专家以及国务院有关部门、食品行业协会、消费者协会的代表组成，对食品安全国家标准草案的科学性和实用性等进行审查。

《中华人民共和国行政诉讼法》第七十条：行政行为有下列情形之一的，人民法院判决撤销或者部分撤销，并可以判决被告重新作出具体行政行为：

(1) 主要证据不足的。

(2) 适用法律、法规错误的。

(3) 违反法定程序的。

(4) 超越职权的。

(5) 滥用职权的。

《市场监督管理行政处罚程序暂行规定》第二十八条第一、三款：市场监督管理部门抽样取证时，应当通知当事人到场，办案人员应当制作抽样记录，对样品加贴封条，开具清单，由办案人员、当事人在封条和相应记录上签名或者盖章。

法律、法规、规章或者国家有关规定对实施抽样机构的资质或抽样方式有明确要求的，市场监督管理部门应当委托相关机构或者按规定方式抽取样品。

【案件分析】

永仁县粮食储备有限公司于 2012 年 8 月 28 日在永仁县教育局通过竞争性谈判，成为永仁县教育系统大宗食品（精炼一级大豆油）采购项目的供货方，并同全县 15 所中小学及幼儿园签订了食用油采购配送合同，随后永仁县粮食储备有限公司与云南某粮油有限公司（以下简称供方）签订了供货合同。合同主要内容为：供方向永仁县粮食储备有限公司提供精炼一级大豆油，包装为散装，价格为 10.3 元/公斤，每一次供货不少于 5 吨。至 2012 年 12 月 19 日案发查获时止，永仁县粮食储备有限公司以 10.3 元/公斤的价格共进了两次货：第一次于 2012 年 9 月 9 日云南从某粮油有限公司购进标称为精练一级大豆油 5 557.4 公斤；第二次于 2012 年 10 月 24 日从云南某粮油有限公司购进标称为精练一级大豆油 6 460 公斤；两次共购进精炼一级大豆油 12 017.4 公斤。上述两次调进的一级精炼大豆油经楚雄州质量技术监督综合检测中心检测均属不符合《GB1535—2003 大豆油》的标准要求的油品，永仁县粮食储备有限公司经营不符合《GB1535—2003 大豆油》标准要求的精炼一级大豆油的行为，属《中华人民共和国食品安全法》第二十八条关于食品安全国家标准的内容规定。被告依法作出了楚永工商处字(2013)第×××号《行政处罚决定书》。行政处罚送达后永仁县粮食储备有限公司在规定期限内未提出行政复议，也未在规定期限内向人民法院起诉。

食品安全事关人民身体健康安全，商户一旦违反食品安全相关法律，很可能受到行政处罚，依据我国相关法律的规定，食品安全行政处罚的种类包括没收违法所得和违法物品、罚款、行政拘留、停产停业、停止违法行为等。主要法律依据是《中华人民共和国食品安全法》。

一方面,个体在察觉商户食品存在安全问题时,应该及时向有关部门举报,另一方面,商户在经历行政处罚之后也可以寻求法律救济,依据《行政诉讼法》相关规定提起行政复议或行政诉讼。

【类案总结】

目前本地的食品生产企业总体以中小型企业为主,企业的食品安全管理能力较弱,技术水平一般,食品安全质量管理意识不足,容易出现质量问题,因此要加大食品抽检的覆盖率,对这类生产企业抽检不合格问题,在实施行政处罚时要严格落实"四个最严"的要求,切实保障群众的食品安全。

针对这一实际现象,监管部门必须进一步加强食品安全监督管理力度,排查食品领域风险隐患。要求食品生产企业负责人切实掌握食品生产相关法律法规和标准知识,加强业务培训,严把出厂检验关,提升企业管理水平。对需要查处的食品生产企业,绝不姑息,依法从严处理,同时也要履行教育引导工作,推动企业加强质量管理,合法合规经营。

食品安全问题是我国一个十分突出的社会问题,从上世纪八十年代开始,我国就进入了食品安全问题的高发期,在近年来更是频频发生食品安全事故。我国先后颁布实施了《食品安全法》《兽药管理条例》《饲料和饲料添加剂管理条例》《农药管理条例》等一系列法律法规,对食品安全的监管作出了明确规定。但由于我国食品安全立法起步较晚,我国的食品安全立法体系仍然存在诸多问题。为了尽快弥补这一缺陷,提高我国食品安全的水平,许多专家学者和有关部门提出了许多建议,并不断完善立法。笔者认为,要解决我国当前的食品安全问题,必须完善相关立法,加快相关配套法规的制定和颁布工作。具体来说,必须从以下几个方面入手:

1. 要完善我国的食品安全监管法律法规体系

首先,应与时俱进地修改、完善与《食品安全法》相配套的法律法规,如《食品安全法实施条例》《兽药管理条例》《饲料和饲料添加剂管理条例》等;其次,应加强和完善对食品安全违法行为的行政处罚力度,加大对食品安全违法行为的处罚力度,使其不敢以身试法。这些法规的出台和执行,将使我国的食品安全监管有法可依。

2. 要严格执法,加大对违法行为的处罚力度

食品安全关系到人们的生命健康,关系到社会稳定,因此,我国政府一直十

分重视食品安全的立法工作。但是,由于食品安全问题具有明显的地域性、复杂性和隐蔽性,给执法部门带来了极大的难度,在某些地区甚至出现了执法不严、违法不究的现象。针对这种情况,在加强法律宣传教育的同时,应严格执法,加大对违法行为的处罚力度。要重点查处三类违法行为:一是危害人体健康、生命安全以及严重影响人民身体健康和生命安全的食品生产经营行为;二是违法使用国家禁止使用的非食品原料生产食品或者在食品中添加药品以及其他可能危害人体健康的物质(如三聚氰胺)等严重违反《食品安全法》规定的行为;三是在食品生产经营过程中不履行法定义务、故意隐瞒真实情况、弄虚作假或者有其他欺诈行为的。对上述违法行为要实行零容忍,露头就打,决不手软。

3. 要提高全民食品安全意识

首先,要切实提高人民群众的食品安全意识,使广大人民群众都能自觉地关心食品安全问题。只有这样,才能使消费者从根本上提高食品安全意识,自觉抵制不符合食品卫生标准的食品。其次,要大力宣传普及食品安全知识,让广大人民群众明白食品安全的重要性。加强对相关法律法规的宣传教育,使广大人民群众都能了解掌握食品安全的基本知识。再次,要充分发挥新闻媒体的作用,积极开展对不符合食品卫生标准的食品生产、销售、使用情况的报道。通过这些报道,让广大人民群众充分认识到生产、销售、使用不符合食品卫生标准的食品带来的危害。同时,要通过新闻媒体对违法犯罪行为进行曝光,让广大人民群众充分认识到违法犯罪行为所带来的严重后果。

第二节 产品侵权纠纷

案例四十九

王某昆诉姚安县某红砖厂(简称红砖厂)产品责任纠纷案

【案例导读】

本案是关于原告购买的红砖存在质量问题并引发争议的案件。原告王某昆两次从红砖厂购买了 27 万块页岩红砖用于建房,但在粉刷过程中发现第二层红砖出现了爆裂、爆碎的情况。双方未能就赔偿问题达成一致,王某昆向姚安县消费者协会投诉,并经调解无果后提起诉讼。法院初审后将案件指定给南华县人民法院进行审理,并判决追加承租人杨某宗为被告。被告不满一审判决提起上诉,由楚雄彝族自治州中级人民法院审理。根据以上事实,本案涉及红砖质量问题及赔偿争议,二审法院将对此进行审理判断。

【案件基本信息和事实梳理】

2013 年 7 月 15 日、12 月 19 日,原告王某昆两次向姚安县某红砖厂购买了 27 万块页岩红砖,用于建房。房屋建好在粉刷时,发现第二层的红砖大部分出现了爆裂、爆碎的情况,便停止了粉刷,并向姚安县消费者协会进行投诉处理。

调解无果,2014 年 8 月 22 日当地消协决定终止调解。王某昆向姚安县人民法院提起诉讼,姚安县人民法院查明由于红砖厂厂长陈某系姚安县人民法院职工直系亲属,楚雄彝族自治州中级人民法院指定南华县人民法院进行审理。

2014 年 10 月 9 日,南华县人民法院受理后,原告申请追加承租人杨某宗为被告,法院合并审理,依法适用普通程序于同年 11 月 11 日公开开庭进行了审理,并作出判决。

上诉人杨某宗不服南华县人民法院的一审判决,向楚雄彝族自治州中级人民法院提起上诉,2015 年 4 月 22 日,楚雄彝族自治州中级人民法院依法组成合议庭审理了本案。

【诉讼请求和争议焦点】

(一)原告王某昆的诉讼请求

1. 请求法院认定被告出售给原告的小砖质量不合格,直接造成原告已建好的房屋必须拆除重建,同时造成直接经济损失 242 066.03 元,间接经济损失 30 000 元,总计 272 066.03 元由被告承担;庭审中,增加三个月损失 90 000 元,合计 362 066.03 元。

2. 诉讼费由被告承担。

(二)本案的争议焦点

一审中:

1. 原告建房所用页岩砖是不是姚安县某红砖厂生产的砖。

2. 原告的房屋损害与姚安县某红砖厂生产的砖质量是否存在因果关系。

3. 砖的质量与浇水处理是否有关联,其房屋损失是否应由二被告承担。

二审中:

1. 一审是否存在程序违法的问题。

2. 上诉人应如何对被上诉人王某昆的经济损失承担赔偿责任。

【裁判结果】

一审判决:1. 被告杨某宗于判决生效后10日赔偿原告王某昆经济损失183 510元。2. 被告姚安县某红砖厂承担连带赔偿责任。3. 驳回原告王某昆的其他诉讼请求。

二审判决:一审判决认定事实清楚,审判程序合法,判处并无不当,驳回上诉,维持原判。

【相关法律规定】

《中华人民共和国民法典》第一千二百零三条:因产品存在缺陷造成他人损害的,被侵权人可以向产品的生产者请求赔偿,也可以向产品的销售者请求赔偿。

产品缺陷由生产者造成的,销售者赔偿后,有权向生产者追偿。因销售者的过错使产品存在缺陷的,生产者赔偿后,有权向销售者追偿。

《中华人民共和国民法典》第一千一百六十五条第一款:行为人因过错侵害他人民事权益造成损害的,应当承担侵权责任。

【案件分析】

根据民法典侵权责任编的相关规定,因产品侵权造成他人损害的,应当承担相应的赔偿责任,同时根据不同的侵权类型,民法典规定了不同的侵权行为类型,具体包括产品责任、机动车交通事故责任、医疗损害责任、环境污染和生态破坏责任、高度危险责任、饲养动物损害责任、建筑物和物件损害责任等,本案中主要涉及产品侵权责任所造成的损害赔偿,根据民法典第一千二百零三条,"因产品存在缺陷造成他人损害的,被侵权人可以向产品的生产者请求赔偿,也可以向产品的销售者请求赔偿。产品缺陷由生产者造成的,销售者赔偿后,有权向生产者追偿。因销售者的过错使产品存在缺陷的,生产者赔偿后,有权向销售者追偿",这就表明,产品缺陷造成损害之后,生产者和销售者对被侵权人承担连带责任,但是生产者和销售者之间又按照各自的过错承担相应的责任。

本案中:1.原告王某昆主张向姚安县某红砖厂购买页岩红砖,在建房过程中出现质量问题,该砖经过司法鉴定中心鉴定后得出"由于页岩砖存在质量问题,导致砖筑的墙体不能安全使用,墙体须拆除重砌"的鉴定意见,由此确定,导致王某昆房屋受损的损害后果与杨某宗生产的页岩砖存在直接的因果关系,该鉴定意见由于双方的认可而具有法律效力。2.鉴于姚安县某红砖厂于2012年5月1日起将砖厂租赁给杨某宗生产经营,一审审理过程中原告申请法院追加杨某宗为共同被告,而王某昆两次购买的红砖系杨某宗租赁期间生产,杨某宗应当对该产品质量不合格引起的财产损失承担赔偿责任。3.姚安县某红砖厂法定代表人陈某和杨某宗签订租赁合同,约定签订之前的债权债务由红砖厂负责,签订后的债权债务由杨某宗负责,但该约定只对红砖厂和杨某宗具有约束力,因此,红砖厂应对王某昆的房屋损失承担连带赔偿责任。

最后法院认为,因产品存在缺陷造成损害的,被侵权人可以向产品的生产者请求赔偿,也可以向产品的销售者请求赔偿。产品生产者生产缺陷产品致他人遭受财产损失,应当承担侵权责任,对于产品的生产者而言,适用无过错责任,即受害人无需证明生产者主观过错因素,只需要证明产品存在缺陷,生产者就应当承担侵权责任,除非生产者证明其具备法律规定的免责事由。

【类案总结】

产品缺陷产生的侵权损害赔偿认定问题中,需要按照法律的相关规定加以认定,不能简单地以社会民众的认定作为判断标准。

对于产品缺陷造成的损害认定问题,需要专业的鉴定机构出具鉴定意见,该鉴定意见综合考虑从生产过程到使用过程中的各个方面,该意见由于高度的客观性会成为认定案件事实的主要证据之一。当然这是在双方均认可鉴定机构资质的条件下,同时和其他证据共同组成完整的证据链条,真实还原案件事实,最终形成公平的案件判决。

产品质量事关每一个人的使用安全,在生产过程中要保证产品质量,诚信经营,这样才能让产品做到更好,不仅有利于品牌自身的发展,也是促进社会生产、提高社会价值的最佳途径,同时买卖双方相互理解,才能让社会更加和谐稳定。

产品质量侵权是指生产者、销售者的产品存在缺陷,使消费者或其他受害人的人身、财产受到损害的情形。根据《中华人民共和国民法典》第一千二百零三条，因产品存在缺陷造成损害的，被侵权人可以向产品的生产者请求赔偿，也可以向产品的销售者请求赔偿。被侵权人对损害的发生也有过错的，可以减轻产品生产者或销售者的赔偿责任。

一般情况下，被侵权人在购买、使用产品后发现缺陷并产生损害的情形下可以向生产者请求赔偿；被侵权人在购买、使用产品时需注意：

1. 要对自己购买、使用的产品进行质量鉴定。
2. 在购买、使用前要注意查看产品说明书和其他标识。
3. 不要购买和使用有安全隐患或无"三包"标志的产品。
4. 发现有缺陷产品时及时向有关部门反映，如检验部门或鉴定机构。
5. 发现自己购买的商品不能正常使用时，及时与商品销售者联系。
6. 如发现商品有质量问题时要及时与生产商联系并进行投诉。

产品质量侵权的构成要件包括：

1. 产品存在缺陷，即产品有危及人身、财产安全的不合理的危险。
2. 产品造成了他人人身或财产损害。
3. 损害与产品缺陷之间存在因果关系。
4. 生产者或销售者有过错，包括故意和过失。过失是指生产者或销售者对产品质量的注意义务没有达到引起损害后果的程度；故意是指生产者或销售者明知自己所生产的产品有缺陷，却未采取措施，仍希望或放任这种危险发生。生产者对产品质量的注意义务是法定义务，而消费者对产品质量的注意义务是一般义务，二者不能同时具备。

第十章

民间纠纷解决和法律援助

第一节 诉讼纠纷解决方式

【诉讼流程】

(一)起诉阶段

1. 诉前调解

当事人提起诉讼时,人民法院一般会组织先行调解,当事人也可以拒绝调解。如案件涉及离婚诉讼纠纷,法院应当先行调解。调解不成的,法院应当及时判决。

民事调解书经双方当事人签收后生效,与法院的裁判文书具有同样的法律效力。一方不履行调解书确定的义务时,另一方可以直接就调解书向人民法院申请强制执行。

民事调解能够快速解决纠纷,效率较高。因此,对于当事人而言,通过民事调解不仅可以加快纠纷解决的进程,还大大降低了诉讼成本。

2. 起诉材料怎么准备?

当事人提起诉讼时,需要向人民法院提交起诉状和相应的证据材料(一般统称为"起诉材料")。起诉材料尤其是证据材料的准备会直接影响到案件的审理结果,若当事人毫无头绪,不知如何准备,建议可以聘请专业律师帮助撰写起诉状,结合具体案件情况与证据材料确定诉讼请求,说明事实与理由,以便更好地获得法院的支持。

撰写起诉状时。(1)明确写明当事人的信息,如原被告均为自然人的,应写明原被告的姓名、身份证号、住所、联系方式;如原被告是法人的,应当写明法人

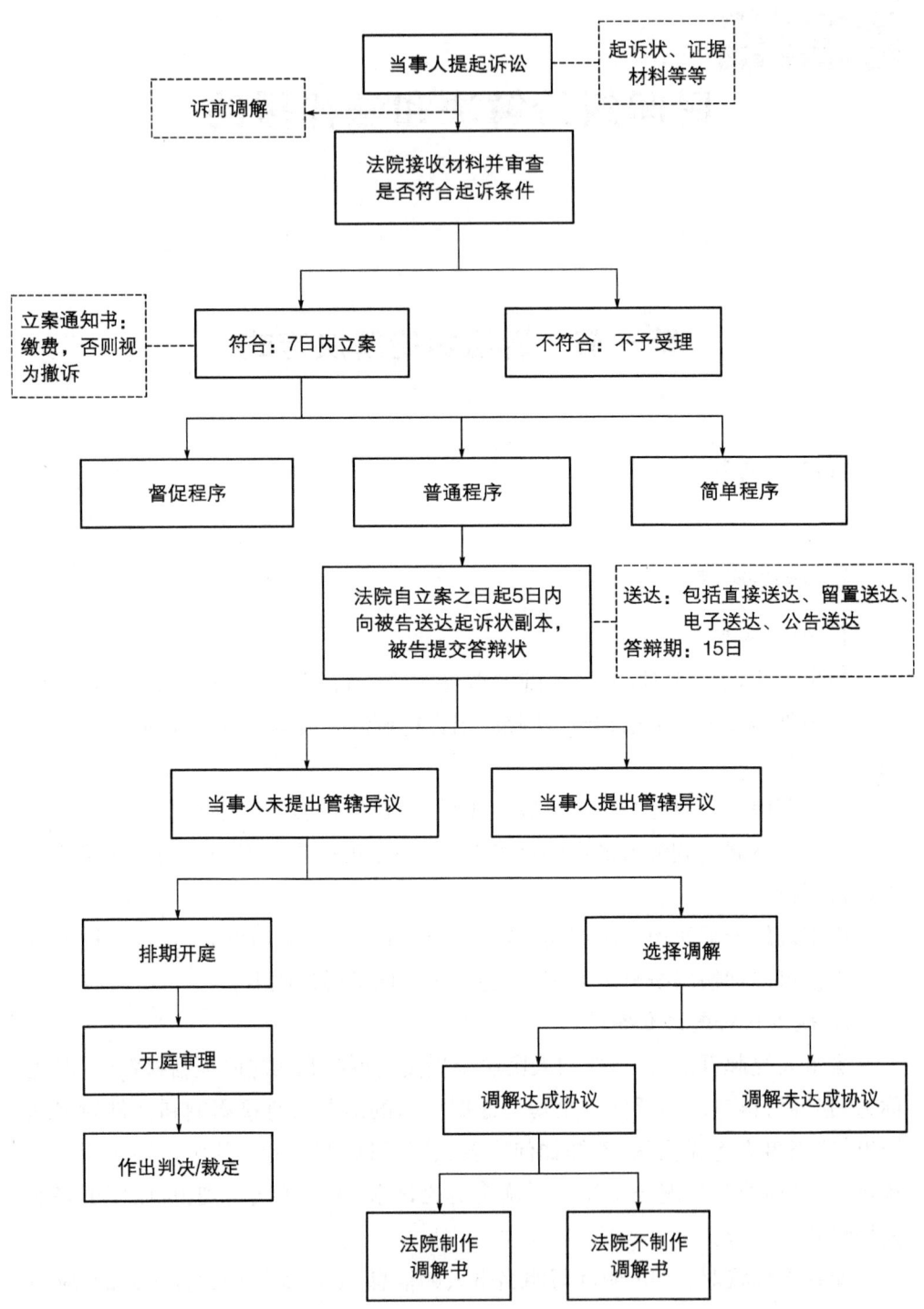

的名称、住所、法定代表人等。(2)写明诉讼请求,比如"请求判令被告×××向原告归还借款本金×××元,并支付逾期利息×××元。本案诉讼费用由被告承担……"。诉讼请求涉及多项的,建议用序号逐一标明。(3)事实和理由部分,要写清案件的基本事实,涉及的法律关系等。如案件涉及多项诉讼请求的,每一诉讼请求均应提供相应的事实和理由加以支持。

准备证据材料时。(1)要理清备齐,最好再提供一份证据清单,列明证据及其相应的证明目的。根据《最高人民法院关于民事诉讼证据的若干规定》第十九条第一款规定:"当事人应当对其提交的证据材料逐一分类编号,对证据材料的来源、证明对象和内容作简要说明,签名盖章,注明提交日期,并依照对方当事人人数提出副本。"(2)立案时只需提交证据的复印件,原件只需在开庭审理时出示。(3)涉及多项数据计算的,可以提供一份计算清单,比如民间借贷纠纷中有多笔借款的,可以利用表格将每笔借款的时间、金额、利息列明并计算总额,这样有助于法官理清案情。(4)如果有关证据掌握在被告手中,或者由其他单位保存而自己因客观原因无力取证的,可以在举证期限届满前向法院申请调查收集证据。

3. 起诉要符合什么条件?

依照《民事诉讼法》第一百二十二条,起诉必须符合下列条件:

(1)原告是与本案有直接利害关系的公民、法人和其他组织。(谁)

(2)有明确的被告。(告谁)

(3)有具体的诉讼请求和事实、理由。(告什么)

(4)属于人民法院受理民事诉讼的范围和受诉人民法院管辖。(到哪里告)

4. 起诉费交多少?由谁交?

(1)起诉费交多少?诉讼费的计算是依据《诉讼费用交纳办法》确定的,财产类案件一般是基于诉讼标的金额计算确定的,可以网络搜索"诉讼费计算器"计算。诉讼标的是指当事人争议的要求人民法院通过审判予以解决的某一民事法律关系或权利,比如民间借贷纠纷中,原告请求支付的借款金额就是该案诉讼标的金额。

(2)起诉费由谁交?立案后由原告先预交起诉费(一般会先减半收取),后期再由法官根据案件审理情况决定诉讼费由谁承担、承担多少。若原告拒绝预交诉讼费的,法院会按撤诉处理。一般情况下,原告起诉后撤诉的,可以再次向法院起诉。所以,立案后一定要及时缴纳诉讼费,否则会被法院按撤诉处理。

(二)审判阶段

1. 督促程序、普通程序、简易程序

督促程序:对于当事人没有争议,符合督促程序规定的条件的案件,可转入督促程序。督促程序也可以理解为支付令程序,在债权人请求债务人给付金钱、有价证券,且符合相应条件时,可以直接向法院申请支付令。督促程序分为申请、审理、提出异议和执行四个阶段。

普通程序:指人民法院审理和裁判第一审民事案件通常适用的程序。

简易程序:基层人民法院和它派出的法庭审理的案件,符合简易程序适用条件的(审理事实清楚、权利义务关系明确、争议不大的简单的民事案件),可以适用简易程序审判。法院在审理过程中,发现案件不宜适用简易程序的,裁定转为普通程序。但是普通程序不得转为简易程序。

2. 送达相关诉讼材料

立案后,人民法院会将相关的诉讼材料送达给被告,以通知被告自己"被告了",并及时应诉答辩。人民法院在开庭前一般会确定举证期限。人民法院确定庭审时间后会给双方送达传票,一般会与起诉材料副本一同送达,常见有以下三种送达方式:直接送达、留置送达、电子送达。

3. 开庭审理

送达完成后,法官会按照传票确定的时间、地点开庭,双方应准时到庭参加诉讼。若原告无正当理由拒不到庭,则自动按撤诉处理;若被告无正当理由拒不到庭,则依法缺席审判。

法院审理民事案件,根据当事人自愿原则,在事实清楚的基础上组织调解。若调解达成协议,人民法院应当制作调解书,特殊案件比如调解和好的离婚案件、调解维持收养关系的案件、能够即时履行的案件等也可以不制作调解书。人民法院一般不会依据调解协议制作判决书,但以下两种情况除外:(1)无民事行为能力人的离婚案件,法定代理人与对方达成协议要求发给判决书的,可根据协议内容制作判决书。(2)涉外民事诉讼中,经调解双方达成协议,应当制发调解书。当事人要求发给判决书的,可以依协议的内容制作判决书送达当事人。

法庭审理按照法庭调查、法庭辩论顺序进行,诉讼双方在审判长或独任审判员主导流程下依次进行举证质证,发表诉求,陈述意见,最终由合议庭或独任审判员作出判决或裁定。

【常见问题】

1. 官司能不能打赢？

诉讼结果的影响因素是多方面，关键在于证据和法律事实，仅凭片面之词或单方陈述是难以作出判断的。

2. 什么时候可以申请强制执行，申请了就可以拿到钱了吗？

裁决生效后，若一方不理睬或拖延履行，那另一方便可以向法院申请强制执行。要在生效裁判所确定的履行期届满两年内及时申请，所需材料一般为"强制执行申请书、生效判决书、被执行人财产线索、当事人身份信息"等。

申请强制执行立案后，人民法院会依法采取强制措施，比如查询、冻结、划拨被申请执行人的存款，查封、扣押、拍卖、变卖被申请执行人的财产等等，若对方名下没有财产可以执行，那只能通过采取强制措施，比如罚款、拘留、将对方纳入失信人名单、限制高消费等等，督促对方履行义务。因此，申请强制执行并不一定就可以"拿到钱"。

3. 对裁判结果不服怎么办？

如果对一审审判结果不服的，可以向上级人民法院提起上诉，具体上诉时间、途径会在裁判文书上载明。

4. 有没有必要请律师？

打官司是一件需要专业知识和技能的事，所谓专业的事情交给专业的人来办，请律师还是有必要的。就上文简述的民事诉讼流程，若是由普通人来办理，不仅准备起来费时费力，而且在遇到具体问题时也难以应对，甚至可能会加大败诉的风险。当然，如果案件标的过小或者案情特别简单的，不请律师也是可以的。因此，是否要委托律师代理，具体要综合案件标的、案情复杂程度、个人情况等综合因素来考虑决定。

第二节　非诉纠纷解决方式

一、和解

【概念解析】

和解是指争议当事人在没有第三方介入的情况下，就有关争议问题进行友好协商，沟通交流，达成一致，进而化解纠纷的一种非诉纠纷解决方式。和解作为非诉纠纷解决方式之一，能够在没有第三方参与的情况下快速化解纠纷。

【常见问题】

达成和解协议后一方不履行和解协议，还可以起诉吗？

双方当事人自愿达成的和解协议不具有强制执行力，当事人不服和解协议内容或者达成和解协议后拒不履行的，对方当事人有权提起诉讼。

双方达成的和解协议尽管不存在强制执行力，但若不存在法律规定的无效、可撤销等情形，和解协议对双方当事人具有法律约束力，当事人不得随意解除或违反。即使提起诉讼，法院也会审查和解协议的有效性，并结合案件情况作出裁判。

二、调解

【概念解析】

这里所说的调解和人民法院调解不同。人民法院调解的前提是当事人起诉，调解书与生效判决书具有同等法律效力，具有强制执行力。而这里所说的调解属于起诉前调解，尚未进入诉讼程序。此处的调解协议如果未经人民法院司法确认，不具有强制执行力。

调解一般可分为人民调解委员会调解和行政调解等。

人民调解委员会调解指在依法设立的人民调解委员会的主持下，在双方当事人自愿的基础上，以国家法律、法规、规章、政策和社会公德为依据，对民间纠纷当事人进行说服教育、规劝疏导，促使纠纷各方互谅互让，平等协商，自愿达成协议，消除纷争的一种群众自治活动。

行政调解指国家行政机关对属于本机关职权管辖范围内的行政纠纷，以国家法律、法规及政策为依据，以当事人各方自愿为原则，通过对争议各方的说服与劝导，促使各方当事人互让互谅、平等协商、达成协议，以解决有关争议的活动。一般包括：基层人民政府，即乡、镇人民政府对一般民间纠纷的调解，国家行政机关依照法律规定对某些特定民事纠纷或经济纠纷或劳动纠纷等进行的调解。常见的有：县、乡（镇）人民政府的调解，公安机关及公安交管部门的调解等行政主管部门的调解。

人民调解委员会调解较为常见，以下简述其调解流程及常见问题。

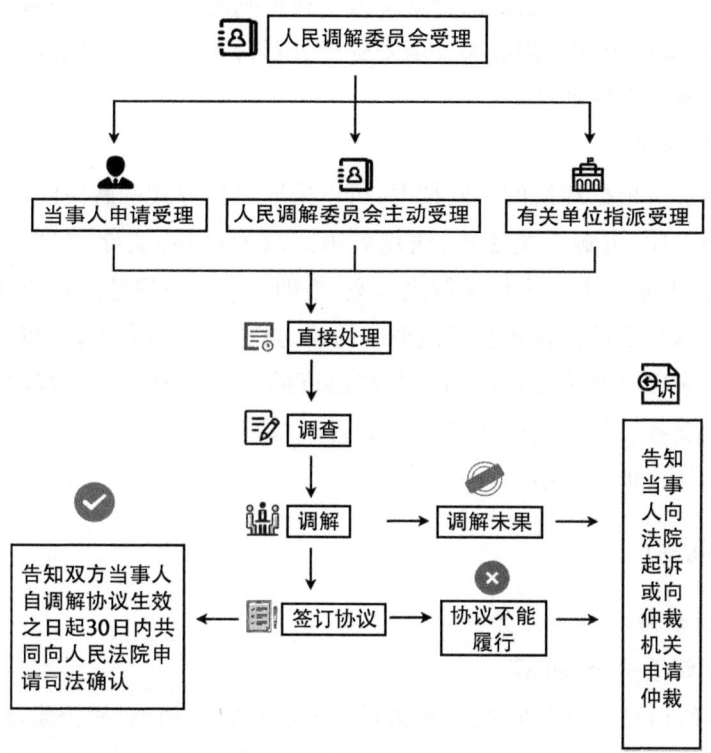

【调解流程】

第一步，申请调解

当事人填写《调解申请书》，并递交本人身份复印件；当事人为法人的，需出具法人营业执照和法定代表人身份证复印件；代理人出具由本人签字的委托书。

人民调解委员会也可以主动调解。当事人一方明确拒绝调解的，不得调解。

第二步，审查

人民调解委员会受理民间纠纷时，应当对纠纷进行审查，审查纠纷是否属于人民调解委员会的受案和管辖范围以及当事人的申请是否符合条件。经审查认为符合条件的，应当及时受理并通知当事人，认为不符合调解条件的，应当做出不予受理的决定；并将原因和决定通知申请人，告诉当事人到相关部门去要求解决，或主动与相关部门联系、配合，帮助解决问题。

符合下列条件的，人民调解委员会应当及时受理：(1)有明确的被申请人。(2)有具体的调解要求。(3)有提出调解申请的事实依据。

下列矛盾纠纷人民调解委员会不能受理：(1)法律、法规明确规定由有关部门管辖处理的。(2)人民法院已经受理或正在审判的。(3)一方当事人不同意调解的。(4)已构成犯罪或构成违反治安管理处罚行为的。(5)已经申请基层人民政府处理或处理完毕的。

第三步，调解

人民调解员根据纠纷的不同情况，可以采取多种方式调解民间纠纷，充分听取当事人的陈述，讲解有关法律、法规和国家政策，耐心疏导，在当事人平等协商、互谅互让的基础上提出纠纷解决方案，帮助当事人自愿达成调解协议。

经人民调解委员会调解达成的调解协议，具有法律约束力，当事人应当按照约定履行。人民调解委员会应当对调解协议的履行情况进行监督，督促当事人履行约定的义务。但是调解协议不具有强制执行力，人民法院不得以调解协议为依据强制执行他人的财产。

【常见问题】

1. 人民调解有哪些优势？

人民调解委员会"四不"：

(1) 不伤和气。遇到纠纷，当事人谁都不愿意打官司、对簿公堂，难免会伤了和气。选择调解解决，通过双方妥协让步，握手言和，化干戈为玉帛，不伤感情。

(2) 不担风险。诉讼活动中，因举证不能或者其他原因会产生败诉风险。即使当事人聘请了专业的律师作为诉讼代理人，也会因证据不足而承担败诉的风险。通过调解，双方选择一个都能接受的处理结果，免去了举证的麻烦，也避免诉讼风险。

(3) 不费时间。诉讼普通程序中有7日立案审查、15日答辩期、不少于15日举证期（简易程序举证期不超过15日，小额诉讼案件不超过7日）、6个月审限等期限，如果发生二审、再审，诉讼时间更加不确定。选择调解，会减少期限限制，提高化解纠纷的效率。

(4) 不花费用。提起诉讼要交纳案件受理费、申请费、财产保全费、鉴定费等费用，但诉前调解不收取任何费用。

人民调解"三可以"：

(1) 可以选择调解员。当事人可以选择自己信任的调解组织或者调解员主持调解或参与调解，也可以申请特邀调解组织或人员参与调解。

(2) 可以申请司法确认。通过调解组织主持调解达成的协议，可以申请法院进行司法确认,与裁判文书具有同等的法律效力。

(3) 可以申请强制执行。被法院确认为有效的调解协议,一方当事人不履行或者不完全履行,另一方当事人可以申请法院强制执行,有效保护当事人的权益。

2. 人民调解员由哪些人担任?

人民调解员由人民调解委员会委员和人民调解委员会聘任的人员担任。人民调解员应当由公道正派、热心人民调解工作,并具有一定文化水平、政策水平和法律知识的成年公民担任。县级人民政府司法行政部门定期对人民调解员进行业务培训。

3. 人民调解委员调解达成的调解协议效力如何?

经人民调解委员会调解达成的调解协议,具有法律约束力,当事人应当按照约定履行。人民调解委员会应当对调解协议的履行情况进行监督,督促当事人履行约定的义务。

经人民调解委员会调解达成调解协议后,双方当事人认为有必要的,可以自调解协议生效之日起三十日内共同向人民法院申请司法确认,人民法院应当及时对调解协议进行审查,依法确认调解协议的效力。经人民法院司法确认后的调解协议,具有强制执行力。

4. 对调解协议的履行或者调解协议的内容发生争议应如何解决?

经人民调解委员会调解达成调解协议后,当事人之间就调解协议的履行或者调解协议的内容发生争议的,一方当事人可以向人民法院提起诉讼。可见,调解协议不影响当事人诉讼权利的行使。

5. 对人民法院依法确认有效的调解协议应如何处理?

人民法院依法确认调解协议有效,一方当事人拒绝履行或者未全部履行的,对方当事人可以向人民法院申请强制执行。

6. 对人民法院依法确认无效的调解协议应如何处理?

人民法院依法确认调解协议无效的,当事人可以通过人民调解方式变更原调解协议或者达成新的调解协议,也可以向人民法院提起诉讼。

7. 调解与诉讼如何对接?

法院委托调解的案件:

(1) 法院立案窗口收取起诉材料,引导当事人进行诉前调解。

(2) 当事人同意调解的,法院向其送达委派调解告知书,告知其调解的相关事项,并在 3 日内将起诉材料和委托调解函移交调解中心;当事人不同意调解的,法院仍向其送达委派调解告知书,由其签署明确意见后,按法律规定将案件转入诉讼程序。

(3) 调解中心在收到法院移交的委托调解函及相关起诉材料后次日将案件指派给调解组织进行调解,并在派单之日起 30 日内调解完毕,经双方当事人同意,可以延长调解期限,延长的期限由双方当事人协商确定。鉴定、评估期间,不计入调解期限。

(4) 法院委托的调解案件,经调解达成调解协议且符合司法确认条件,当事人申请司法确认的,法院及时办理;调解未达成和解协议或者调解中当事人明确拒绝调解的,人民调解委员会终止调解,并出具结案报告,与相关材料一并移交委托法院,法院依法办理立案手续。

调解中心直接受理的案件:

(1) 经调解达成调解协议且符合司法确认条件,当事人申请司法确认的,管辖法院及时办理。

(2) 未能在期限内促成当事人达成调解协议,或者当事人明确拒绝继续调解,人民调解委员会引导当事人通过仲裁、诉讼等方式解决纷争。

(3) 法院在收到调解中心的结案报告及相关调解材料后,根据当事人的起诉材料依法办理立案手续。

三、仲裁

【仲裁流程】

第一步,申请仲裁

申请人应提交仲裁协议和仲裁申请书,并附交有关证明文件和预交仲裁费。仲裁机构立案后应向被申请人发出仲裁通知和申请书及附件。被申请人接到仲裁通知后,应在规定的期限内提出答辩或反请求(如有)。反请求应当满足以下两个条件:基于申请人申请仲裁的同一或者有牵连的合同关系或法律关系;被申请人针对申请人提出。

以下情形属于无效仲裁约定:

(1) 约定的仲裁事项超出法律规定的仲裁范围的:①婚姻、收养、监护、抚养、继承纠纷。②依法应当由行政机关处理的行政争议。

(2) 无民事行为能力人或限制民事行为能力人订立的仲裁协议。

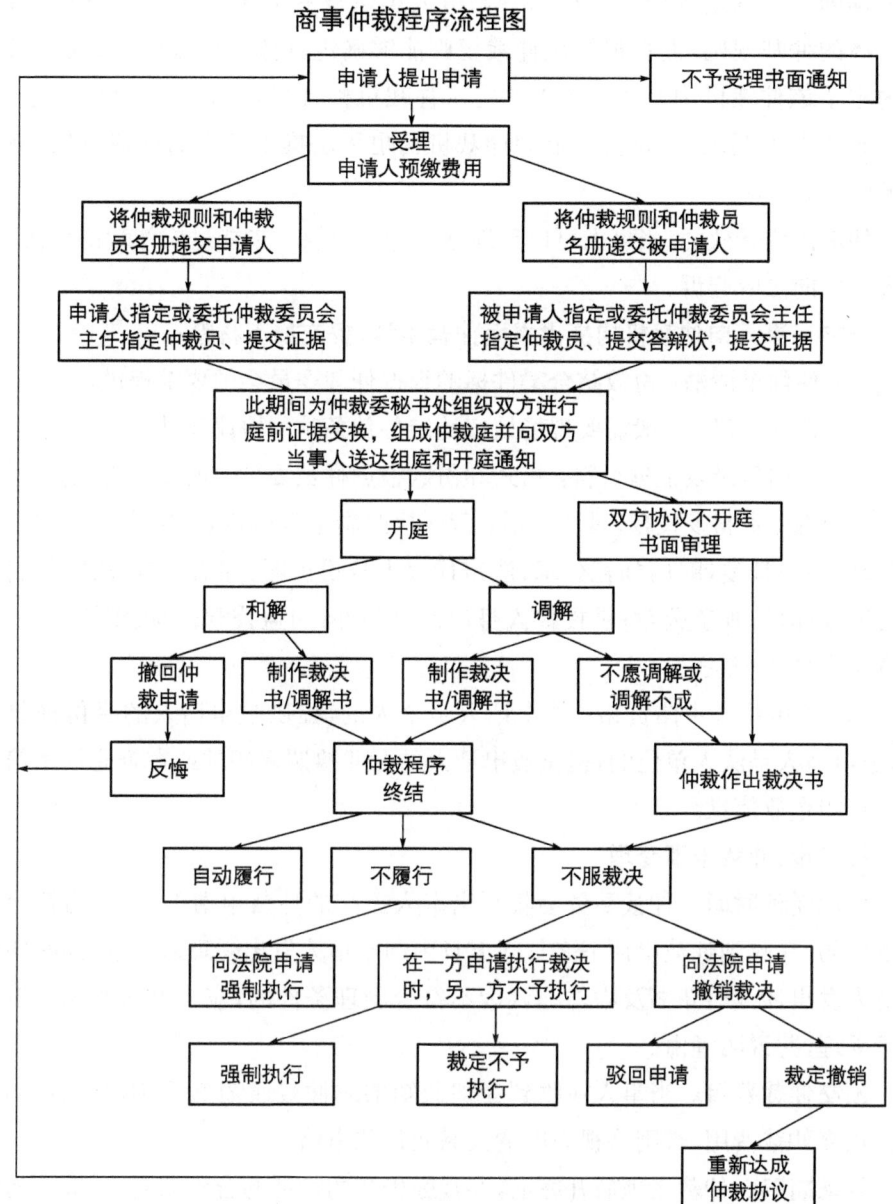

商事仲裁程序流程图

（3）一方采取胁迫手段，迫使对方订立仲裁协议的。

（4）仲裁协议对仲裁委员会没有约定或者约定不明，当事人又未达成书面补充协议的（口头订立仲裁协议无效）。例外情形：①当事人虽然没有约定仲裁机构，而是约定由某地的仲裁机构仲裁，但是该地仅有一个仲裁机构的，该仲裁机构即视为约定的仲裁机构。②当事人虽然没有约定仲裁机构,但是约定了具体的仲裁规则,而且根据该仲裁规则能够确定具体的仲裁机构,视为当事人约定了该仲裁机构。③当事人约定了仲裁机构,但约定的仲裁机构不存在、不准确或者不明确,同时从约定的仲裁机构也无法推出确定的仲裁机构,则约定无效。

仲裁协议无效的,当事人可以重新达成仲裁协议。未能达成仲裁协议的,当事人可以向法院起诉。

一方当事人向仲裁机构提出书面仲裁申请,提交如下材料:

(1) 仲裁申请书:份数结合案件标的根据仲裁委员会的要求提供。

(2) 仲裁协议:一般需要现场核实约定仲裁条款的协议原件。

(3) 证据目录及证据材料:格式和份数根据仲裁委员会的要求提供。

(4) 主体资料及授权,具体包括:营业执照副本复印件(三证合一),加盖公章;金融许可证复印件,加盖公章;法定代表人身份证明,加盖公章;法定代表人身份证复印件,加盖公章;被授权人身份证复印件,加盖公章;授权委托书,加盖公章及人名章/签字。

(5) 被申请人主体资格:被申请人是个人的,提供被申请人的身份证复印件;被申请人是法人单位的,提供被申请人的营业执照复印件或在企业信用信息网上打印企业信息。

第二步,仲裁申请受理

仲裁受理时间。仲裁委员会收到当事人提交的仲裁申请书后,认为符合受理条件的,在收到仲裁申请书之日起五日内向申请人发出受理通知书,同时向被申请人发出仲裁通知书及附件。认为不符合受理条件的,应当书面通知当事人不予受理,并说明理由。

预交仲裁费用。当事人在收到受理通知书或仲裁通知书后,须在规定的期限内预交仲裁费用,否则将视为申请人撤回仲裁申请。

举证期限。仲裁受理后开庭前,仲裁庭告知的举证的合理期间,一般简易程序不低于15日,普通程序不低于30日,如果有正当原因需要延长,届满前提出申请。超过举证期限,如果有正当的理由,可以补充。

公证送达。在被申请人下落不明的情况下,申请人应主动查找其下落,并向仲裁委员会提交被申请人的确切住所,若被申请人拒不接受法律文书的,仲裁机构可采取公证方式送达。

仲裁申请书(范本)

申请人：
住所：
电话：
法定代表人(负责人)：　　　　　　职务：
电话：
委托代理人：
地址：
电话：

被申请人：
住所：
电话：
法定代表人(负责人)：　　　　　　职务：
电话：

仲裁依据：

仲裁请求：

事实与理由：

此致
××仲裁委员会

申请人：(盖章/签名)
　　年　　月　　日

变更仲裁请求。申请人可以申请变更仲裁请求，但是仲裁庭认为其请求变更过于迟延从而可能影响仲裁程序正常进行的，有权拒绝其变更请求。

第三步，被申请人答辩与反请求

答辩期限。被申请人收到答辩通知后应在仲裁规则规定的期限内提交答辩书、答辩意见所依据的证据或其他证明文件及被申请人身份证明文件。

答辩期延长。被申请人确有正当理由请求延长提交答辩书期限的，仲裁庭组成前由仲裁机构决定是否延长答辩期限;仲裁庭组成后由仲裁庭决定是否延长答辩期限。

补交答辩状。仲裁庭有权决定是否接受逾期提交的答辩书。被申请人不应迟于首次开庭答辩日提交答辩书,没有代理人的被申请人可以在首次开庭之后提交补充答辩意见书,有代理人的可以在首次开庭之后提交代理意见。

未答辩的法律后果。被申请人未提交答辩书的,不影响仲裁程序的进行。

反请求提出期限。被申请人如有反请求,应在仲裁规则规定的答辩期限(通常与答辩期限相同)内提交反请求申请书及反请求所依据的证据或者其他证明文件。一般情况下,在首次开庭结束之前提出的反请求(通常是被申请人当庭口头提出,庭后在仲裁庭指定的期限内提交反请求申请书并预交仲裁费用),仲裁庭会决定接受。

反请求期限的延长。被申请人确有正当理由请求延长提交反请求期限的,仲裁庭组成前由仲裁机构决定是否延长反请求期限;仲裁庭组成后由仲裁庭决定是否延长反请求期限。

反请求受理。被申请人提出反请求的手续完备的,仲裁机构给被申请人开具预交仲裁费用通知,被申请人按照该通知预交仲裁费用,仲裁机构受理反请求。被申请人提出反请求手续不完备的,被申请人应在仲裁机构或仲裁庭要求的时间内予以补正;未补正的,视为被申请人未提出反请求。

第四步,组成仲裁庭

仲裁员人数。仲裁庭可以由三名仲裁员或者一名仲裁员组成。由三名仲裁员组成的,设首席仲裁员。

仲裁员的选择。①当事人约定由三名仲裁员组成仲裁庭的,应当各自选定或者各自委托仲裁委员会主任指定一名仲裁员,第三名仲裁员由当事人共同选定或者共同委托仲裁委员会主任指定,第三名仲裁员是首席仲裁员。②当事人约定由一名仲裁员成立仲裁庭的,应当由当事人共同选定或者共同委托仲裁委员会主任指定仲裁员。③当事人没有在仲裁规则规定的期限内约定仲裁庭的组成方式或者选定仲裁员的,由仲裁委员会主任指定。

申请回避。仲裁庭组成后,仲裁委员会应当将仲裁庭的组成情况书面通知当事人,当事人可以在仲裁规则规定的期限内向仲裁机构提出仲裁员的回避请求。(1)申请回避的时间。当事人提出回避申请,应当说明理由,在首次开庭前提出。回避事由在首次开庭后知道的,可以在最后一次开庭终结前提出。

(2)回避的情形。仲裁员有下列情形之一的,必须回避,当事人也有权提出回避申请：①是本案当事人或者当事人、代理人的近亲属。②与本案有利害关系；③与本案当事人、代理人有其他关系,可能影响公正仲裁的。④私自会见当事人、代理人,或者接受当事人、代理人的请客送礼的。(3)回避的法律后果。因回避而重新选定或者指定仲裁员后,当事人可以请求已进行的仲裁程序重新进行,是否准许,由仲裁庭决定；仲裁庭也可以自行决定已进行的仲裁程序是否重新进行。

重新组庭。在仲裁庭组成之后追加当事人的情况下,若被追加当事人要求重新组成仲裁庭,则按上述方式重新组成仲裁庭。

第五步,仲裁审理

仲裁审理案件有两种形式：一种是书面审理,也称不开庭审理,又根据有关书面材料对案件进行审理并作出裁决,海事仲裁常采用书面仲裁形式。另一种是开庭审理,这是普遍采用的一种方式。若一方当事人不出席开庭,仲裁庭可缺席审理并作出缺席裁决。仲裁案件以开庭审理为原则,若当事人协议不开庭的,仲裁庭可以进行书面审理。

仲裁原则上不公开进行,当事人协议公开的才可以公开进行。

根据仲裁法对仲裁程序的有关规定,仲裁审理一般应经过以下阶段：开庭准备、开庭开始、庭审调查、庭审辩论、评议与裁决等。

开庭准备应当注意做好以下工作：

(1)告知当事人开庭审理的日期与地点。在实践中,对于开庭审理的地点,如果当事人在仲裁协议中有约定的,应在双方当事人约定的地点进行开庭；如果双方当事人对开庭审理的地点未作出明确约定的,可以确定在仲裁委员会所在地进行开庭。

(2)对于公开审理的案件,应当发出公开开庭审理的公告。

开庭开始阶段应当注意做好以下工作：

(1)由首席仲裁员或者独任仲裁员宣布开庭。(2)由首席仲裁员或者独任仲裁员核对案件当事人及其代理人的基本情况,宣布案由。(3)宣布仲裁庭的组成人员和记录人员名单,告知双方当事人有关的权利与义务,并询问双方当事人是否对仲裁庭的组成人员申请回避。

开庭审理

(1)按时出庭。当事人若确有困难,不能在所定的开庭日期到庭,则可以在仲裁规则规定的期限内向仲裁庭提出延期开庭请求,是否准许,由仲裁庭决定。

申请人经书面通知,无正当理由不到庭或未经仲裁庭许可中途退庭的,视为撤回仲裁申请。被申请人经书面通知,无正当理由不到庭或者未经仲裁庭许可中途退庭的,仲裁庭可以缺席裁决。

(2) 申请鉴定。仲裁庭对专门性问题认为需要鉴定的,可以交由当事人共同约定的鉴定部门鉴定,也可由仲裁庭指定的鉴定部门鉴定,鉴定费用由当事人预交。

(3) 证据保全。在证据可能灭失或者以后难以取得的情况下,当事人可以申请证据保全。当事人申请证据保全的,仲裁委员会应当将当事人的申请提交证据所在地的基层人民法院。

仲裁中的和解与调解

在仲裁过程中,当事人可以自行和解,也可以请求仲裁庭主持调解;仲裁庭征得双方同意后,也可以主动对案件进行调解。

调解成功,仲裁庭则根据和解协议作出裁决书或双方撤案。若调解不成功,任何一方均不得在其后的仲裁程序、司法程序和其他任何程序中援引对方当事人或仲裁庭在调解程序过程中发表过的、提出过的、建议过的、承认过的以及愿意接受过的或否定过的任何陈述、意见、观点或建议作为其请求、答辩或反请求的依据。

庭审调查阶段通常应当按照下列顺序进行:

(1)当事人陈述。(2)证人作证,宣读未到庭证人的证言。(3)出示书证、物证和视听资料。(4)宣读鉴定结论。当事人对鉴定结论有意见的,有权申请重新鉴定。此外,还应当注意的是,如果鉴定人亲自出庭的,经过仲裁庭许可后,当事人及其代理人可以向鉴定人发问。(5)宣读勘验笔录。是否允许由仲裁庭决定。

庭审辩论阶段

当事人在仲裁过程中有权进行辩论。辩论终结时,首席仲裁员或者独任仲裁员应当征询当事人的最后意见。

评议与裁决

裁决应当按照多数仲裁员的意见作出,少数仲裁员的不同意见可以记入笔录。仲裁庭不能形成多数意见时,裁决应当按照首席仲裁员的意见作出。

裁决书自作出之日起发生法律效力。

裁决撤销

(1) 管辖法院。向仲裁委员会所在地的中级人民法院申请撤销裁决。

(2) 撤销的时间。当事人申请撤销裁决的,应当自收到裁决书之日起六个月内提出。

(3) 撤销的情形。当事人提出证据证明裁决有下列情形之一的,可以向仲裁委员会所在地的中级人民法院申请撤销裁决:①没有仲裁协议的。②裁决的事项不属于仲裁协议的范围或者仲裁委员会无权仲裁的。③仲裁庭的组成或者仲裁的程序违反法定程序的。④裁决所根据的证据是伪造的。⑤对方当事人隐瞒了足以影响公正裁决的证据的。⑥仲裁员在仲裁该案时有索贿受贿,徇私舞弊,枉法裁决行为的。⑦人民法院认定该裁决违背社会公共利益的,应当裁定撤销。

(4) 作出裁决的时间。人民法院应当在受理撤销裁决申请之日起两个月内作出撤销裁决或者驳回申请的裁定。

(5) 撤销后的法律后果。人民法院受理撤销裁决的申请后,认为可以由仲裁庭重新仲裁的,通知仲裁庭在一定期限内重新仲裁,并裁定中止撤销程序。仲裁庭拒绝重新仲裁的,人民法院应当裁定恢复撤销程序。

申请承认与执行阶段

(1) 执行机构:被执行人所在地或财产所在地中级人民法院。

(2) 裁定不予执行的情形。被申请人提出证据证明裁决有以下情形之一的,经人民法院组成合议庭审查核实,裁定不予执行:①没有仲裁协议的。②裁决的事项不属于仲裁协议的范围或者仲裁委员会无权仲裁的。③仲裁庭的组成或者仲裁的程序违反法定程序的。④裁决所根据的证据是伪造的。⑤对方当事人隐瞒了足以影响公正裁决的证据的。⑥仲裁员在仲裁该案时有索贿受贿,徇私舞弊,枉法裁决行为的。⑦人民法院认定执行该裁决违背社会公共利益的,裁定不予执行的。不予执行的裁定书应当送达双方当事人和仲裁机构。

(3) 重新仲裁。仲裁裁决被人民法院裁定不予执行的,当事人可以根据双方达成的书面仲裁协议重新申请仲裁,也可以向人民法院起诉。

(4) 执行期限。裁定执行的,自裁定之日起六个月内执行完毕。

涉外仲裁

(1) 涉外仲裁的当事人申请证据保全的,涉外仲裁委员会应当将当事人的申请提交证据所在地的中级人民法院。

(2) 涉外仲裁的仲裁庭可以将开庭情况记入笔录,或者作出笔录要点,笔录要点可以由当事人和其他仲裁参与人签字或者盖章。

(3) 当事人提出对中华人民共和国涉外仲裁机构作出的裁决,被申请人提出证据证明仲裁裁决有下列情形之一的,经人民法院组成合议庭审查核实,裁定不予执行或撤销：①当事人在合同中没有订有仲裁条款或者事后没有达成书面仲裁协议的。②被申请人没有得到指定仲裁员或者进行仲裁程序的通知，或者由于其他不属于被申请人负责的原因未能陈述意见的。③仲裁庭的组成或者仲裁的程序与仲裁规则不符的。④裁决的事项不属于仲裁协议的范围或者仲裁机构无权仲裁的。⑤人民法院认定执行该裁决违背社会公共利益的，裁定不予执行。

（4）在中华人民共和国领域内没有住所的外国人、无国籍人、外国企业和组织委托中华人民共和国律师或者其他人代理诉讼，从中华人民共和国领域外寄交或者托交的授权委托书，应当经所在国公证机关证明，并经中华人民共和国驻该国使领馆认证，或者履行中华人民共和国与该所在国订立的有关条约中规定的证明手续后，才具有效力。

【关键期限】

1. 仲裁审理期限

我国仲裁一般应在仲裁庭组庭之日起 4 个月内作出裁决，简易程序的一般为组庭之日起至 75 天作出裁决，且仲裁是一裁终局。

2. 请求保护仲裁时效

法律对仲裁时效有规定的，适用该规定。法律对仲裁时效没有规定的，适用诉讼时效的规定。

民事诉讼法对诉讼时效的规定，向人民法院请求保护民事权利的诉讼时效期间为三年。法律另有规定的，依照其规定。诉讼时效期间自权利人知道或者应当知道权利受到损害之日起计算。法律另有规定的，依照其规定。但是自权利受到损害之日起超过二十年的，人民法院不予保护；有特殊情况的，人民法院可以根据权利人的申请决定延长。

3. 诉讼中的仲裁协议效力

当事人达成仲裁协议，一方向人民法院起诉未声明有仲裁协议，人民法院受理后，另一方在首次开庭前提交仲裁协议的，人民法院应当驳回起诉，但仲裁协议无效的除外；另一方在首次开庭前未对人民法院受理该案提出异议的，视为放弃仲裁协议，人民法院应当继续审理。

4. 仲裁前的财产保全的期限

申请人在人民法院采取保全措施后 30 日内应当申请仲裁，故财产保全期限为三十日。

5. 仲裁受理

自申请人预交仲裁费用之日起 10 日内予以受理。

6. 举证期限

受理以后开庭之前,仲裁庭告知的举证的合理期间,一般简易程序不低于 15 日,普通程序不低于 30 日,如果有正当原因需要延长,届满前提出申请。超过举证期限,如果有正当的理由,可以补充。

7. 文书生效时间

仲裁裁决书自作出之日起发生法律效力。仲裁调解书经双方当事人签收后,即发生法律效力。

8. 申请强制执行期限

申请执行的期间为二年。申请执行时效的中止、中断,适用法律有关诉讼时效中止、中断的规定(参见《中华人民共和国民事诉讼法》关于申请执行的时效规定)。前款规定的期间,从法律文书规定履行期间的最后一日起计算;法律文书规定分期履行的,从规定的每次履行期间的最后一日起计算;法律文书未规定履行期间的,从法律文书生效之日起计算。

9. 申请撤销仲裁期限

当事人申请撤销裁决的,应当自收到裁决书之日起六个月内提出。

10. 撤销裁决申请的处理期限

人民法院应当在受理撤销裁决申请之日起两个月内作出撤销裁决或者驳回申请的裁定。

11. 申请不予执行期限

被执行人向人民法院申请不予执行仲裁裁决的,应当在执行通知书送达之日起 15 日内提出书面申请。有《中华人民共和国民事诉讼法》第二百四十八条第二款第(四)(伪造证据)、第(六)项(仲裁员贪污受贿、徇私舞弊、枉法裁判)规定情形且执行程序尚未终结的,应当自知道或者应当知道有关事实或案件之日起 15 日内提出书面申请。

12. 不予执行裁决申请的处理期限

人民法院对不予执行仲裁裁决案件的审查,应当在立案之日起两个月内审查完毕并作出裁定;有特殊情况需要延长的,经法院院长批准,可以延长一个月。

【常见问题与注意事项】

1. 仲裁前财产保全

(1) 管辖法院。择优选择向被保全财产所在地、被申请人住所地或对案件有管辖权的基层法院或中级法院(根据案件标的确定)提出仲裁前保全申请。

(2) 仲裁前保全时效。仲裁前保全的申请时间是在仲裁以前,仲裁程序尚未开始时,并需要在实施保全后三十日内向约定的仲裁委员会提请诉讼。

(3) 仲裁前财产保全材料。①财产保全申请书,加盖公章、人名章,一般法院要求提交一份即可,如果法院审判部门和保全部门要求增加的,可根据法院要求增加提供。②双方当事人之间存在纠纷的证明材料和其他相关的证据材料的复印件,同保全申请书份数。③主体资料及授权,具体包括:营业执照副本复印件(三证合一),加盖公章;金融许可证复印件,加盖公章;法定代表人身份证明,加盖公章;法定代表人身份证复印件,加盖公章;被授权人身份证复印件,加盖公章;授权委托书,加盖公章及人名章/签字。④担保材料(保单保函)。⑤申请保全财产的具体线索。

2. 仲裁的一些特殊事项

(1) 书面法律文书要特别完备

仲裁员一般为兼职,工作繁忙,而且对案件非常重视。所以,他们在开庭前,一般要通过法律文书及当时已经提交的证据了解案情,以节省时间,准确判案。所以,不能像诉讼那样,搞突然袭击,保留观点等待开庭时再阐述。

(2) 对于有利的证据要随时提交,不要过多考虑举证期限

仲裁庭以查明事实为主要目的,没有像法院结案率等方面那样严格的考核。因此,对于影响案件结果的证据,即使开庭完毕,如果没有出裁决书,一般仲裁庭是会组织双方质证的。

四、劳动争议仲裁

【仲裁事由】

用人单位与劳动者发生的下列劳动争议,可以申请劳动仲裁:1. 因确认劳动关系发生的争议。2. 因订立、履行、变更、解除和终止劳动合同发生的争议。3. 因除名、辞退和辞职、离职发生的争议。4. 因工作时间、休息休假、社会保险、福利、培训以及劳动保护发生的争议。5. 因劳动报酬、工伤医疗费、经济补偿或者赔偿金等发生的争议。6. 法律、法规规定的其他劳动争议。

根据实践经验,劳动争议常见的案件类型:

1. 劳动关系类。包括:用人单位与员工没有签订书面劳动关系;因工资、保险缴纳,或者发生工伤等情况时,不得不对双方之间存在劳动关系进行确认;应签订无固定期限劳动关系,而未签订等。员工在未签订劳动合同方面,可以主张未签劳动合同赔偿(如果月工资较高,这是一笔不小的金额)。

注意: 随着需要签劳动合同的意识增加,这类争议越来越发生于小企业;餐馆、个体户商店等雇人也需要签订劳动合同。

2. 工资待遇类。用人单位拖欠正常工资、奖金以及加班费等。举例,试用期不合理,也会导致少发工资。用人单位只能与员工约定一次试用期;最迟不得超过6个月,试用期不能延长;不能只签署试用期的劳动合同。再比如,因女性员工怀孕、哺乳等导致薪资待遇降低的,单位也很大可能构成违法降低工资待遇。再或者,从来未享受过带薪年休假的。

3. 离职补偿及赔偿。常见的是,用人单位在辞退员工时双方发生争议;对于员工没有发生过错,用人单位无故辞退员工的,我们鼓励员工拿起法律武器予以维权。

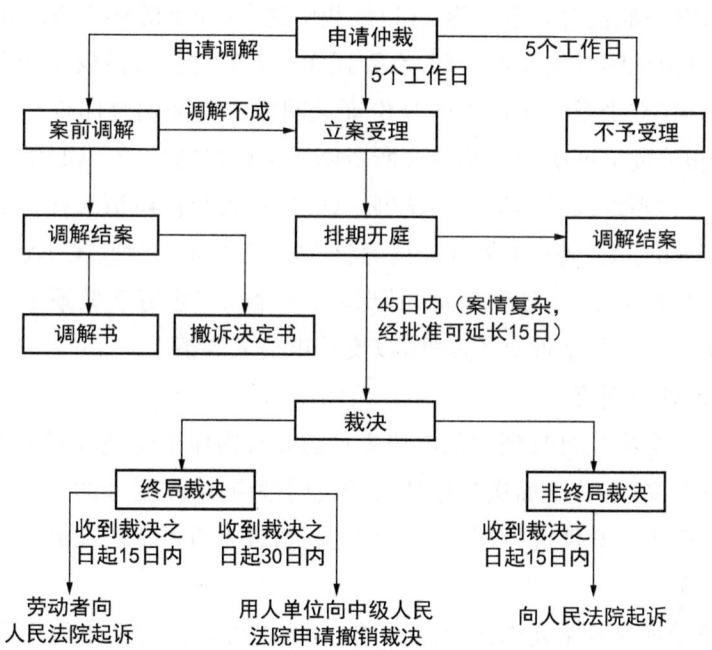

【仲裁流程】

第一步，确定仲裁所在地

劳动争议由劳动合同履行地或者用人单位所在地的劳动争议仲裁委员会管辖。

双方当事人分别向劳动合同履行地和用人单位所在地的劳动争议仲裁委员会申请仲裁的，由劳动合同履行地的劳动争议仲裁委员会管辖。

第二步，提交仲裁申请表

申请劳动仲裁，劳动争议当事人应当自知道或者应当知道其权利被侵害之日起1年内，以书面形式向有管辖权的劳动人事争议仲裁委员会申请仲裁。应当提交书面仲裁申请表，并按照被申请人数提交副本。超过申请劳动仲裁时效的，仲裁委员会不予受理。

仲裁申请表一般包含以下内容：(1)劳动者的姓名、性别、年龄、工作单位和住所；用人单位的名称、住所和法定代表人或者主要负责人的姓名、职务。(2)仲裁请求和所根据的事实、理由。(3)证据和证据来源、证人姓名和住所。(4)申请仲裁的日期。

证据材料一般包含以下内容：(1)仲裁申请书(详细陈述申诉理由和要求)。(2)申请人身份证明及复印件。(3)有委托代理人的，提交《授权委托书》，注明委托事项，同时提交受委托代理人的身份证证明或资格证明复印件。代理人是律师的，提交相关资格证明和律师事务所所函或法律援助公函。(4)被申请人注册登记资料。(5)当事人送达信息确认书。(6)申请人与被申请人存在劳动关系的证明材料等，如劳动(聘用)合同、入职登记表、工作证、厂牌、工卡、工资支付凭证、考勤记录、押金收据、处罚凭证、社保单、解除或终止劳动关系证明等。证据材料应真实、合法、与案件有关联性，以支持申请人的请求。

第三步，仲裁受理

仲裁委员会应当自收到仲裁申请之日起5日内作出受理或者不予受理的决定。决定不予受理的，书面送达申请人并说明理由；决定受理的，组成仲裁庭，并书面通知当事人组庭情况。当事人对仲裁庭组成人员可依法在庭前或当庭书面提出回避申请。

对不予受理或者逾期未作出决定的，申请人可就该劳动争议事项向有管辖权的基层人民法院提起诉讼。

被申请人收到仲裁申请书副本后,应当在 10 个工作日内向仲裁委员会提交答辩书。

第四步,开庭审理

仲裁庭应当于开庭的 5 日前,将开庭日期、地点书面通知双方当事人。无正当理由拒不到庭或者未经仲裁庭同意中途退庭的,对申请人按照撤诉自理,对被申请人可以做缺席裁决。

第五步,仲裁调解

仲裁庭处理劳动争议应当先行调解,在查明事实的基础上促使当事人双方自愿达成协议。

仲裁调解书经双方当事人签收后,发生法律效力。

第六步,仲裁裁决

仲裁庭裁决劳动争议案件,应当自劳动仲裁委员会受理仲裁申请之日起 45 日内结束。案情复杂需要延期的,经仲裁委员会主任批准,可以延期并书面通知当事人,但是延长期限不得超过 15 日。如在审理过程中遇有法定情形的,经批准后,可中止案件审理或延期审理。

仲裁裁决是终局裁决的,裁决自作出之日起发生法律效力。终局裁决包括:(1)追索劳动报酬、工伤医疗费、经济补偿或者赔偿金,不超过当地月最低工资标准十二个月金额的争议。(2)因执行国家的劳动标准在工作时间、休息休假、社会保险等方面发生的争议。

(1)劳动者对终局裁决不服的,可自收到仲裁裁决之日起 15 日内向有管辖权的基层人民法院起诉。(2)用人单位认为终局裁决有《劳动争议调解仲裁法》第四十九条规定情形的,可自收到仲裁裁决书之日起 30 日内向仲裁委员会所在地的中级人民法院申请撤销裁决。仲裁裁决被撤销的,当事人可自收到裁定书之日起 15 日内就该项劳动争议事项向有管辖权的基层人民法院起诉。

仲裁裁决是非终局裁决的,当事人如不服仲裁裁决,可自收到仲裁裁决书之日起 15 日内向有管辖权的基层人民法院起诉。期满双方当事人均不起诉的,仲裁裁决发生法律效力。

【常见问题】

1. 劳动者如何保留证据?

(1)面试成功通知信/函,包括在该用人单位担任的岗位、薪资、入职时间,这些关键信息都会成为很有利的证据。

（2）名片或者工作牌，记得拍照，也是很有利的证据。特别是有些用人单位不签劳动合同就开始用工，在没有合同的情况下，用人单位可以在仲裁庭上抗辩称劳动者并非用人单位的员工。

（3）考勤记录。有些用人单位不会给员工出具考勤记录，但劳动者可以向仲裁庭申请，要求用人单位出示考勤记录。

（4）微信聊天记录、邮件记录等可以截图打印出来作为证据。

2. 劳动争议仲裁收费吗？

劳动争议仲裁不收费，劳动争议仲裁委员会的经费由财政予以保障。

3. 对仲裁裁决不满，还可以起诉吗？

劳动者对于仲裁裁决不满，可以自收到仲裁裁决书之日起15日内向人民法院提起诉讼。

用人单位对终局裁决不满，无权起诉。用人单位有证据证明终局裁决有下列情形之一，可以自收到仲裁裁决书之日起30日内向劳动争议仲裁委员会所在地的中级人民法院申请撤销裁决：（1）适用法律、法规确有错误的。（2）劳动争议仲裁委员会无管辖权的。（3）违反法定程序的。（4）裁决所根据的证据是伪造的。（5）对方当事人隐瞒了足以影响公正裁决的证据的。（6）仲裁员在仲裁该案时有索贿受贿、徇私舞弊、枉法裁决行为的。

用人单位对于非终局裁决不满，可以自收到仲裁裁决书之日起15日内向人民法院提起诉讼。

4. 什么是终局裁决？

（1）追索劳动报酬、工伤医疗费、经济补偿或者赔偿金，不超过当地月最低工资标准十二个月金额的争议。

（2）因执行国家的劳动标准在工作时间、休息休假、社会保险等方面发生的争议。

终局裁决书自作出之日起发生法律效力。对于终局裁决书，劳动者可以在法定期限内起诉。用人单位无权起诉，仅可以存在法定事由，在法定期限内向法院申请撤销裁决。

第三节 法律援助

> **案例五十**

饶某荣与乐某公司建设工程施工合同纠纷案 提供法律援助案例

【案例导读】

本案虽然名为"建设工程施工合同纠纷案",但主要内容实际上是关于建设工程施工合同解除后保证金归属的争议。本案属于《法律援助法》第三十一条规定法律援助事项的范围,本案原告也是通过向某县法律援助中心发出援助申请,由法律援助中心张律师作为其委托代理人。本案中原告饶某荣将 100 万元保证金拆成两份分别交给被告乐某公司以及公司员工刘某镇。本案原告想要胜诉必须满足两个关键点:第一,建设工程施工合同中明文写明"100 万元保证金应拆成 60 万元和 40 万元分别交给被告公司和刘某镇";第二,刘某镇的身份必须为公司的法定代表人,因为只有刘某镇为公司的法定代表人,其"接收 40 万元保证金"的行为才有可能被认定为公司的行为,否则刘某镇接收 40 万元保证金的行为只能被认定为其个人行为。

【案件基本信息和事实梳理】

被告乐某公司在云南省某县龙某镇老黄山开发"野生菌小镇"项目。2018 年 2 月 3 日,原、被告双方签订《土石方工程施工合同》。合同约定:"被告作为发包方,将野生菌小镇的土石方工程发包给原告施工。工程范围及内容:土石方开挖、运输、回填碾压。工程总造价暂定 1 000 万元。合同还约定,为确保工程质量达到设计和国家相关标准要求,以及农民工工资不被拖欠,原告必须交付给被告工程质量保证金和农民工工资保证金共计 100 万元,且原告被要求分三次交付:第一次为合同签订后第二天交 10 万元;第二次为 2018 年 3 月 5 日前交 50 万元;第三次为开工之日交 40 万元。待工程完工验收合格结算后一次性退还。"

在合同签订后,原告委托邱某文向被告的公司账户转款共计 60 万元,被告于 2018 年 3 月 14 日出具收到邱某文付款的收据一份;但是剩下的 40 万元却没有交给被告,而是交给了被告公司的普通员工刘某镇。2018 年 2 月 4 日,刘某镇出具收条一份,收条载明:"今收到邱某文项目款 40 万元。"

2019 年 3 月 29 日,原、被告经双方协商解除工程施工合同,且在同一天,原告以耀某建筑劳务有限公司的名义重新与被告签订《土石方工程施工合同》。工程竣工结算后,邱某文于 2019 年 8 月 30 日向被告提交押金退还申请书,申请书载明:"我于 2018 年 3 月交本公司农民工工资保证金 60 万元正,现本工程于 2019 年 7 月 12 日全面竣工结算。现要求退回 60 万元押金,请给予办理。附公司收据复印件一份。"2019 年 8 月 30 日被告在该申请书上签批:"该笔农民工工资保证金共计陆拾万元,本公司同意将该笔农民工工资保证金汇入邱某文账户,和乐某公司收据票面对接。"2019 年 9 月 26 日,被告分两次转账给邱某文的个人账户 60 万元的保证金。

【诉讼请求和争议焦点】

(一)原告饶某荣的诉讼请求

1. 请求法院判令被告乐某公司退还保证金 40 万元。
2. 请求判令诉讼费用由乐某公司承担。

(二)争议焦点

1. 刘某镇所收到的 40 万元的性质是介绍费还是保证金?
2. 刘某镇"接收 40 万元"的行为后果是否由乐某公司承担?

【裁判结果】

1. 驳回原告饶某荣的诉讼请求。
2. 案件受理费(原告已提交)由原告饶某荣负担。

【相关法律规定】

《中华人民共和国民法典》第六十一条:依照法律或者法人章程的规定,代表法人从事民事活动的负责人,为法人的法定代表人。

法定代表人以法人名义从事的民事活动,其法律后果由法人承受。

法人章程或者法人权力机构对法定代表人代表权的限制,不得对抗善意相对人。

《中华人民共和国民法典》第一百六十二条:代理人在代理权限内,以被代理人名义实施的民事法律行为,对被代理人发生效力。

《中华人民共和国民法典》第一百七十六条:民事主体依照法律规定或者按照当事人约定,履行民事义务,承担民事责任。

《中华人民共和国民法典》第五百五十七条第(一)项:有下列情形之一的,债权债务终止:(一)债务已经履行。

《中华人民共和国民法典》第五百六十二条:当事人协商一致,可以解除合同。

当事人可以约定一方解除合同的事由。解除合同的事由发生时,解除权人可以解除合同。

【案件分析】

(一)被告乐某公司是否应退还40万元

根据《中华人民共和国民法典》第一百七十六条规定:"民事主体依照法律规定或者按照当事人约定,履行民事义务,承担民事责任。"所以,被告乐某公司是否应当退还40万元,要看被告乐某公司是否负有"退还40万元的义务";该义务要么源于法律规定,要么源于当事人约定。本案中,原告饶某荣与被告乐某公司签订了《土石方工程施工合同》,所以一方面要看《土石方工程施工合同》是否明文记载表明"乐某公司应返还40万元"的内容,另一方面还要看原告是否履行了相应的义务;具体而言,如合同记载"饶某荣必须向乐某公司支付保证金100万元",只有在饶某荣履行了"支付保证金"的义务后,乐某公司在合同解除后才负有退还保证金的义务,且饶某荣履行多少,乐某公司退还多少。本案中,饶某荣委托邱某文向被告公司账户支付了60万元保证金,且在合同解除后,被告乐某公司已经退还了60万元保证金。故被告乐某公司已经履行了退还义务。至于剩下的40万元,饶某荣并非向乐某公司支付,故乐某公司无需履行返还40万元的义务。

(二)刘某镇"接收40万元"的行为后果是否由乐某公司承担

《中华人民共和国民法典》第六十一条规定:"依照法律或者法人章程的规定,代表法人从事民事活动的负责人,为法人的法定代表人。法定代表人以法人名义从事的民事活动,其法律后果由法人承受。"《中华人民共和国民法典》第一百七十六条规定:"民事主体依照法律规定或者按照当事人约定,履行民事义务,承担民事责任。"所以刘某镇"接收40万元"的行为后果是否由乐某公司承担,在于刘某镇是否为乐某公司的法定代表人,或者饶某荣是否与乐某公司在合同中有着类似的明确约定。

就本案而言,刘某镇只是乐某公司的普通员工,不是法定代表人,而且原被告双方签订的合同中也未约定类似"原告应将100万元保证金支付给被告,其中60万元支付给公司账户,另外40万元支付给刘某镇"的内容。

因此,本案中刘某镇"接收40万元"是刘某镇的个人行为,不应由公司承担行为后果,该40万元应由刘某镇返还给原告饶某荣。

【类案总结】

合同纠纷分为三类,合同履行前的纠纷、合同履行过程中的争议以及合同终止后的争议。合同履行前的纠纷也称合同订立过程中的纠纷,一般而言,如果合同在订立过程中就产生争议了,双方当事人往往采取协商的方式解决,最终的结果有两种:第一,双方协商解决争议,最终达成合意,成功订立合同;第二,双方未能协商一致,合同未能成功订立。但是,在合同未能成功订立的情况下,也会发生一方违反诚信原则造成对方损失的情况,具体的情形见《中华人民共和国民法典》第五百条规定:"当事人在订立合同过程中有下列情形之一,造成对方损失的,应当承担赔偿责任:(一)假借订立合同,恶意进行磋商。(二)故意隐瞒与订立合同有关的重要事实或者提供虚假情况。(三)有其他违背诚信原则的行为。"

合同履行过程中发生争议的,也是往往由双方协商解决;如果就争议的解决无法协商一致的,双方可以根据《中华人民共和国民法典》第五百六十二条的规定解除合同。但是如果一方未按约定履行合同给对方造成损失,应当承担违约责任。

在合同终止后发生的争议,往往是合同终止后,因相关物品返还、资金退还而发生的争议。一般而言,如果合同是因双方当事人均已经履行义务而终止,往往不会发生纠纷。这里需要补充一点,合同终止除了"双方履行完合同义务",还有其他情形,本案中包含两种——合同义务已经履行以及合同解除。合同终止的具体规定包括《中华人民共和国民法典》第五百五十七条、五百六十二条以及五百六十三条。

案例五十一

申请人某县人民检察院与被申请人段某某强制医疗案提供法律援助案例

【案例导读】

本案是典型的强制医疗案,强制医疗也属于《法律援助法》第二十八条规定的法定援助事项:"强制医疗案件的被申请人或者被告人没有委托诉讼代理人的,人民法院应当通知法律援助机构指派律师为其提供法律援助。"本案中,由于被申请人段某某是精神病人,属于无刑事责任能力人,故其行为全都由其法定代理人段某一代为行使。而且,段某一并未委托诉讼代理人,所以当人民检察院向法院提交强制医疗申请书之后,人民法院通知了法律援助中心指派律师张某为被申请人提供法律帮助。

最终,在法院听取了法定代理人段某一及指定代理人张某的意见后,法院作出了对段某某采取强制医疗措施的决定。

【案件基本信息和事实梳理】

2006年起,段某某因精神病多次入院治疗。2020年3月26日,段某某家属发现段某某有精神病发病症状,至2020年3月28日上午症状加重,段某某的女儿段某一打电话联系某市神康精神病专科医院接其父亲段某某到医院治疗。某市神康精神病专科医院工作人员起某某和张某某于2020年3月28日15时到达段某某家接段某某入院。但是,就在起某某和张某某在段某某家中办理相关手续过程中,段某某精神病突然发作,手持一把砍柴刀直接砍向起某某脖颈处,起某某倒地不起后,段某某继续用砍柴刀砍起某某,导致起某某当场死亡。之后段某某又提着砍柴刀追砍张某某,致张某某左手肘部被砍伤。

最终,经某市正源司法鉴定中心检验鉴定,被害人张某某的损伤程度为轻伤一级。经某州第二人民医院司法鉴定所鉴定,被鉴定人段某某在实施砍杀和追砍行为时及目前患精神分裂症,且案发时正处于发病期,因此,被鉴定人段某某在本案中属无刑事责任能力人。

【诉讼请求和争议焦点】

本案属于由检察院提出申请的程序性案件,故本案不存在实质意义上的诉讼请求;而且本案的证据确凿,被申请人段某某的法定代理人段某一以及指定代理人张某对检察院申请强制医疗的事实、证据均无异议,故本案也不存在争议焦点。

记录本案的主要原因在于本案是比较典型的法律援助事由,并且想借助本案普及强制医疗申请条件等方面的知识。

【裁判结果】

段某某患有精神病,在精神病发作期间砍杀了起某某与砍伤了张某某,其暴力行为已经严重危害了公民人身安全;经法定程序鉴定,段某某属于依法不负刑事责任的精神病人,而且鉴于其已经实施的严重危害他人人身安全的暴力行为,故其有继续危害社会的可能,符合强制医疗条件,有必要对其予以强制医疗。人民检察院对段某某提起的强制医疗申请,事实清楚、证据确实充分,符合《刑法》《刑事诉讼法》等相关法律规定。法院在采纳了指定代理人张某的意见后,作出了对被申请人段某某予以强制医疗的决定。

【相关法律规定】

《中华人民共和国法律援助法》第二十八条:强制医疗案件的被申请人或者被告人没有委托诉讼代理人的,人民法院应当通知法律援助机构指派律师为其提供法律援助。

《中华人民共和国刑法》第十八条第一款:精神病人在不能辨认或者不能控制自己行为的时候造成危害结果,经法定程序鉴定确认的,不负刑事责任,但是应当责令他的家属或者监护人严加看管和医疗;在必要的时候,由政府强制医疗。

《中华人民共和国刑事诉讼法》第三百零二条:实施暴力行为,危害公共安全或者严重危害公民人身安全,经法定程序鉴定依法不负刑事责任的精神病人,有继续危害社会可能的,可以予以强制医疗。

《中华人民共和国刑事诉讼法》第三百零三条:根据本章规定对精神病人强制医疗的,由人民法院决定。

公安机关发现精神病人符合强制医疗条件的,应当写出强制医疗意见书,移送人民检察院。对于公安机关移送的或者在审查起诉过程中发现的精神病人符合强制医疗条件的,人民检察院应当向人民法院提出强制医疗的申请。人民法院在审理案件过程中发现被告人符合强制医疗条件的,可以作出强制医疗的决定。

对实施暴力行为的精神病人,在人民法院决定强制医疗前,公安机关可以采取临时的保护性约束措施。

【案件分析】

(一)段某某法律责任分析

本案中段某某在其女儿段某一打电话叫医生接其进入精神病院进行治疗时,精神病突然发作,手持砍刀砍死了起某某,并造成张某某轻伤。如果段某某是在精神正常的情况下实施上述犯罪行为,段某某最终会被判刑。但是段某某乃是在精神病发作的情况下实施了犯罪行为,属于无刑事责任能力人,故根据《刑法》第十八条第一款的规定,段某某不负刑事责任。

(二)强制医疗申请和决定分析

当被申请人满足了《刑事诉讼法》第三百零二条的条件时,就可以对其进行强制医疗。具体而言:被申请人实施了暴力行为,危害公共安全或者严重危害公民人身安全,这里是一个结果行为,即必须实施了暴力行为且造成了危害结果;被申请人经法定程序鉴定为依法不负刑事责任的精神病人,有继续危害社会可能的,这里是指被申请人具有依法不负刑事责任的精神病人的特征,且有继续危害社会的可能;换言之,如果不对其进行强制医疗,公共安全或者公民人身安全将面临受到侵害的风险。

同时,由于强制医疗涉及被申请人的人身自由、身体健康等重大利益,故如果其法定代理人没有委托诉讼代理人,法院必须通知法律援助机构指派律师为被申请人及其法定代理人提供法律帮助。

【类案总结】

本案属于典型的强制医疗案件,而且属于"强制法律援助"的范畴。换言之,只要被申请人被鉴定为依法不负刑事责任的精神病人、被申请强制医疗,且没有委托诉讼代理人,则法院必须通知法律援助中心指派律师为被申请人提供法律援助。

除了强制医疗外,《法律援助法》第二十五条也规定了"强制法律援助"的其他几类人员:未成年人;视力、听力、言语残疾人;不能完全辨认自己行为的成年人;可能被判处无期徒刑、死刑的人;申请法律援助的死刑复核案件被告人;缺席审判案件的被告人;法律法规规定的其他人员。

案例五十二

华某购物有限责任公司(以下简称华某购物公司)与黎某劳动合同纠纷案提供法律援助案例

【案件导读】

本案属于典型的劳动合同争议,根据《中华人民共和国劳动法》第七十九条最后一句的规定:"对仲裁裁决不服的,可以向人民法院提起诉讼。"故劳动合同纠纷解决途径采取的是"仲裁前置",即用人单位与劳动者双方因履行劳动合同、支付劳动报酬等发生纠纷的,在调解协商无法解决争议的前提下,应先向劳动仲裁委员会申请劳动仲裁,对仲裁裁决不服的,双方中的任何一方才可向法院提起诉讼。本案便是用人单位华某购物公司不服仲裁委员会的仲裁裁决而提起的撤销仲裁裁决的诉讼。本案也属于《法律援助法》第三十一条规定的法律援助事项范围。

【案件基本信息与事实梳理】

被告黎某于 2004 年 12 月 11 日进入华某购物公司工作,原、被告于 2016 年 1 月 1 日签订了书面的无固定期限劳动合同,原告华某购物公司为被告黎某购买了养老、医疗、失业、工伤、生育五项社会保险;被告在公司担任副总经理职务,从事采购、销售、策划等管理工作。但是,后来原告拖欠被告 11 个月工资;而且从 2019 年 5 月份开始,原告的法定代表人彭某太承包公司后,便单方面终止了与黎某的劳动合同关系,在没有与被告解除无固定期限劳动合同的事实下,不安排被告工作岗位,要求被告不用到公司上班,且停止为被告缴纳养老、医疗、失业、工伤、生育五项社会保险费。

2019年8月1日,被告黎某向某县劳动人事争议仲裁委员会申请劳动仲裁,该仲裁委于同月20日开庭进行审理,并于同月22日作出裁决书,裁决如下:一、申请人黎某与被申请人华某购物公司签订的无固定期限劳动合同自2019年8月20日起解除。被申请人华某购物公司在裁决生效之日起5日内为申请人黎某办理解除无固定期限劳动合同的相关手续。二、被申请人华某购物公司限期支付拖欠申请人黎某11个月工资共计35 526.48元(2015年1月、2月、3月份工资8 850元,2019年1月至8月份工资26 676.48元)。三、被申请人华某购物公司限期支付申请人黎某赔偿金15个月工资共计139 642.2元。四、被申请人华某购物公司限期为申请人黎某补交2019年5月至2019年8月的养老、医疗、失业、工伤、生育保险。

此外,某县劳动人事争议仲裁委员会受理仲裁申请后,依法向华某购物公司的法定代表人彭某太送达了开庭通知书,华某购物公司向该仲裁委提交了书面答辩意见,但未出庭应诉;黎某丈夫张某军虽然是劳动人事争议仲裁委员会仲裁员,但其在本案仲裁过程中已自行申请回避。

【诉讼请求与争议焦点】

(一)原告诉讼请求

请求撤销某县劳动人事争议仲裁委员会作出的裁决书。

(二)争议焦点

某县劳动人事争议仲裁委员会作出的裁决是否合法有效?

【裁判结果】

1. 驳回原告华某购物公司要求撤销仲裁裁决书的诉讼请求。
2. 案件受理费由原告华某购物公司自行承担。

【相关法律规定】

《最高人民法院关于审理劳动争议案件适用法律问题的解释(一)》第一条:劳动者与用人单位之间发生的下列纠纷,属于劳动争议,当事人不服劳动争议仲裁机构作出的裁决,依法提起诉讼的,人民法院应予受理:

(一)劳动者与用人单位在履行劳动合同过程中发生的纠纷。

(二)劳动者与用人单位之间没有订立书面劳动合同,但已形成劳动关系后发生的纠纷。

（三）劳动者与用人单位因劳动关系是否已经解除或者终止，以及应否支付解除或者终止劳动关系经济补偿金发生的纠纷。

（四）劳动者与用人单位解除或者终止劳动关系后，请求用人单位返还其收取的劳动合同定金、保证金、抵押金、抵押物发生的纠纷，或者办理劳动者的人事档案、社会保险关系等移转手续发生的纠纷。

（五）劳动者以用人单位未为其办理社会保险手续，且社会保险经办机构不能补办导致其无法享受社会保险待遇为由，要求用人单位赔偿损失发生的纠纷。

（六）劳动者退休后，与尚未参加社会保险统筹的原用人单位因追索养老金、医疗费、工伤保险待遇和其他社会保险待遇而发生的纠纷。

（七）劳动者因为工伤、职业病，请求用人单位依法给予工伤保险待遇发生的纠纷。

（八）劳动者依据劳动合同法第八十五条规定，要求用人单位支付加付赔偿金发生的纠纷。

（九）因企业自主进行改制发生的纠纷。

《中华人民共和国劳动争议调解仲裁法》第五条：发生劳动争议，当事人不愿协商、协商不成或者达成和解协议后不履行的，可以向调解组织申请调解；不愿调解、调解不成或者达成调解协议后不履行的，可以向劳动争议仲裁委员会申请仲裁；对仲裁裁决不服的，除本法另有规定的外，可以向人民法院提起诉讼。

《中华人民共和国劳动法》第七十九条：劳动争议发生后，当事人可以向本单位劳动争议调解委员会申请调解；调解不成，当事人一方要求仲裁的，可以向劳动争议仲裁委员会申请仲裁。当事人一方也可以直接向劳动争议仲裁委员会申请仲裁。对仲裁裁决不服的，可以向人民法院提起诉讼。

《中华人民共和国劳动合同法》第二十九条：用人单位与劳动者应当按照劳动合同的约定，全面履行各自的义务。

【案件分析】

（一）关于支付劳动报酬、缴纳社会保险金的分析

《中华人民共和国劳动合同法》第二十九条规定："用人单位与劳动者应当按照劳动合同的约定，全面履行各自的义务。"第三十条第一款规定："用人单位应当按照劳动合同约定和国家规定，向劳动者及时足额支付劳动报酬。"由此可见，

一旦劳动者与用人单位签订劳动合同后,双方应当严格按照劳动合同履行各自的义务;就用人单位而言,其最主要的义务便是向劳动者支付劳动报酬;需要注意的是,这里的劳动报酬必须支付"足额"。本案中,用人单位华某购物公司就诉讼请求所依据的事实和理由中有着这些内容:黎某2015年1月到3月份的工资为每月1 500元,其已足额发放了工资;但是黎某提交证据证明该1 500元只是预付的薪资,并非足额薪资。故用人单位支付报酬应支付足额劳动报酬,若未能支付足额劳动报酬,则会被认定为拖欠薪资。

根据《中华人民共和国劳动法》第七十二条规定:"社会保险基金按照保险类型确定资金来源,逐步实行社会统筹。用人单位和劳动者必须依法参加社会保险,缴纳社会保险费。"由此,可以参见社会保险的人员必须是劳动者,即只要用人单位与劳动者之间的劳动关系存在,用人单位就有义务为劳动者缴纳社会保险金。本案中,劳动者黎某与用人单位华某购物公司已经于2016年1月1日签订了书面无固定期限的劳动合同,且双方劳动关系在2019年8月20日才终止。因此。2019年5月到8月,双方仍然存在劳动关系,华某购物公司应当为黎某缴纳社会保险。

此外,鉴于在实际生活中经常收到有关退休年龄与养老保险金的法律咨询,本书在这里稍微普及相关的知识。《中华人民共和国社会保险法》第十六条规定:"参加基本养老保险的个人,达到法定退休年龄时累计缴费满十五年的,按月领取基本养老金。参加基本养老保险的个人,达到法定退休年龄时累计缴费不足十五年的,可以缴费至满十五年,按月领取基本养老金;也可以转入新型农村社会养老保险或者城镇居民社会养老保险,按照国务院规定享受相应的养老保险待遇。"因此,劳动者如果达到法定退休年龄,就可以办理退休。但是必须累计缴纳社会保险金满十五年,才能在退休时享受退休养老金待遇。如果劳动者达到退休年龄,社保没有缴满十五年,可在达到退休年龄后继续缴纳,累计缴纳满十五年之后,可领取退休养老金。

(二)关于解除劳动合同以及支付赔偿金的分析

本案中,用人单位华某购物公司于2019年5月单方面终止了劳动合同关系,故属于用人单位单方面解除劳动关系的情形。《中华人民共和国劳动合同法》第三十九条、第四十条、第四十一条规定了用人单位单方解除劳动合同的法定情形,分别是用人单位任意解除劳动合同(劳动者存在过错)、用人单位预告解除(无过失性辞职)以及经济性裁员。但是本案中黎某并没有《中华人民共和国劳动合同法》第三十九条规定的事由，也没有第四十条规定的事由，且华某购物公司也没有提及更没有提出证据证明黎某存在上述法定事由。本案也不存在《中华人民共和国劳动合同法》第四十一条规定的事由，故华某购物公司解除劳动关系在实体规定上违法。根据《中华人民共和国劳动合同法》第四十三条规定："用人单位单方解除劳动合同，应当事先将理由通知工会。用人单位违反法律、行政法规规定或者劳动合同约定的，工会有权要求用人单位纠正。用人单位应当研究工会的意见，并将处理结果书面通知工会。"因此，用人单位单方解除合同不仅要符合实体上的法定事由，即劳动者存在《中华人民共和国劳动合同法》第三十九条、第四十条的事由，而且还要依据法定程序进行，即用人单位单方面解除劳动合同应事先将理由通知工会，受工会的监督。但是本案中，华某购物公司单方面解除劳动关系并没有通知工会，所以华某购物公司单方面解除劳动合同的行为违法。因此，根据《中华人民共和国劳动合同法》第四十八条规定："用人单位违反本法规定解除或者终止劳动合同，劳动者要求继续履行劳动合同的，用人单位应当继续履行；劳动者不要求继续履行劳动合同或者劳动合同已经不能继续履行的，用人单位应当依照本法第八十七条规定支付赔偿金。"故华某购物公司应向黎某支付赔偿金。

【类案总结】

对于因支付劳动报酬、赔偿金等引起的劳动争议，最重要的就是要证明劳动者与用人单位之间存在劳动关系。书面劳动合同虽然是证明劳动关系存在的最有力证明，但是用人单位与劳动者之间的劳动关系并非一定要用书面劳动合同加以证明，劳动和社会保障部《关于确立劳动关系有关事项的通知》第二条规定：用人单位未与劳动者签订劳动合同，认定双方存在劳动关系时可参照下列凭证：（一）工资支付凭证或记录（职工工资发放花名册）、缴纳各项社会保险费的记录。（二）用人单位向劳动者发放的"工作证"、"服务证"等能够证明身份的证件。（三）劳动者填写的用人单位招工招聘"登记表"、"报名表"等招用记录；（四）考勤记录。（五）其他劳动者的证言等。其中，（一）、（三）、（四）项的有关凭证由用人单位负举证责任。所以劳动者与用人单位之间的劳动关系可以用上述证据予以证明。尽管如此，还是需要劝诫劳动者应与用人单位签订书面劳动合同。一方面，上述证据的调取难度很大，没有专业人士的协助，很难获取，且这些证据的证明力相比于书面劳动合同要低很多，需要经过艰难的质证和辩论才能为法官所采信；另一方面，劳动和社会保障部《关于确立劳动关系有关事项的通知》在性质上属于部门规章，目前我国只承认法律、行政法规、地方性法规的裁判依据地位，规章不能作为裁判的依据，最多只能作为裁判理由予以论证。

  对于此类劳动争议案件，根据《中华人民共和国劳动法》第七十九条的规定必须先经仲裁机构裁决方可进入诉讼程序。具体而言，劳动者须提出相应的仲裁请求，且该仲裁请求已经经过仲裁机构的实体审查并对此作出了仲裁裁决。如果劳动者在诉讼过程中提出了一项有关劳动争议的诉讼请求，而该项请求在仲裁过程中并未提出，或提出了但未被仲裁机构所裁决，则该诉讼请求不属于法院的受理范围，应针对该请求单独申请仲裁。

后　记

　　法治是国家治理体系和治理能力现代化的重要依托，党的二十届三中全会指出"法治是中国式现代化的重要保障"。因此，乡村振兴工作也必须在法治化的轨道上运行，要重视运用法治思维和法治方式来推进乡村振兴，保障农村经济高质量发展和社会大局稳定。习近平总书记曾指出，要加强和创新乡村治理，建立健全党委领导、政府负责、社会协同、公众参与、法治保障的现代乡村社会治理体制，健全自治、法治、德治相结合的乡村治理体系，让农村社会既充满活力又和谐有序。这为开展乡村法治振兴工作提出了明确要求。

　　为贯彻党中央的战略部署和东南大学对口帮扶南华县的具体任务，东南大学法学院紧扣法治帮扶主题，发挥专业优势与人才优势，与南华县共同开展"乡村振兴法治行"实践活动，共同打造了法律援助合作基地、法治示范村建设基地、青少年普法教育基地、法治智库建设基地等五大重点法治提升工程。针对南华县彝绣产业法治化发展需要，东南大学法学院组织专家拟定《南华县彝绣产业促进办法》，为南华彝绣产业高质量发展提供法治保障。尤其是，东南大学法学院为2023年南华县成功创建成为"云南省法治政府建设示范县"做出了重要贡献，为此，南华县委、县政府曾专门来信，以表达感谢。2024年，"高质量推进法治精准帮扶，助力南华建成省级法治政府示范县"荣获教育部第九届直属高校精准帮扶典型项目。

　　为进一步提升法治帮扶活动的长效性、延续性、可持续性，东南大学法学院紧扣提升当地居民法治意识和法治思维这一根本问题，针对南华县法治建设实际，组织专家团队编写了《我国欠发达地区常见法律案例解析——以东南大学对口支援的楚雄州南华县等地为例》一书。在本书中，我们尝试通过专业又不失平实的语言、生动形象且发生在群众身边的案例，从案例导读、案件详情、裁判结果、法理分析、类案解析等角度出发，力求为南华群众提供有用、可靠、好懂的普法教材。我们所期待的是，本书的出版，不仅有利于当地群众的法治意识显著提升,还有助于当地执法、司法等法律工作者适法能力提升,同时切实助推南华县等欠发达地区的各级政府"普法强基"工作向更深层次、更高质量发展,从而为乡村法治振兴贡献东大智慧、东大力量、东大方案。

本书具体分工如下:

刘启川	东南大学法学院党委书记、特聘教授、博士生导师,全书统稿
杨　健	南华县委常委、县委政法委书记,提供案例,协助统稿
马近斐	东南大学法学院博士研究生,参与撰写第九章,协助统稿
马殿捷	东南大学法学院硕士研究生,参与撰写第七章,协助统稿
董国珍	东南大学法学院教师,参与撰写第九章
谭玉玲	东南大学法学院硕士研究生,参与撰写第一章
常　敏	东南大学法学院硕士研究生,参与撰写第一章
汪　泽	东南大学法学院硕士研究生,参与撰写第一、六章
查韵怡	东南大学法学院硕士研究生,参与撰写第二章
王　莹	东南大学法学院硕士研究生,参与撰写第三章
刘雨晴	东南大学法学院硕士研究生,参与撰写第四章
叶曾颖	东南大学法学院硕士研究生,参与撰写第四章
公子晨	东南大学法学院硕士研究生,参与撰写第五章
陈久宇欣	东南大学法学院硕士研究生,参与撰写第五章
陈可淦	东南大学法学院硕士研究生,参与撰写第六、八章
马香雪	东南大学法学院硕士研究生,参与撰写第七、十章
韩尚宜	东南大学法学院硕士研究生,参与撰写第八章
汤悦坤	东南大学法学院硕士研究生,参与撰写第九章
蔡俊辉	东南大学法学院硕士研究生,参与撰写第十章